Sciences et action publique : un mariage fécond

Sciences et Société
fondée par Alain Fuchs et Dominique Desjeux
et dirigée par Bruno Péquignot

Déjà parus

Philippe SALIGNAC, *Les espaces du travail, Prévention et santé au travail,* 2017
Gérard ALLAN, *Points de vue thermodynamiques sur notre quotidien, Société et thermodynamique*, 2016.
Xavier MOREAU, *Vieillissement et vulnérabilité, Comment rendre moins difficile le retour de la vulnérabilité*, 2016.
Jacques JAFFELIN, *Où va la civilisation ? Éthique pour un monde humain réconcilié avec ce dont il est issu*, 2015.
Anne CHATEAU et Odile PIQUEREZ, *Le syndrome d'Angelman. Parcours de vie des adultes*, 2015.
Anne CHATEAU, *Le syndrome d'Angelman. Regard sur une maladie neurogénétique rare*, 2013.
Laurence BRIOIS VILMONT, *L'imagerie médicale. La fabrique d'un nouveau malade imaginaire*, 2013.
Olivier NKULU KABAMBA, *L'assistance médicalisée pour mourir. Les soignants face à l'humanisation de la mort*, 2013.
Jean-Pierre BENEZECH, *Une éthique pour le malade. Pour dépasser les concepts d'autonomie et de vulnérabilité*, 2013.
Suzy COLLIN-ZAHN et Christiane VILAIN, *Quelle est notre place dans l'univers ? Dialogues sur la cosmologie moderne*, 2012.
Blanchard MAKANGA, *Nature, technosciences et rationalité. Le triptyque du bon sens*, 2012.
Béatrice GRANDORDY, *Charles Darwin et « l'évolution » dans les arts plastiques de 1859-1914,* 2012.
Ali RECHAM, *De la dialyse à la greffe. De l'hybridité immunologique à l'hybridité sociale*, 2012.
Simon BYL, *La médecine à l'époque hellénistique et romaine. Gallien. La survie d'Hippocrate et des autres médecins de l'Antiquité*, 2011.

Claudine PÉREZ-DIAZ

Sciences et action publique : un mariage fécond

L'exemple de l'alcool au volant

L'Harmattan

Du même auteur, chez L'Harmattan

Pérez-Diaz C., Huré M.-S. (2015), *Violence conjugale. Missions et finalités concrètes de l'intervention pénale*, Paris, L'Harmattan, 243 p.

Pérez-Diaz C. (1998). *Jeux avec des règles pénales, le cas des contraventions routières*, Paris, L'Harmattan, 319 p.

Pérez-Diaz C., Kellens G. (eds.) (1997). *Le contrôle de la circulation routière dans les pays de la CEE*, Paris, L'Harmattan, 325 p.

5-7, rue de l'École-Polytechnique, 75005 Paris
http://www.editions-harmattan.fr
ISBN : 978-2-343-12366-0
EAN : 9782343123660

REMERCIEMENTS

Cet ouvrage relate une recherche personnelle et fait la synthèse de mes travaux précédents afin d'élaborer des réflexions sur les thèmes traités. Il s'agit aussi de réunir des éléments nécessaires à la compréhension des questions de sécurité routière étudiées, issus de recherches probantes.

Les travaux d'Anne Kletzlen occupent une place importante sur ces sujets. Des fragments de recherches que nous avons menées ensemble sont repris ici. Je l'en remercie vivement.

Claude Got a eu la grande gentillesse de relire ce texte qui relate de nombreux épisodes dont il fut un des principaux acteurs.

Et comme toujours, Marie-Sylvie Huré m'a aidée lors des nombreuses tâches pratiques nécessaires à la mise en forme d'un ouvrage. Mon amitié lui est acquise depuis de longues années.

INTRODUCTION

Faut-il fonder des politiques publiques sur les sciences ?

La question a longtemps fait polémique et certains pays ont adhéré précocement à cette proposition alors que d'autres s'y sont longtemps opposés. Pour nourrir ce débat, nous rassemblons des éléments issus de travaux de recherches, essentiellement en sécurité routière. Nous tentons de montrer à la fois pourquoi et comment certaines politiques - en particulier en matière d'alcool au volant - intègrent des savoirs scientifiques et quels en sont les effets évalués.

Durant la seconde moitié du XXème siècle, un grand mouvement de prise en compte des avancées scientifiques s'amorce avec la volonté de l'OCDE de faire évoluer l'industrie et la société par la recherche. Rapidement, un désir de rationalisation s'empare de nombreux secteurs avec des succès variables. Dans cette optique, l'Angleterre et le Pays de Galles créent en 2007 un organisme, le « *Government Office for Science* », qui vise à faire intégrer les avancées majeures de la science dans les politiques publiques.

Notre projet consiste à présenter des résultats de recherches qui sont devenus des outils au service d'objectifs tels que des politiques publiques. Nous examinons en particulier les usages de ces savoirs par des experts ou par des chercheurs dans leurs rôles d'experts. Des lenteurs dans la prise en compte de résultats établis proviennent parfois du manque d'experts impliqués dans la diffusion d'éléments de compréhension des phénomènes et dans la prise de décision. Mais ces lenteurs s'expliquent surtout - nous le verrons - par des réticences, voire des blocages, de certaines parties prenantes. Par ailleurs, l'invention de quelques instruments a contribué à la production de nouveaux savoirs et à la mise en œuvre de politiques publiques plus élaborées. Il s'agit notamment d'appareils de détection ou de mesure de l'alcool et d'ordinateurs de plus en plus puissants qui permettent d'effectuer des démonstrations probantes.

Pourquoi et comment les institutions sont-elles amenées à prendre en charge un problème comme celui de l'alcool au volant ? Très précocement, des courants de pensée moralisateurs ont désigné l'alcool comme un problème social important ; plus tardivement, c'est au nom de la santé publique que des interventions institutionnelles sont suscitées. Durant une longue période, l'alcool au volant est réprouvé, mais cela ne constitue à l'origine qu'une question subsidiaire avant de devenir un angle d'attaque providentiel face au refus généralisé d'intervenir efficacement sur les consommations d'alcool excessives. À certaines époques, des recherches sur ce produit sont suscitées ; puis leur succèdent de longues périodes de désintérêt. Pourtant, la nécessité d'influencer des réformes en se basant sur des savoirs scientifiques est exprimée dès le début du XXème siècle, comme cela a été mis en évidence (Chapman, 2007).

Au delà de démarches moralisatrices avérées dès le XIXème siècle, c'est rapidement dans le cadre d'une politique de santé publique que ces problèmes sont abordés. En France, après la seconde guerre mondiale, des savoirs scientifiques sont rassemblés afin de définir des problèmes associés à l'alcool, d'identifier des pistes d'intervention potentielles et d'évaluer leur pertinence. La médecine, l'économie, la psychologie et le droit contribuent à faire avancer ces questions. Tout au long de leur émergence, les dimensions économiques des problèmes de l'alcool et de son usage au volant interviennent, tant pour ce qui est de la nécessité de les régler en ménageant les intérêts des lobbies que lorsqu'il s'agit de déterminer des solutions optimales en termes de coût-bénéfice.

Progressivement, la question de l'alcool au volant va être dissociée de celle de l'alcool en général sous deux influences. La première tient au fait que certains acteurs ont voulu séparer ces deux thèmes à des fins stratégiques (chapitres 1 et 2). La seconde provient de l'accroissement exponentiel du nombre d'accidents. Et grâce à leur analyse, des pistes d'intervention concrètes se dégagent. Longtemps, ces analyses suivent une démarche de type épidémiologique qui identifie trois composantes du phénomène : l'infrastructure, le véhicule et le conducteur. L'importance et la gravité du problème suscitent des apports complémentaires sur ces pôles qui nécessitent des approches autonomes de chacun d'entre eux (chapitre 3). Nous concentrons nos présentations et analyses sur le comportement des conducteurs, plus spécifiquement sur les mécanismes de leur changement, tels qu'ils sont abordés et souvent modélisés en psychologie (chapitre 4). Le droit aussi ambitionne de modifier les comportements, et certaines sciences ont contribué à son élaboration (chapitre 5). La science joue même un rôle important lors de l'incrimination de l'alcool au volant, surtout au cours du processus d'évolution des lois en la matière (chapitre 6). Le droit utilise des modèles - très semblables à ceux des psychologues - pour rationaliser et organiser son action (chapitre 7). Ces modèles rassemblés par la théorie de la dissuasion ont été évalués en divers pays (chapitre 8) avant qu'une telle évaluation soit menée en France (chapitre 9). L'analyse des archives institutionnelles montre à quel point des apports scientifiques façonnent l'action publique (chapitre 10).

Plusieurs années après ces temps forts, que reste-t-il de cette influence sur les conceptions et les pratiques institutionnelles en France ? Nous verrons que des réformes récentes utilisent encore ces acquis, parfois avec succès, malgré des oppositions puissantes qui s'organisent efficacement (chapitre 11). De nombreux savoirs ne sont pas encore utilisés alors qu'ils permettraient de conséquentes avancées en matière de sécurité routière et aussi de santé publique. Les gouvernements et les institutions ont créé un cadre favorable - notamment juridique - à leur intégration et à la mise en place de mesures, sans que celles-ci soient concrètement réalisées. Il convient de s'interroger sur de telles inerties en France. Alors que le Royaume-Uni s'est doté de structures institutionnelles et de recherches efficaces qui tentent d'aboutir à des mesures en faveur de la santé publique. Récemment, selon ce processus, des politiques fixant un prix minimum de l'alcool ont été adoptées. Pour l'heure, l'Union Européenne est parvenue à les bloquer en privilégiant constamment la notion de libre concurrence, au besoin au détriment des intérêts des populations (chapitre 12). La sortie du Royaume-Uni de l'Union Européenne règlera peut-être automatiquement ce différend.

La sécurité routière relève de questions très complexes qui ne peuvent être toutes abordées. Nous centrons donc notre attention sur le comportement des conducteurs. Pour expliquer ce choix, la question de l'accident est brièvement exposée. Puis les principales approches des comportements sont évoquées. Ensuite, puisqu'il s'agit de sciences, la question de la preuve est évoquée. Enfin, une fois réunis les éléments de compréhension des problèmes, nos objectifs d'analyse des relations entre la recherche et l'action en santé publique et en sécurité routière sont précisés. En particulier, l'émergence d'une recherche en sécurité routière est retracée ainsi que certains de ses apports.

Nous allons surtout étudier la question de l'alcool au volant et retracer l'histoire récente des interventions en ce domaine. En particulier, nous tentons d'identifier le rôle que la science a joué sur l'action publique. Nous recherchons comment la science a progressivement légitimé l'intervention institutionnelle en sécurité routière par l'accumulation de démonstrations causales quant au rôle de certains facteurs humains dans la survenue des accidents. Par ailleurs, la science a contribué à façonner des lois, instruments majeurs de politiques adressées à un public tel que la population générale. Nous relevons ensuite les moyens scientifiques utilisés pour évaluer l'efficacité de ces lois, d'une part ; et de l'autre, pour accroître leur effectivité en façonnant l'action publique.

Nous tentons aussi d'élaborer des pistes d'évolutions potentielles en ces domaines sur la base de recherches et d'analyses récentes.

1. La question de l'accident

Pour identifier la place des sciences dans des politiques publiques de sécurité routière au niveau international, il faut remonter à l'application du triangle épidémiologique à l'accident dès les années 1950-1960. Suivant de telles analyses, Haddon définit un triangle résumant les causalités de cet événement dont les trois pôles sont l'infrastructure, le véhicule et le conducteur. S'ensuivent des études détaillées d'accidents portant sur ces pôles. De ces analyses vont ressortir d'abord l'identification de facteurs accidentogènes dans ces trois domaines, puis des prises en charges inégales et fractionnées dans le temps des facteurs de risques identifiés. L'analyse des réponses à ces risques contribue à la construction d'une version plus élaborée du triangle qui devient la matrice de Haddon. Par définition évolutive, celle-ci schématise des interrelations qui changent au gré d'analyses ultérieures.

Les infrastructures et les véhicules relèvent de domaines très techniques qui dépendent d'acteurs institutionnels ou collectifs, privés ou publics, ce qui ajoute à la multiplicité des questions que ces thèmes suscitent. Le comportement humain, quant à lui, se révèle d'une complexité inégalée. Or, l'action publique s'exerce plus aisément sur des acteurs collectifs, ici des responsables des infrastructures et des constructeurs de véhicules, que sur des acteurs individuels, tels les conducteurs comme cela est montré sur la question des consommations d'alcool (Room, 1984). Périodiquement, l'accent est mis sur une éventuelle négligence des recherches ou des mesures sur le véhicule ou des infrastructures. Il s'agit souvent de susciter un regain d'intérêt ou de financement sur ces sujets. Mais, si ce sont les risques afférents au comportement humain qui ont suscité une littérature particulièrement abondante, c'est surtout du fait de la complexité de ces comportements et des difficultés qu'il y a à les modifier.

L'analyse détaillée des accidents a permis d'identifier des facteurs de risque prédominants dans les comportements tels la vitesse pratiquée et l'alcoolisation du conducteur.

2. La question du comportement

Le comportement humain en général, et celui des conducteurs en particulier relève de plusieurs dimensions que des modèles tentent d'articuler. La théorie de la décision rend compte de la complexité déjà évoquée. Elle tente de mettre en relation des choix de comportements avec des croyances et des désirs qui les animent. Et elle génère des modèles dont certains s'intéressent aux prises de risque (chapitre 4).

Une fois ces comportements à risques identifiés, il faut s'intéresser aux moyens disponibles pour les modifier.

La psychologie fournit des méthodes qui permettent de rechercher le changement en articulant la pensée à l'action. Très employées pour modifier les comportements en général et pour inciter des buveurs à diminuer leurs consommations, ces méthodes pourraient aussi être utilisées massivement en matière routière (chapitre 4).

Le droit ambitionne d'intervenir sur des comportements, notamment à risques. Rapidement, il apparaît que ni le simple énoncé d'un interdit, ni même la menace de peines, fussent-elles lourdes, ne suffisent à faire appliquer une norme (chapitre 5). La théorie de la dissuasion propose alors des formes d'actions qui visent à changer les comportements en menaçant de contrôles et de sanctions fréquents et certains (chapitre 7).

Cette théorie est longtemps restée une proposition parmi d'autres. Mais l'avènement d'innovations scientifiques et techniques permet de mettre en œuvre un modèle d'action publique issu de cette théorie. Celui-ci guide plusieurs réformes en divers pays et des évaluations scientifiques testent leurs impacts. Nous présenterons diverses réformes de ce type et leurs évaluations (chapitres 8 et 9).

3. La question de la preuve et de la mesure

Une des questions centrales ici est d'identifier l'importance qu'a pu avoir la théorie de la preuve (comme dans l' « *evidence based medicine* ») dans la construction de politiques publiques en matière de sécurité routière. Dans la théorie de la preuve, le critère pour établir une vérité mathématique est la démonstration. Pourtant, les théoriciens de la preuve ne proposent pas d'explication des relations entre la démonstration et la vérité (Hacking, 2002).

Plus largement, les raisonnements scientifiques en Europe relèvent de plusieurs styles : la postulation mathématique, l'exploration expérimentale, la modélisation hypothétique, la classification taxinomique, l'analyse statistique et la dérivation historico-génétique (Crombie, 1994). Presque tous ces styles de raisonnement sont utilisés dans les politiques de sécurité routière des dernières décennies. Et si ces divers styles ont à voir avec la raison - au sens de Bourdieu, en tant que produit des événements sociaux ou historiques - ils sont surtout concernés par les notions de vérité, d'objectivité et de stabilité des sciences (Hacking, 2002). Cette conception rassemble des attentes à l'endroit des sciences et du savoir issues de la doctrine aristotélicienne du vrai et de la doctrine hébraïque de la stabilité et de la fiabilité (Hacking, 2002). Nous verrons des oppositions, sous tendues par de telles théories, à l'œuvre chez des théoriciens du droit. Nous discuterons aussi de réflexions qui opposent la variabilité des résultats scientifiques à la stabilité de la morale dans le temps (Lebeuf, 1991).

Progressivement, des démonstrations de plus en plus élaborées sont requises. Les analyses économiques de coût-bénéfice se perfectionnent avec des précisions et des extensions croissantes de l'estimation du coût de la vie humaine (chapitre 1). Des évaluations qui tentent de cerner l'impact de réformes doivent se soumettre à des critères de plus en plus exigeants, passant d'analyses avant-après à des méthodes statistiques sophistiquées. Et les critères de démonstrations épidémiologiques tentent de s'imposer dans ce domaine des sciences sociales où il est bien difficile de les appliquer (chapitres 7 et 8). Pourtant, l'intérêt de l'épidémiologie est de tenir compte de la réalité et d'utiliser les mathématiques comme outil afin de définir un niveau probable d'approche de la vérité ; caractéristique qui manque souvent aux sciences sociales.

4. Les relations entre la recherche et l'action publique

Notre objectif est de comprendre pourquoi, quand et comment la science a progressivement pris place dans l'action publique, en particulier en matière d'alcool au volant. Pour cela, il faut d'abord retracer les relations entre la recherche et l'action publique en matière de sécurité routière, comme une précédente recherche nous a donné l'occasion de le faire (Hamelin et al., 2011). Ces relations sont d'abord portées par des acteurs généralistes ; ensuite, elles se concrétisent par l'émergence d'acteurs spécifiques.

Des problèmes de santé publique occupent depuis longtemps les gouvernements. Cette préoccupation est devenue centrale avec le développement industriel au début du XXème siècle, car les États veulent pouvoir compter sur une population saine qui produise à la hauteur de leurs ambitions. Rapidement, les décideurs prennent conscience du risque politique que représentent les surcroîts de handicaps et de décès liés aux carences des politiques de santé publique. En conséquence, l'État français accroît considérablement son implication dans les questions de santé avec la création de la Sécurité Sociale. Celle-ci, initiée en 1945, s'est ensuite développée par paliers. Plus largement, la santé représente un tel enjeu économique qu'elle occupe une place importante en politique.

La santé individuelle relève pour partie de comportements et ceux-ci sont tenus pour responsables de la mortalité prématurée évitable, soit avant 65 ans. Or, les comportements sont animés par des normes sociales, légales et morales. Cette question s'inscrit donc parmi les problèmes sociaux que les États s'efforcent de prendre en charge. En ces matières, les sociologues américains ont souvent eu un rôle précurseur. De nombreuses recherches ont été réalisées dans cette perspective depuis les années 1920. En 1951, celles-ci ont donné naissance à un courant disciplinaire qui dispose d'une revue : « *Social Problems* » (Dargelos, 2008). La précocité et la vigueur de ce courant de recherche aux États-Unis va lui conférer une véritable prépondérance dans l'analyse des problèmes sociaux. Nous allons voir que la France sera influencée par ces démarches dans de nombreux domaines comme l'alcoolisme, les accidents de la route et l'alcool au volant.

Dans les années 1950, le développement du parc automobile et celui du trafic routier entraînent de nombreux accidents de la route. La circulation routière devient alors un problème public qui englobe la fluidité et la sécurité du trafic (Kletzlen, 2000). Pourtant, à l'époque, il n'y a ni recherche, ni action publique en ces matières. Les seuls travaux menés par le LCPC (laboratoire central des ponts et chaussées, à l'époque rattaché à l'École nationale des ponts et chaussées) portent sur l'infrastructure et le génie civil. En parallèle, une recherche privée est menée entre autres par des professionnels des assurances qui veulent diminuer la charge que les accidents représentent pour leurs sociétés. Ces travaux, basés sur des données fournies par les forces de l'ordre, mettent en évidence le rôle important des conducteurs dans ces évènements (Kletzlen, 2000). De même, les constructeurs créent leurs propres laboratoires de recherche afin d'améliorer la sécurité de leurs véhicule (Moguen-Toursel, 2009).

En 1958, le gouvernement met en œuvre une première politique de circulation routière qui réprime l'alcool au volant. En 1961, un Organisme national de sécurité routière (ONSER) est créé. Cette association, essentiellement financée par des fonds publics, est placée sous la tutelle de la direction des routes du ministère des Transports. Elle a pour mission de réunir des données objectives et incontestables sur l'insécurité routière. Elle travaille essentiellement sur le fonctionnement du conducteur. Ses travaux contribuent à l'inscription de la sécurité routière dans l'agenda politique de la fin des années 1960 (Hamelin et al., 2011).

Par ailleurs, dans les années 1960, la volonté de planification et le recours à des méthodes de préparation des décisions administratives importées des États-Unis incitent les pouvoirs publics à fonder scientifiquement leurs actions. Ainsi, en 1967, un programme d'action sur la sécurité routière est élaboré par les ministères de l'Équipement et de l'Intérieur : le « *dossier bleu* ». Cette étude de rationalisation des coûts budgétaires (RCB) appliquée à la sécurité routière[1] préconise d'abord d'inscrire dans un cadre interministériel une politique de sécurité routière ambitieuse. Ensuite, elle propose la création d'une division des études et recherches qui regroupe des travaux sur le conducteur, le véhicule et l'infrastructure et qui gère un institut national de sécurité routière. Ces préconisations demeurent sans effet immédiat.

Mais, en 1969, l'inscription de la sécurité routière dans le projet de la « *Nouvelle Société* » du premier ministre J. Chaban-Delmas amène à reprendre le « *dossier bleu* » qui devient le « *dossier vert* ». Celui-ci demande une prise de position gouvernementale, en particulier sur les questions de l'alcool

[1] M. Ternier, 1969 ; Étude conservée aux AN, CAC19820032 art. 142

et de la vitesse, ce qui conduit à l'ouverture d'une table ronde. En 1970, celle-ci aboutit à la création d'une mission interministérielle chargée de coordonner la politique de sécurité routière et de mettre en œuvre une politique d'information. Un taux légal d'alcoolémie est adopté en 1970 afin de compléter la loi de 1958. De son côté, le VIème Plan (1971-1975) doit réaliser des actions axées sur le conducteur afin de tenter de modifier son comportement par l'information et par la réglementation. En complément, une politique ambitieuse de communication est adoptée (Kletzlen & Spenlehauer, 2010).

Des chercheurs de l'ONSER participent au travail sur l'application de la RCB à la sécurité routière qui utilise largement leurs travaux antérieurs. En conséquence, les comportements des conducteurs occupent une place centrale dans la définition de l'action publique de sécurité routière. Cette action doit porter sur l'alcool, la vitesse et le port de la ceinture de sécurité, ainsi que sur la formation et l'information des conducteurs. Des évaluations « *avant-après* » du bien-fondé de ces actions et de leur rentabilité sont réalisées par l'ONSER.

En 1985, l'ONSER et l'IRT (institut de recherche sur les transports) sont réunis pour devenir l'INRETS (institut national de recherche sur les transports et leur sécurité), sous la tutelle des ministères des Transports et de la Recherche[1].

Pourtant, les pouvoirs publics ne parviennent pas à diminuer l'insécurité routière autant que la plupart des autres pays européens l'ont fait durant la même période. Notamment, la politique répressive et communicationnelle des années 1970 s'essouffle dès la fin de cette décennie. Des tentatives pour associer la société civile à l'action publique sont alors entreprises. Dès 1983, le programme « REAGIR » consiste à faire réaliser des enquêtes par des équipes pluridisciplinaires lors d'accidents mortels, en parallèle de l'intervention des forces de l'ordre. Leurs analyses multi-causales doivent conduire à des propositions pour éviter de tels accidents. Un second programme, « *-10%* » propose de récompenser financièrement les collectivités locales qui sont parvenues à diminuer d'autant leur taux d'accidentalité. Il n'en demeure pas

[1] En 2011, l'INRETS et le LCPC fusionnent pour devenir l'IFSTTAR.

moins que le nombre de morts décroît très lentement durant les années 1980-2000. Face à cette stagnation, que les pouvoirs publics attribuent à des failles du système pénal, ils sollicitent d'autres chercheurs, notamment du CNRS. Une de ces recherches porte sur le système de contrôle-sanction des contraventions (Pérez-Diaz, 1998; Pérez-Diaz & Lombard, 1992) ; en parallèle, un travail analogue est réalisé par l'INRETS sur les délits (Guilbot, 1992). Des failles du système sont mises en évidence, notamment l'existence d'une pratique illégale d'abandon de poursuites, surtout en matière d'excès de vitesse : « *l'indulgence* » (Pérez-Diaz, 1994).

Sur la base du constat d'une impuissance à réduire significativement la mortalité routière, une nouvelle évaluation portant sur le système de contrôle-sanction est diligentée par le Commissariat du Plan[1] (Instance d'évaluation présidée par Michel Ternier, 2003). Elle reprend la méthode et des analyses d'une précédente recherche (Pérez-Diaz, 1998) dans l'objectif de construire une recherche-action comme support d'évaluation. Il s'agit d'analyser le fonctionnement du système depuis le constat des infractions jusqu'à leurs sanctions et de mobiliser tous les acteurs de ce traitement autour de cette analyse et de ses constats. Ces résultats établissent que le système de contrôle-sanction serait incapable de gérer les contentieux générés par des contrôles routiers suffisamment fréquents pour dissuader les conducteurs de commettre des infractions, en particulier en matière de vitesse. Il apparaît aussi que les « *indulgences* » persistent.

Les propositions de cette instance rencontrent la volonté fédératrice de J. Chirac après son élection à la Présidence de la République en 2002. Dans un objectif qui transcende les partis, il veut donner une nouvelle impulsion à la politique de sécurité routière. La principale proposition de l'Instance d'évaluation est donc reprise. Il s'agit d'adopter un contrôle de la vitesse automatisé grâce à des radars dont les constats partent directement vers un centre informatique qui dresse des procès-

[1] Cette évaluation est présidée par Michel Ternier, polytechnicien, ingénieur général des Ponts et Chaussées. Il avait déjà dirigé l'étude RCB de 1969 qui contribua à concevoir les premières politiques de sécurité routière.

verbaux sous le contrôle d'un magistrat. Ceux-ci sont envoyés directement aux contrevenants dans un très bref délai. Seul un tel dispositif est susceptible d'intervenir massivement sur les excès de vitesse. Dès l'annonce[1] de cette décision très médiatisée, et avant même la mise en place des premiers radars, les comportements des conducteurs changent et l'accidentalité diminue. En dix ans, elle passe d'environ 8 000 morts par an à moins de 4 000.

*

* *

L'intégration des savoirs scientifiques dans les politiques publiques de sécurité routière apparaît progressivement comme une nécessité. La création de ces savoirs et leurs conditions de production doivent donc être retracés. Et la lente émergence de la recherche en cette matière atteste d'une inertie certaine et de réticences de divers ordres. Il convient alors de décrire les évolutions de ces politiques, souvent matérialisées par des lois, afin de décrypter les freins qui les entravent. Il y a bien sûr des jeux d'intérêt, mais aussi des conceptions et des modes de pensée qui s'affrontent. De plus, nous allons voir que la question de l'alcool au volant doit d'abord être comprise dans le cadre des problèmes d'alcool en général et dans celui de leurs approches, également souvent tributaires de conceptions idéologiques, de considérations économiques et de jeux de pouvoirs (chapitre 1).

---

[1] La simple annonce d'une nouvelle mesure et le débat qui la précède entraînent généralement une mise en conformité immédiate des comportements d'une partie importante de la population qui est sensible aux normes, surtout si celles-ci sont pénales.

CHAPITRE 1
PRINCIPALES CONCEPTIONS MOBILISÉES LORS DES DÉCISIONS ÉTUDIÉES

Certaines conceptions et analyses occupent une place prépondérante dans des décisions qui vont impulser, sur le long terme, des politiques publiques en matière d'alcool et d'alcool au volant. Nous en présentons quelques grandes lignes.

D'abord, nous décrivons deux grandes conceptions des problèmes d'alcool qui s'opposent. Elles se fondent sur des hypothèses très différentes quant à l'origine de ces problèmes. En conséquence, les modes d'intervention préconisés varient considérablement. La première est que des problèmes d'alcool peuvent concerner tout un chacun. Le phénomène relèverait alors d'une distribution aléatoire au sein d'une population. La seconde est que l'alcoolisme[1] est une maladie identifiée qui concerne une population spécifique. Au fil du temps, ces deux hypothèses se sont étoffées et relayées, parfois au gré des intérêts qu'elles favorisaient. De ce fait, elles continuent à être opposées.

Ensuite, nous évoquons quelques théories sur le contrôle de l'alcool et sur ses effets. Celles-ci contribuent aussi à alimenter des controverses.

Enfin, nous savons que la dimension économique des politiques publiques prévaut lors de la prise de décision. Nous détaillons donc les principaux types de calculs utilisés dans les domaines que nous étudions.

---

[1] Le terme d'alcoolisme, obsolète, est souvent utilisé ici car c'est ainsi que de très nombreuses sources évoquent soit les problèmes d'alcool, soit la maladie.

1. Deux conceptions opposées des problèmes d'alcool

Toutes les politiques en matière d'alcool sont fortement influencées par des conceptions quant à l'extension et à l'intensité des problèmes induits par ce produit. Selon que ces problèmes concernent la population dans son ensemble ou seulement un groupe spécifique, les solutions préconisées changent radicalement.

1.1. Les problèmes d'alcool concernent tout le monde

De nombreuses analyses et décisions se basent sur l'idée que des problèmes d'alcool peuvent concerner tout le monde.

Sully Ledermann[1], polytechnicien, participe à la fondation de l'Institut national d'études démographiques (INED), embauché par Sauvy[2] dès 1946. Il étudie la mortalité, en particulier les causes de décès. Il veut démontrer que la surmortalité masculine est liée à l'alcoolisme (Ledermann, 1953, 1956). Il définit une loi qui repose sur le postulat que les phénomènes physiques, biologiques et sociaux peuvent relever d'une loi normale, croyance partagée par de nombreux scientifiques parmi ses contemporains. La distribution statistique de la population des buveurs serait plus précisément de type log-normale[3]. Cela induit que la consommation dans

---

[1] Sully Ledermann deviendra responsable de l'enseignement de mathématiques appliquées aux sciences humaines à l'Institut de Statistiques de l'Université de Paris (ISUP). Or, cet institut enseigne les mathématiques de la décision, elles-mêmes relevant du mouvement de la Recherche Opérationnelle très en vogue chez les ingénieurs, en particulier polytechniciens, dans les années 1950. D'autres auteurs de travaux mobilisés plus loin, tels Abraham et Thédié, puis Boiteux, qui travaillent sur la méthode du capital humain pour évaluer le « *coût de la vie humaine* » participent au même mouvement.

[2] Alfred Sauvy est polytechnicien, économiste, démographe et sociologue, directeur de l'Institut national d'études démographiques dès sa création en 1945. Il est membre du Conseil économique et social de 1947 à 1974, président de la section de la conjoncture et du plan et conseiller du gouvernement Mendès France. Il appartient au mouvement populationniste, comme R. Debré.

[3] La loi log-normale est une loi devenant normale quand le logarithme d'une série de valeurs est utilisé.

la population est uni-modale et s'inscrit dans un continuum. Il n'y a donc pas lieu d'isoler de très gros buveurs des autres consommateurs et la proportion de gros buveurs varie avec la moyenne de la distribution des consommations. Ces conceptions sont très critiquées, surtout sur les plans théoriques et statistiques. En particulier, l'usage de ce concept de loi log-normale a été utilisé pour dénigrer la notion de développement d'une alcoolisation dont la distribution est continue, de la faible consommation aux consommations très élevées. Nous verrons que des observations en conditions réelles vérifient une telle distribution. Pourtant, dans les années 1970 encore, le phénomène sera mieux établi sur le plan empirique que théorique (Room, 1984).

En dépit de nombreuses controverses, ces conceptions occupent une place importante dans l'approche des problèmes de l'alcool par des politiques publiques. En effet, la loi de Ledermann présente l'avantage de lier étroitement la description du phénomène alcoolique à l'action publique, associant l'ordre du savoir à celui du pouvoir. Ledermann sera nommé expert auprès du Haut comité d'études et d'information sur l'alcoolisme (HCEIA). Il contribuera aux travaux de l'Organisation mondiale de la santé (OMS) et connaîtra un succès international. La proximité de Ledermann avec le courant novateur de la Recherche Opérationnelle, dont l'objectif est d'établir le lien entre savoir et décision institutionnelle, explique largement l'intention prévalant dans la conception d'une loi qui se veut un instrument d'action.

Les travaux de Ledermann impliquent le raisonnement suivant : le contrôle de l'alcool intervient sur le niveau moyen de consommation qui, à son tour, influe sur la proportion des problèmes associés à l'alcool. Ces conceptions sont perçues par certains comme une voie éthique en santé publique parce qu'elles favorisent des normes collectives qui contrebalancent les lois du marchés et les intérêts des alcooliers. De plus, de telles mesures de contrôle de l'alcool ne sont pas appliquées par des peines individuelles, mais par des sanctions économiques à l'encontre d'entreprises. Par ailleurs, des sanctions de cet ordre sont moins onéreuses à appliquer et plus effectives que des peines individuelles, ce qui leur confère un net avantage

(Room, 1984). Jusque dans les années 1990, cette loi demeure peu contestée en France : elle figure encore comme fondement d'objectifs de santé publique visant à réduire les problèmes d'alcool en diminuant la consommation moyenne (Haut Comité de la Santé Publique, 1994).

Nous verrons qu'il ressort des travaux présentés que les conceptions de Ledermann ont considérablement influencé les politiques publiques de nombreux pays. Pourtant, l'hypothèse d'une distribution log-normale des consommations reste réfutée par de nombreux auteurs. Berlivet relève que cette loi se voit qualifier d'hypothèse sans qu'aucune alternative n'y soit opposée et qu'il s'agit plutôt d'un postulat (Berlivet, 2000). Cette loi de Ledermann est aussi contestée à l'étranger (Skog, 1977). En France, J. Weil, médecin qui travaille sur un test précoce de la cirrhose remet cette loi en question (Weill, 1993). Celui-ci devient membre (1970), puis président du conseil scientifique (1980) de l'Institut de Recherche et d'Etudes sur les Boissons (IREB), financé par les alcooliers, et de ce fait soupçonné de servir de caution scientifique favorable aux intérêts des alcooliers (Berlivet, 2000). De fait, l'IREB réunit un groupe de travail pour contrer la Loi de Ledermann et pour construire de nouveaux indicateurs d'alcoolisation.

Divers scientifiques s'accordent pour énoncer que sans vérification de l'hypothèse d'une distribution log-normale des consommations, cette loi de Ledermann ne devrait pas servir de base à une politique de santé publique (Expertise collective, 2003). Ce doute fragilise l'idée que la consommation excessive peut diminuer en agissant sur la consommation moyenne. Il faut alors se donner les moyens de rechercher des preuves de ce lien.

Une conception plus récente, dite « *exogène-extensive* », considère que la source du problème est dans certaines propriétés de l'alcool ; en conséquence, chacun peut devenir alcoolique (Cerclé, 1994). Le risque-alcool relève d'habitudes d'alcoolisation et d'occasions de boire, il est contagieux par un phénomène d'entraînement. Cette conception induit la nécessité de contrôler l'offre d'alcool pour restreindre le problème et n'entre pas en contradiction avec la Loi de Ledermann.

De récents travaux attestent des effets favorables de l'accroissement du prix de l'alcool sur la restriction des consommations et sur la santé (Booth, Meyers, & Stockwell, 2008; Brennan, Purshouse, Rafia, Taylor, & Meier, 2008; Purshouse, Meier, Brennan, Taylor, & Rafia, 2010).

1.2. Les problèmes d'alcool concernent des populations spécifiques

Après la seconde guerre mondiale, l'alcoolisme est considéré par beaucoup comme une maladie identifiée qui ne concerne qu'une population spécifique, traitable à condition que l'État y mette les moyens (Lucas, 2004). Cette conception d'un modèle médical, construite sur le rejet du discours de tempérance antérieur, se maintient jusqu'au milieu des années 1970. Ce modèle conçoit le problème de l'alcool comme individuel et s'adresse à une population restreinte de malades alcooliques tandis que le buveur social n'est pas concerné. Le lien causal entre l'alcool et des problèmes sociaux et médicaux n'est plus étudié, entre autres de peur d'en revenir au discours de tempérance tant décrié. Le savoir accumulé depuis le début du siècle est laissé dans l'oubli, au point qu'une « *éclipse du savoir* » est évoquée (Katcher, 1993). L'alcool au volant est un des rares domaines où un contrôle social est encore admis (Lucas, 2004).

Une autre expression plus récente de cette conception, dénommée « *endogène-restrictive* », revient à penser que l'alcoolisme est « *dans la tête* », et donc que seulement certains individus sont prédisposés à devenir alcooliques (Cerclé, 1994). Les alcooliques se distinguent alors des autres buveurs excessifs ; ils doivent être la cible essentielle de politiques publiques axées sur des soins prodigués par le système de santé. S'il existe un modèle de l'alcoolisme « *dans la tête* », cela justifie une concentration des efforts sur ce problème qui relève pour l'essentiel de la sphère médico-psychiatrique (Cerclé, 1994). Dissocier les alcooliques des gros buveurs entraîne diverses conséquences. D'abord, il n'y a pas lieu de s'intéresser à la production, à la diffusion, à l'accessibilité ou à la consommation - même excessive - d'alcool... Ensuite, cela revient à réfuter la Loi de Ledermann comme instrument de lutte contre l'alcoolisme. Enfin, cela a des conséquences directes sur les politiques de contrôle de l'alcool qui seraient considérées, de ce fait, inefficaces en matière d'alcoolisme. Cette conception est défendue par J. Weil et certains alcoologues. Cette position ne peut que satisfaire les alcooliers qui ne veulent pas d'encadrement de l'offre (Berlivet, 2000).

Cette approche peut être soutenue tant qu'il n'y a pas de preuve de risques causaux quant à la santé de buveurs non identifiés comme des malades de l'alcool. Pourtant, ces preuves existent déjà (Expertise collective, 2001, 2003). Le clivage entre « *alcoolique* » et « *gros buveur* » n'est alors plus aussi déterminant. Celui entre les deux modèles non plus.

2. Théories sur les politiques de l'alcool et sur leurs effets

D'autres controverses animent le domaine des politiques en matière d'alcool quant aux actions qu'il conviendrait d'entreprendre et quant à leurs effets.

2.1. Les travaux de Lemert et de Bruun

Dans les années 1960, Lemert propose quatre modèles alternatifs pour des politiques en matière d'alcool : l'interdiction, l'éducation, le contrôle de l'accessibilité et la substitution (Lemert, 1962). En 1970, Bruun suggère de remplacer la typologie de Lemert par une trilogie où des politiques se concentrent sur des phases clé du rapport au produit (Bruun, 1971). La première est celle du choix d'usage, qui peut être contrée par l'interdiction ou la dissuasion sous diverses formes, comme par les prix ou la difficulté d'accès au produit. La seconde est celle de l'usage, qui peut faire l'objet d'interventions sur des situations et des comportements d'alcoolisation. La troisième est celle des conséquences, où le buveur peut être éloigné du risque.

En 1981, la partition des politiques publiques en matière d'alcool proposée par Bruun est adoptée par la *National Academy of Science*. Elle demeure pourtant sans répercussion directe sur la fabrique pratique des politiques publiques. Et si ces trois politiques diffèrent conceptuellement, en pratique elles furent souvent mélangées (Room, 1984).

2.2. Les théories des effets du contrôle

Il existe plusieurs grandes théories sur les effets du contrôle du produit sur les problèmes d'alcool qui se résument à « *pas d'effet* », « *effets pervers* » et « *effet réel* ».

La première position, celle du « *pas d'effet* », repose sur des arguments *a priori*, elle est dépourvue de preuve empirique ; et cette conception est invalidée par des preuves scientifiques issues de travaux des années 1970.

La seconde position soutient que le contrôle entraîne des « *effets pervers* ». Cette conception vient des sciences sociales, en particulier d'études culturelles des consommations, elle est dite « *intégrationniste* ». L'idée centrale repose sur des exemples observés en « *zones sèches* », c'est-à-dire ayant été soumises à la prohibition ou à une forte influence des mouvements de tempérance. Des formes d'alcoolisation aiguës s'expliqueraient par l'absence d'une culture du « *bien boire* » caractéristique des « *zones humides* », non prohibitionnistes, où l'usage d'alcool est autocontrôlé car intégré à la vie courante et aux coutumes. Cette position est largement critiquée tant dans les domaines empirique que conceptuel au milieu des années 1970 ; elle est pourtant très utilisée pour soutenir des oppositions à des politiques de contrôle de l'alcool, voire pour les démanteler comme en Finlande.

La troisième conception conçoit, puis reconnaît et enfin démontre l'existence d'effets. Cette tradition est héritée aux États-Unis des travaux de Seeley et de Terris sur la cirrhose du foie (Seeley, 1960; Terris, 1967). Elle est dénommée « *single-distribution theory* » ou « *distribution of consumption theory* » ou encore « *constant proportion theory* » et, sous un angle plus polémique, elle est qualifiée de « *néo-prohibitionniste* ». Cette position découle à l'origine des travaux de Ledermann durant les années 1950-1960.

En opposition à des approches idéologiques de l'efficacité du contrôle de l'alcool, des travaux tentent d'approcher empiriquement ses effets (Smart, 1982; Smith, 1983).

3. Composantes économiques de décisions institutionnelles

Une approche prépondérante des problèmes sociaux consiste à construire leur dimension économique afin de déterminer si une intervention est nécessaire. De même, la pertinence des moyens d'action est évaluée en termes de coûts de prises en charge, d'estimation du coût social ou encore en termes de coûts-bénéfices. Les préférences entre ces calculs dépendent des époques, des domaines et de l'avancement des connaissances scientifiques. Les problèmes d'alcool sont posés précocement en termes économiques ; plus tard, d'importantes avancées viennent du domaine de la sécurité routière.

Pour l'alcoolisme, des considérations économiques interviennent dès la fin du XIXème siècle, le coût social entraîné par la dégradation des capacités de travail et de reproduction des populations est estimé important. Mais des avantages économiques liés au développement de la production et de la commercialisation de l'alcool sont mis en balance. De telles conceptions aboutissent à ce que peu d'actions soient envisagées contre les intérêts de ce secteur, excepté sous le gouvernement de Vichy qui supprime le privilège des bouilleurs de cru et qui interdit ou réglemente certaines boissons apéritives. Ces mesures ne seront que brièvement adoptées. C'est seulement après la seconde guerre mondiale que de jeunes hauts fonctionnaires redéfinissent le problème de l'alcoolisme selon deux composantes, l'une est d'ordre économique et l'autre relève de la santé publique (Dargelos, 2008). Et très rapidement, des analyses économiques en vogue pour évaluer les coûts des décisions sont mobilisées. Nous allons en voir les apports.

Pour contrer des calculs économiques centrés sur la production, l'industrie et le commerce, le prix de la vie humaine est évalué sur des dimensions de plus en plus exhaustives.

3.1. Les analyses : coût/bénéfice (ACB), coût/efficacité (ACE) et la rationalisation des choix budgétaires (RCB)

En économie, l'analyse coût-bénéfice (ACB) est un outil d'évaluation standard qui permet de comparer différentes décisions (Treich, 2005). Au XIXème siècle, Jules Dupuy conçut ce type d'analyse afin d'optimiser la construction de ponts selon leur localisation. Puis dans les années 1930, aux États-Unis, des travaux sur le contrôle des eaux sont évalués et dans les années 1950, un « *livre vert* » en fixe les règles, ce qui permet à ces analyses d'établir leur influence. Durant la décennie suivante, l'Europe et la France utilisent l'ACB dans un mouvement de rationalisation des choix budgétaires (RCB) aussi bien en matière de grands travaux que pour élaborer une politique de santé, telle celle sur la périnatalité. Ce mouvement se ralentit partout dans les années 1970, en particulier en France. L'ACB perdure aujourd'hui surtout en Amérique du Nord, en Angleterre et dans les pays scandinaves. Aux États-Unis, la loi l'impose pour toutes les politiques de régulation dont les impacts sont significatifs. En France, le Commissariat général du plan qui soutenait cette méthode est supprimé au début des années 2000. Pourtant, la Loi Organique relative aux Lois de Finances (LOLF) est compatible avec l'ACB et des directives européennes encouragent de telles analyses. Et, très vite, en matière de risques, il apparaît souhaitable de les reprendre (Treich, 2005).

Le principe de base de l'ACB consiste à réaliser toutes les décisions dont les bénéfices sont supérieurs aux coûts. L'ACB vise à améliorer la qualité des décisions, ce qui permet de dégager des surplus monétaires. Elle cherche aussi à améliorer le bien-être des individus, ce qui revient à satisfaire leurs préférences. Or, la recherche de cette satisfaction est une des hypothèses de base des prises de décision dans le choix d'un comportement par des individus. L'ACB se base donc sur le point de vue des citoyens. Mais le problème réside alors dans le fait que certains individus prennent de mauvaises décisions, en matière de risques tout particulièrement. D'où le reproche de paternalisme fait aux politiques de prévention, notamment en matière de sécurité routière et de consommation d'alcool.

Il en découle l'assertion que si des citoyens choisissent de prendre des risques, une politique qui va à l'encontre de ces préférences réduit leur bien-être.

Un autre type d'analyses, celle de coût-efficacité (ACE), cherche à minimiser les coûts pour atteindre un objectif fixé à l'avance[1]. Cette méthode ne donne pas à voir comment le choix de l'objectif est opéré, ce que permet l'ACB. En effet, celle-ci rend explicite le calcul des coûts et des bénéfices sociaux, particularités appréciable en matière de prévention. Une telle transparence permet de limiter les captures politiques de décisions par des lobbies.

De très nombreux travaux d'économistes procèdent à des calculs analogues en matière d'alcool et de sécurité routière. Diverses propositions de réforme comportent des évaluations qui mettent en perspectives d'importants coûts publics, en matière de santé, de délinquances, de contrôle et de prévention face à des bénéfices essentiellement privés. En effet, les taxes et autres impôts procurent de modestes bénéfices publics au regard des coûts engendrés par des pratiques néfastes à la santé et au bien-être de la population.

3.2. L'évaluation du prix de la vie humaine

Les coûts sociaux sont assez régulièrement évalués à l'aide des comptabilités publiques, voire privées comme celles des assurances. L'évaluation des bénéfices est plus complexe et a beaucoup évolué dans le temps, elle tente désormais d'attribuer une valeur monétaire au capital humain. Ce calcul fut d'abord établi en termes de mortalité évitée ou de vies épargnées, ensuite il s'est intéressé à des atteintes permanentes, voire temporaires, à l'intégrité physique ; enfin il a tenté d'approcher la notion de bien-être. Ce type de calcul, difficile à opérer, peut se faire par deux méthodes, celle du capital humain ou celle des préférences individuelles.

[1] Une variante de l'ACE utilisée en médecine consiste à maximiser un objectif d'efficacité de santé pour un coût donné. L'unité de mesure est la « *Quality-Adjusted-Life-Year* » (QALY), sur une échelle dont le « 0 » correspond à la mort et le « 1 » à la santé parfaite (Treich, 2005).

Dans la première, le prix de la vie humaine est celui qu'une collectivité accorde à la perte d'une vie humaine. Il est estimé d'après le coût global associé à une mortalité précoce, tant pour la collectivité que pour l'entourage de la personne décédée. Un tel calcul fut estimé dès le XVIIIème siècle. Encore très sommaire dans les années 1960, il se résume à : « *combien une collectivité doit-t-elle dépenser pour sauver une vie humaine ?* ». Ce calcul deviendra de plus en plus sophistiqué au cours du temps, jusqu'à intégrer des éléments subjectifs non marchands, tels le préjudice moral. Des évaluations du prix de la vie humaine destinées à la mise en place de politiques publiques[1] sont réalisées en France (Abraham & Thedie, 1960) et aux États-Unis (Rice, 1967; Weisbrod, 1971). En 1970, en France, le « *coût de la mort* » est fixé par une circulaire du ministère des Transports afin d'évaluer l'intérêt d'investissements routiers[2]. Il n'en demeure pas moins que ce type de calcul est présumé sous-estimer la valeur qu'un individu attribue à la prévention.

La seconde méthode évalue les préférences individuelles. Et pour mieux approcher la notion de bien-être, des économistes considèrent qu'il faut mesurer la valeur monétaire associée à un changement d'exposition au risque par le consentement à payer des individus (Le Net, 1978). Il existe actuellement deux méthodes pour évaluer ce consentement à payer (Treich, 2005). Premièrement, celle des préférences révélées qui consiste à observer des décisions individuelles sur les marchés du risque. Deuxièmement, celle des préférences annoncées qui consiste à inférer directement des consentements à payer pour un supplément de sécurité à partir de réponses à des enquêtes ciblées. Actuellement, le consentement à payer constitue un mode de calcul courant de la valeur statistique de la vie humaine dans les ACB. Pourtant, ces calculs postulent la rationalité des individus. Or, les choix individuels de prévention

[1] Dès les années 1950, la Recherche Opérationnelle est un mouvement très novateur auquel participent Abraham et Thédié. Ils introduisent en France une approche du coût de la vie humaine destinée à orienter les décisions publiques. Ils établissent leurs premiers résultats sur les victimes de la route.

[2] Circulaire du ministère de l'Equipement (direction des Routes) du 20 janvier 1970 (Crozet, Bagard, & Chevasson, 2003).

ne le sont pas toujours ; ils peuvent même être constamment irrationnels chez certains (Treich, 2005). Il faudrait donc tenir compte de cette composante qui complique les calculs et les analyses.

Les calculs du prix de la vie humaine reposent sur deux bases. La première base est économique, elle relève d'évaluations rationnelles des coûts. La seconde base est philosophique, cette évaluation consiste en une appréciation subjective qui demeure étroitement liée à une société donnée, à une certaine époque. Ce type de calcul varie donc grandement selon les pays qui peuvent affecter des valeurs très différentes à la vie humaine, appréciations qui se reflètent dans les prix (Boiteux, 2001; Le Net, 1978; Treich, 2005).

En France, une première évaluation de la valeur de la vie humaine (Boiteux, 1994) est ensuite notablement réévaluée (Boiteux, 2001) caractérisant le passage d'une logique d'imputation des coûts à une logique de révélation des préférences. Cette nouvelle valeur concrétise un changement durable des préférences collectives à l'égard de l'insécurité routière (Crozet et al., 2003). Et cette évolution des préférences individuelles se manifeste dès 2002, à l'occasion des réductions de vitesse pratiquées consécutives à l'adoption d'un contrôle-sanction automatisé des excès de vitesse. Celui-ci a été largement accepté par la population, comme en attestent divers sondages réalisés pour le Conseil national de la sécurité routière (CNSR). En conséquence, les effets de cette mesure ont largement dépassé les attentes en matière de réduction de la mortalité (chapitre 11).

Ces changements, tant de l'évaluation du prix de la vie humaine que des décisions en matière de sécurité routière, doivent beaucoup à l'évolution des conceptions de la notion de coût. Le Net mesurait des pertes en capital humain. Boiteux a adopté des méthodes contingentes, fondées sur des préférences déclarées. Ce mouvement est tardif en France, la Grande-Bretagne ayant adopté ces méthodes dès 1988 (Crozet et al., 2003).

Dans tous les pays du monde, des recherches tendant à évaluer le prix de la vie humaine se sont développées dans le domaine de la sécurité routière. Cette spécificité tient à plusieurs raisons. D'abord, la sécurité routière concerne l'ensemble de la population contrairement à d'autres risques. Ensuite, il est plus facile de dénombrer les victimes de la route que celles d'autres maux sociaux. Enfin, de nombreux ingénieurs et économistes ont trouvé dans la sécurité routière un domaine d'investigation privilégié (Le Net, 1978). Ainsi, Michel Le Net est ingénieur des Ponts et Chaussées et travaille au ministère des Transports. En dépit de ces constats, les dépenses pour éviter qu'un accident ne se produise sont nettement plus importantes dans les domaines du travail, de l'aviation ou du nucléaire qu'en matière routière.

*

*   *

Les conceptions de l'origine, de la nature et de la distribution des problèmes d'alcool sont très controversées, surtout du fait qu'elles sont associées à des intérêts économiques importants.

L'hypothèse que les problèmes d'alcool concernent tout le monde entraîne la nécessité d'agir par diverses politiques. C'est alors surtout par un contrôle de la production et de la distribution d'alcool que des résultats peuvent être attendus. Bien sûr, les alcooliers ne peuvent accepter cette conception contraire à leurs intérêts ; ils mettent en œuvre tous leurs pouvoirs pour s'y opposer.

L'autre hypothèse stipule que les problèmes d'alcool ne concernent qu'une population spécifique. Celle-ci offre une voie alternative que les alcooliers soutiennent vigoureusement. Nous verrons d'abord que cette dernière hypothèse est battue en brèche par de nombreux travaux. Il apparaît ensuite que les politiques en matière d'alcool sont fortement tributaires de ces deux conceptions et varient selon les époques et les pays (chapitre 2).

Du fait de l'importance des enjeux en matière d'alcool et de sécurité routière, des analyses économiques sont largement mobilisées pour identifier les décisions politiques à prendre et pour les évaluer. Depuis longtemps, l'analyse coût-bénéfice s'avère indispensable, au point qu'elle doit précéder nombre de décisions aux États-Unis. Ces analyses exigent de mieux connaître le prix de la vie humaine dont le coût évalué ne cesse de s'accroître. Progressivement, le rôle des préférences des individus en matière de décision se révèle ; d'où l'intérêt de bien comprendre d'où viennent ces préférences (chapitre 4) et comment il est possible de les modifier (chapitres 4 et 7).

CHAPITRE 2
LES POLITIQUES DE SANTÉ PUBLIQUE EN MATIÈRE D'ALCOOL

Les péripéties de la prise en charge des problèmes d'alcool par des politiques publiques qui s'attachent à l'ensemble du problème s'expliquent pour beaucoup par des luttes de pouvoir. Des conceptions idéologiques, avec le mouvement de tempérance qui veut établir sa prééminence, sont contrées par des approches professionnelles de ces problèmes, surtout portées par la sphère médicale. Puis divers scientifiques tentent de montrer combien les solutions proposées sont partielles et partiales. La France de l'après-guerre a connu une période particulièrement active en la matière, proposant une politique globale de lutte contre l'alcoolisme et générant des mouvements de recherche créatifs.

Enfin, de grandes instances internationales comme l'OMS et l'Union Européenne élaborent des politiques de santé publique.

Pourtant, toujours très actifs, les alcooliers luttent de tous leurs moyens pour préserver leurs intérêts.

1. Premières politiques de l'alcool dans le monde

Des mouvements de tempérance exhortent précocement les pouvoirs publics à intervenir sur le problème de l'alcool. Puis le monde médical s'empare du problème en définissant un modèle de la maladie alcoolique. Ce modèle devient hégémonique, tant dans le monde médical que dans l'ensemble de la société. Toutefois, il ne répond pas aux attentes des gouvernements qui sont confrontés à des difficultés sociales induites par des consommations excessives. Plus tard, des recherches montrent l'insuffisance de politiques basées exclusivement sur le modèle médical.

1.1. Les mouvements de tempérance

En Europe, au XVIIIème siècle, un discours de tempérance se base sur des arguments religieux et médicaux pour fustiger les abus d'alcool. Ce produit est considéré comme la cause de tous les problèmes sociaux, atteignant spécifiquement les catégories les plus modestes des populations. La peur de la dégénérescence hante la bourgeoisie qui soutient un mouvement de tempérance auquel les classes modestes adhèrent bientôt. Leur premier discours se cantonne à exhorter les buveurs à autoréguler leurs consommations.

En France, le milieu médical s'empare très tôt de ces questions, dès le milieu du XIXème siècle pour ce qui est de l'alcoolisme (Dargelos, 2008). Il s'agit alors de modifier les mœurs des classes populaires en les éduquant et en les moralisant. Des psychiatres qui gèrent la prise en charge des alcooliques sont à l'origine des premières ligues de tempérance. Ils animent des discours politiques de lutte contre l'alcoolisme qui stigmatisent l'alcool en raison du danger social qu'il représente. Sans qu'une telle politique dispose de véritables moyens. En effet, les pouvoirs publics sont paralysés par la prise en compte d'intérêts opposés, d'un côté ceux du lobby des alcooliers, de l'autre la défense de la santé publique.

Au milieu du XIXème siècle, ce problème social suscite une demande d'intervention publique par une législation restrictive. Le problème devient alors politique. L'exigence est de réguler les productions, distributions et consommations ainsi que de punir certains consommateurs. Deux discours s'opposent. L'un, médical, voit l'alcoolisme comme une maladie. L'autre, libéral, revendique la liberté de consommer. L'approche médicale nécessite des financements afin de prendre en charge les malades et de mieux définir l'alcoolisme en tant que maladie. Progressivement, la construction d'un discours médical spécifique éloigne ses tenants du mouvement de tempérance.

1.2. Le modèle de la maladie devient hégémonique

En Europe, après la seconde guerre mondiale, le modèle de la maladie établit son emprise, même s'il rencontre des réticences des gouvernements car il ne s'intègre pas à leurs objectifs d'ordre social.

Les États légifèrent pour réguler l'alcool à l'aide de deux sortes de mesures. D'abord, des alcooliques aux comportements déviants sont envoyés en hôpital psychiatrique ou en prison. Ensuite, l'accès à l'alcool est limité. Dans certains pays, en particulier nordiques, l'État a le monopole de la production et de la vente. Leur objectif est d'assurer l'ordre public plutôt que d'intervenir sur la santé publique. Pourtant, dans les années 1950, l'instauration de l'État providence requiert des politiques sociales et sanitaires. Le principe de l'assurance des risques sociaux amène à accroître la médicalisation et l'intervention psychosociale sur ces problèmes. Des institutions sont créées à ces fins. La planification est largement utilisée, basée sur l'expertise des professionnels de la santé et du social. La société civile se trouve alors reléguée au statut d'audience. Les partis politiques monopolisent les débats en s'adjoignant des scientifiques et des experts pour élaborer leurs programmes. Et la sphère du contrôle social définit les problèmes, ce qui réduit leur diversité. L'État est censé apporter des réponses aux problèmes sociaux, ce qui écarte les autres protagonistes et accrédite l'idée que le problème de l'alcool va être résolu.

Par ailleurs, Jellinek précise les critères d'identification de cette maladie et l'OMS adopte ce modèle, ce qui le consacre (Jellinek, 1952). Les États réunissent alors les conditions pour rendre ce modèle efficace en développant des politiques de santé appropriées. Le problème est désormais considéré comme résolu et il n'y a plus lieu de se préoccuper des autres consommateurs, fussent-ils de gros buveurs. L'alcool redevient un problème individuel et non un problème social. Le contrôle social et les mesures répressives ou régulatrices sont disqualifiés. En conséquence, l'ivresse publique est souvent dépénalisée et des lois en matière d'alcool ne sont pas appliquées. Seul l'alcool au volant demeure prohibé ;

nous verrons pourtant que ces lois ne sont guère appliquées à cette époque. De plus, sous la pression des lobbies, les taxes sont réduites et les points de vente se multiplient.

En de telles circonstances, le modèle de consommation totale développé par Ledermann à la même époque est rejeté, surtout aux États-Unis. En effet, il induirait la nécessité de réduire la consommation globale au lieu de se focaliser sur des consommateurs définis comme malades.

Aux États-Unis, l'hégémonie du modèle de la maladie s'exprime par le rejet d'autres travaux de recherche. Un exemple significatif en est donné, en 1966, au colloque de l'APHA (*American Public Health Association*). Dans une approche de santé publique, M. Terris communique sa démonstration d'une relation entre le niveau de consommation d'alcool dans une population et la fréquence de la mortalité par cirrhose du foie. Il suggère donc de contrôler l'accessibilité à l'alcool par des mesures de régulation, notamment fiscales, afin de prévenir cette maladie. Cette analyse, jugée provocatrice, est omise lors de la publication de ce travail dans les actes de ce colloque par *l'American Journal of Public Health* (Terris, 1967). Le motif invoqué est qu'il vaut mieux que certains savoirs demeurent ignorés, car : « *The implications for prevention – if this were a factor – [might be] just too horrible to endure. I think most of us have a similar feeling about alcohol* » (Elinson, 1967). De telles conceptions sont largement partagées dans de nombreux pays où des mouvements refusent tout contrôle de l'alcool sous divers prétextes. Ces mouvements prônent un style de vie libre et s'opposent aux anciens mouvements de tempérance ou prohibitionnistes. En conséquence, les politiques évitent le sujet, car ils pensent qu'il y a un risque politique à vouloir contrôler l'alcool.

Malgré ce climat, en 1967, l'APHA publie des résultats qui vont profondément modifier les approches du problème, sans toutefois tirer les conséquences de ce que ces résultats impliquent (Room, 1984). Il est mis en évidence que l'alcool entraîne des difficultés pour d'autres consommateurs que les alcooliques et que les problèmes associés à l'alcool ne relèvent pas que de la santé physique et mentale, mais aussi de la sphère sociale (Room, 1984). Le changement qu'implique cette conception du problème sera effectif dans les années 1980 où le terme d'« *alcoolisme* » est remplacé par l'expression « *les problèmes associés à l'alcool* ». Le public concerné s'étend alors à diverses catégories de buveurs. L'ampleur et l'extension de ces problèmes tendent à émousser l'intérêt que leur porte le secteur de la santé publique (Room, 1984). Par contre, ces constats de 1967 ouvrent la voie à de nouvelles recherches sur les comportements à risques associés à l'alcool, notamment en sécurité routière.

1.3. Des recherches affaiblissent le modèle de la maladie

Une revue de recherches internationales établit que, dans une société, la consommation globale a des conséquences sur la santé des individus et que des mesures de contrôle de l'alcool peuvent diminuer cette consommation (Bruun et al., 1975). Le contrôle de l'alcool devient alors un instrument de santé publique. Cette publication favorise l'essor des recherches en ce domaine et leur confère une certaine visibilité, malgré les critiques du lobby des alcooliers. Les analyses associées à la loi de Ledermann s'en trouvent confortées.

Pourtant, ces nouvelles conceptions rencontrent des réticences des sphères nationales et internationales. Partout, une véritable scission s'opère entre la sphère scientifique et la sphère politique, même dans le système de santé publique. La publication de rapports qui s'intéressent aux politiques publiques et qui sont perçus comme « *désagréables* » est refusée. Ainsi, en 1979, un rapport sur les politiques publiques en matière d'alcool, émanant du *British Central Policy Review Staff* ne pourra paraître qu'en Suède. De son côté, l'OMS renonce à publier un rapport sur le commerce de l'alcool et même interrompt des travaux en cours sur l'accessibilité de l'alcool. Un désintérêt durable de l'OMS quant à ces questions s'ensuivra. Aux États-Unis, en 1978, le directeur du *National Institute on Alcohol Abuse and Alcoholism* (NIAAA) propose comme objectif national de faire obstacle à toute augmentation de la consommation « *per capita* » : la proposition est abandonnée sous la pression politique. Cet événement contribuera au départ forcé de ce directeur (Room, 1984). Ultérieurement, deux autres directeurs du NIAAA démissionneront, lassés d'affronter sans succès le lobby des alcooliers et conscients de leur impuissance.

Bien sûr, des intérêts économiques pèsent sur ces décisions, mais surtout cette pression est confortée par des réactions politiques et culturelles au prohibitionnisme - de 1919 à 1933 aux États-Unis - et aux mouvements de tempérance antérieurs. La consommation d'alcool est devenue un style de vie des classes moyennes, associé à une culture urbaine et progressiste. Ces idées ont gagné la société, l'*intelligentsia* et des professionnels de la santé publique. Même les scientifiques évitent de se poser certaines questions. Il est ainsi inacceptable d'appliquer le modèle du triangle épidémiologique à l'alcool en général. En conséquence, il convient de minimiser le rôle de l'alcool dans les problèmes de santé et de ne pas insister sur ces questions en matière de santé publique. Pour cette raison, ce sont des chercheurs de diverses disciplines, exceptés ceux en santé publique, qui se sont intéressés aux politiques publiques concernant l'alcool (Bruun et al., 1975).

Aux États-Unis, à cette époque, les contrepoids aux conceptions favorables à l'alcool sont inexistants. Pourtant, des politiques de contrôle de l'alcool déjà anciennes continuent à évoluer, sans pour autant être mises en œuvre à certaines époques. En effet, l'idée d'un contrôle de l'alcool s'est développée au début du XXème siècle, en alternative à la prohibition. L'État gèrerait le commerce de l'alcool de façon à minimiser les problèmes qu'induit ce produit. Plus tard, sous l'influence de conceptions scandinaves et canadienne, les politiques publiques de contrôle de l'alcool engloberont un modèle de santé publique. Toutes les mesures de contrôle - y compris celles concernant les comportements individuels d'alcoolisation - seront alors assimilées à des mesures de santé publique.

2. Les politiques de l'alcool en France et en Europe

La France connaît après la seconde guerre mondiale une période de lutte contre l'alcoolisme qui génère des évolutions agricoles et industrielles. Vite rattrapées par les pouvoirs économiques, ces tentatives se fondent progressivement dans la mouvance mondiale générée par l'adoption du modèle de la maladie. L'Union Européenne conforte cette tendance. Pourtant, l'adoption de mesures structurelles à cette époque et l'avancée des savoirs portée par les précurseurs de la lutte contre l'alcoolisme au sein du HCEIA remet en cause le modèle de la maladie au profit de thèses plus proches de celles de Ledermann. Plus tard, l'Union Européenne rejoindra, du moins partiellement, ce courant.

2.1. L'après-seconde guerre mondiale

Dans un premier temps, en 1945, Robert Debré – professeur de médecine - propose un « *Programme constructif de lutte contre l'alcoolisme* » qui exhorte l'État à réduire le nombre de débits de boisson, et à lutter contre certains alcools et contre le privilège des bouilleurs de cru. Ce plan comprend une politique dirigée, tant agricole qu'industrielle. Des réglementations et des incitations visent à diminuer la production de vin. Les analyses d'Alfred Sauvy quant aux moyens de rationaliser cette lutte par une politique agricole occupent une large place dans ce projet. Il s'agirait de restreindre les surfaces consacrées à la vigne afin de promouvoir les seuls vins et alcools de qualité. L'industrie créerait une filière de production de jus de fruits (raisin et pomme en particulier) afin d'absorber les excédents de production. Les récoltes de betteraves devraient être réorientées de la distillation vers la production de sucre. Le commerce des boissons serait encadré.

Dès 1946, Georges Létinier, économiste de l'Institut National d'Études Démographiques (INED), dresse un rapport sur la situation de l'alcoolisme en France. En face des bénéfices de tous ordres que l'alcool génère, il veut chiffrer le coût de l'alcoolisme pour la collectivité afin de vérifier les conséquences réelles de ce problème. Il veut en particulier faire évaluer le nombre d'années de vie ainsi que le nombre d'heures de travail perdues (Létinier, 1946). L'INED produit des rapports sur toutes ces questions. En particulier, les effets de l'alcoolisation de la population sont décelés par l'analyse des causes de décès (Ledermann, 1953).

En 1952, J.-S. Brunaud, administrateur civil au ministère des finances, est chargé par le président du Conseil[1] et les ministres de la Justice et de la Santé publique d'établir un rapport sur le coût direct et indirect de l'alcoolisme et sur le rendement des mesures susceptibles de le limiter. Il établit un pourcentage de responsabilité de l'alcoolisme dans différentes pathologies, ainsi que dans des accidents et des infractions. Sur ces bases, il chiffre le coût de l'alcoolisme d'après ceux des prises en charge des problèmes induits et des pertes de production auxquels s'ajoutent les autres dépenses de l'État. Ces coûts excèdent très largement les recettes des impôts spéciaux frappant les boissons alcoolisées. Face à la mise en évidence de l'utilité économique d'une diminution de l'usage d'alcool, des mesures de lutte contre ce produit déjà adoptées ailleurs en Europe sont examinées. Brunaud rappelle qu'en France, l'État subventionne indirectement la production d'alcool. En effet, la Régie française achète l'alcool aux producteurs à des prix très supérieurs à ceux du marché et dans des quantités quatre fois supérieures aux besoins. En conséquence, diverses propositions sont avancées, telles des politiques agricole, industrielle et commerciale encadrées. Mais la principale mesure consisterait à créer « *un organisme interministériel ayant vocation de coordonner et d'animer des travaux de recherche des organismes spécialisés, et doté de pouvoirs propres d'intervention économique et financière*, p 736 » (Malignac, 1952)[2]. Déjà dans cette recommandation apparaît une conception « *moderne* » qui lie la recherche et l'action dans une même structure, préfigurant les objectifs du HCEIA qui demeurera cependant un organe de conseil.

En 1954, le Conseil Économique présente un rapport de la commission des affaires sociales (May, 1954). Ce rapport relève à nouveau les particularités du problème de l'alcoolisme

[1] Le président du Conseil est le Chef du gouvernement, titre remplacé par celui de Premier ministre sous la Vème République.

[2] Georges Malignac, administrateur de l'INSEE, travaille avec A. Sauvy.

qui oppose les intérêts des producteurs d'alcool et les impératifs de santé publique. Sur ces bases, qui coïncident avec les propositions antérieures du programme de Robert Debré, le gouvernement de Mendès France (19 juin 1954 - 5 février 1955) propose des mesures. Celui-ci a changé le traitement des problèmes, notamment celui de l'alcoolisme, en promouvant l'expertise afin de moderniser le pays. Pour rendre l'action publique efficace, il faut la rationaliser. La question de l'alcoolisme est alors scindée en deux (Dargelos, 2008). C'est un problème économique qui impose d'agir sur la production et la commercialisation de l'alcool comme l'avait préconisé Sauvy, d'une part. De l'autre, il s'agit d'un problème de santé publique qui nécessite une refonte des conceptions antérieures. Le modèle issu de l'aliénisme et de la théorie de la dégénérescence laisse place à un modèle de la dépendance, importé des États-Unis. Sur ces bases, Robert Debré estime qu'en matière d'alcoolisme les recours à la morale et à la loi pénale sont insuffisants et que seule une thérapeutique sociale peut être efficace.

En juin 1954, Mendès France, président du Conseil, présente un projet de politique générale très largement consacré à l'économie où la productivité et la compétitivité sont des objectifs centraux. L'alcoolisme est appréhendé en tant que fardeau pour les finances publiques qui doit être rationalisé par la science économique (Dargelos, 2008). Mendès France estime que la production d'alcool est à la source du problème de l'alcoolisme dont il identifie les dimensions sociale, économique et de santé publique. Il s'agit aussi d'affranchir l'action publique des entraves des intérêts privés. Il envisage diverses mesures pour réduire la production d'alcool et entreprend de lutter contre les bouilleurs de cru. Il devra cependant composer avec des politiques et des parlementaires qui ont des liens étroits avec les milieux agricoles et tenir compte de leurs intérêts (Dargelos, 2008). Dès 1949, le groupe d'étude de l'alcool - favorable aux alcooliers - avait rassemblé plus de 100 députés à l'Assemblée Nationale. Le syndicat des bouilleurs de cru obtint même la création d'un comité interparlementaire d'étude du statut des bouilleurs de cru, puis d'un comité parlementaire. Ces structures relaient très efficacement les attentes des alcooliers. En même temps, des mouvements paysans s'opposent à la politique agricole et aux mesures antialcooliques prônées. Ces forces conjuguées se joignent à d'autres oppositions, plus puissantes, focalisées sur les questions de décolonisation. Mais en s'attaquant au privilège des bouilleurs de cru, Mendès France cristallise les oppositions sur cette mesure, entraînant un rejet de l'ensemble de son programme de lutte contre l'alcoolisme. Plus largement la rationalisation de l'action publique est remise en cause. Le gouvernement de Mendès France ne parvient pas à contrer la fronde à son encontre ; celui-ci quitte ses fonctions moins d'un an après son entrée à Matignon. Il sera tout de même parvenu à instituer le problème de l'alcoolisme en catégorie d'intervention publique (Dargelos, 2008). Et il a lancé un mouvement de réflexion qui ne s'arrêtera plus, malgré l'« *éclipse des savoirs* » déjà relevée.

En 1955, le HCEIA est mis en place auprès du Premier ministre dans le cadre de la politique mendésiste de lutte contre l'alcoolisme. En prenant sa direction, Robert Debré insiste sur l'incompatibilité entre une forte alcoolisation et les nécessités de la vie moderne, en particulier la conduite d'automobile ou d'avion. Il ne s'agit plus alors d'une vertu à rechercher, mais d'une nécessité sociale (Debré, 1974). Dès lors, le HCEIA suscite des travaux afin de justifier et d'affiner des propositions en les basant sur des recherches empiriques.

Pourtant, à la fin des années 1950, l'adoption du modèle de la maladie en France, comme ailleurs, détourne l'attention des problèmes associés à l'alcool. Seule la question de l'alcool au volant prendra le relais des premières tentatives de contrôle de l'alcool (chapitre 6).

2.2. L'évolution récente des politiques de l'alcool

Les débats demeurent vivaces entre les théories de la maladie et de la santé publique (chapitre 1).

Au milieu des années 1970, la contestation de l'État providence donne l'occasion à la communauté scientifique de proposer un modèle de santé publique qui concurrence celui de la maladie (Lucas, 2004). En effet, la crise de l'État providence entraîne une évolution du rôle de l'État et de ses modes d'intervention dans la construction des politiques sociales. Cette recomposition est accentuée par des décentralisations et l'internationalisation, en particulier du fait du développement de l'Union Européenne. De plus, après avoir été longtemps exclue des débats, la société civile s'est organisée et devient capable d'intervenir dans la définition des problèmes et des réponses souhaitées. Plus largement, le clivage entre les sphères publiques et privées s'est atténué. L'information devient un instrument politique privilégié, en particulier l'expertise scientifique. La communication et les réseaux, notamment informels, jouent un rôle croissant dans la construction des politiques publiques. La diffusion du savoir, le développement de forums de discussion et l'intervention d'organisations privées modifient sensiblement ces politiques (Lucas, 2004).

Durant les années 1970-1980, les politiques de santé en Europe évoluent progressivement vers une approche préventive qui caractérise une Nouvelle santé publique avec laquelle l'État tente de légitimer ses interventions dans le domaine social (Lucas, 2004). Depuis 1975, la question de l'alcool fait partie intégrante du paradigme de santé publique dont le discours organise la prévention selon trois éléments : l'hôte, l'environnement et l'agent (Lucas, 2004). Nous retrouvons là le triangle épidémiologique, déjà en vigueur en sécurité routière sous une autre formulation depuis les années 1950 (chapitre 3), qui était jusqu'alors écarté en matière d'alcool au nom de la prédominance du modèle de la maladie. Désormais, la cible devient l'ensemble de la population. Cette nouvelle approche se base sur les résultats des recherches épidémiologiques concernant l'implication des consommations globales sur l'ordre public, la santé et la sécurité. Ces données montrent que les consommations globales peuvent être reliées au niveau national des problèmes sociaux et médicaux associés à l'alcool. Dans ce contexte, les idées développées par Lederman sont reprises (Ledermann, 1956). Elles étaient négligées auparavant du fait qu'elles impliquent de réduire la consommation globale de la population alors que le modèle médical ne vise que des alcooliques et non des buveurs sociaux.

La consommation d'alcool est désormais construite en tant que facteur de risque pour la santé, qu'il s'agisse de cirrhose ou de cancers. Dans un premier temps, la nouvelle adhésion à ces conceptions légitime des mesures de contrôle de l'offre d'alcool et des augmentations de taxes. Plus tard, cela entraînera des mesures de réduction des risques (Lucas, 2004).

Cette évolution ne s'est pas produite sans débats (Lucas, 2004). L'Union Européenne, dans une logique économique imprégnée d'idéologie libérale, a favorisé la libéralisation du marché dans un premier temps. Elle a donc relayé des discours anti-tempérance et anti-coercitifs. Ce faisant, elle a favorisé les intérêts des alcooliers. Ce mouvement libéral a même forcé les États scandinaves à assouplir leurs méthodes interventionnistes en matière d'alcool. De son côté, l'Organisation Mondiale de la Santé veut promouvoir un modèle de santé publique dont un des objectifs est de réduire la consommation globale d'alcool. Pourtant, le modèle médical garde des partisans, notamment dans la profession médicale. Pour l'OMS, plus que de contrer ce modèle médical, il s'agit de convaincre la population et les décideurs que le problème et son traitement doivent être étendus à l'ensemble de la population.

Depuis 1975, un corpus important de recherches est progressivement constitué pour soutenir des arguments scientifiques en faveur de mesures de contrôle (Bruun et al., 1975; Edwards & Griffith, 1995). Pour riposter à cette construction du problème et au modèle de santé publique promu, les alcooliers interviennent sur le même terrain. Dans les années 1970, ils tentent de disqualifier des travaux scientifiques (Got, 2008). Paul Ricard, président d'un groupe industriel produisant de l'alcool, tente même de bloquer la reprise de ces résultats dans les médias en diffusant anonymement des argumentations erronées. Et lorsque l'Express identifie leur source et publie ces faits, cet hebdomadaire est privé des publicités de ce groupe durant plusieurs années (de Closets, 2008). On observe donc une campagne de désinformation suivie de rétorsions financières lorsque le stratagème est divulgué (Got, 2008). Plus tard, les alcooliers fondent des associations qui financent des recherches scientifiques favorables à leurs intérêts dans de nombreux pays, notamment l'IREB en France. Dans les années 1990, les alcooliers s'appuient sur des travaux qu'ils ont financés pour attaquer directement des recherches des épidémiologistes et le plan d'action de l'Organisation Mondiale de la Santé (Lucas, 2004).

En France, depuis les années 1990, la lutte contre les drogues licites et illicites s'inscrit dans un plan unifié, défini par un Comité interministériel de lutte contre la drogue et la toxicomanie sur propositions de la Mission interministérielle de lutte contre la drogue et la toxicomanie (MILDT). Cette dernière veille à la mise en œuvre de ces plans. En particulier, celui de 2004-2008 prévoit d'abaisser les consommations d'alcool aux seuils définis par l'OMS et de travailler à dissocier des consommations de psychotropes de la conduite de véhicules et de tâches à risques. Divers dispositifs existent, s'attachant à l'observation, la recherche, la formation, la prévention et la prise en charge sanitaire et sociale. Ces dispositifs s'intéressent plus aux comportements déjà installés qu'à de gros buveurs débutants, exception faite de tentatives de lutte contre le phénomène d'alcoolisation massive et rapide des jeunes (le « *binge drinking* »).

À la fin du XXème siècle, la situation a donc beaucoup changé et les réponses institutionnelles aux problèmes sociaux posés par l'alcool se scindent en fonction des populations à risques identifiées qui ne se bornent plus aux seuls malades de l'alcool. D'une part, une politique de santé publique est centrée sur la prévention des risques en prenant pour cible l'individu rationnel et responsable. En résumé, un public de buveurs occasionnels qu'il convient de dissuader de s'engager plus avant dans leurs consommations d'alcool. De l'autre, une politique médicalisée de prise en charge, partagée entre l'hôpital psychiatrique qui gère des malades marginalisés et des institutions spécialisées en alcoologie qui suivent des patients mieux insérés (Dargelos, 2008). De plus, une alternative à des actions controversées sur l'accessibilité de l'alcool est d'intervenir en matière d'ordre public et de risques pour autrui. Ces formes d'action sont encadrées par le droit pénal, leurs cibles sont des désordres sur la voie publique, des dégradations, des violences physiques ou sexuelles, des infractions routières… Des auteurs alcoolisés d'infractions et d'accidents ainsi que des récidivistes de la conduite en état alcoolique sont pris en charge par le système pénal, sans toujours bénéficier de soins adaptés à leurs problèmes. Par ailleurs, l'incarcération a souvent remplacé la prise en charge psychiatrique, du fait de l'effondrement récent des places de soins et de l'association fréquente de délinquances diverses avec des problèmes d'alcool et de santé mentale (Pérez-Diaz & Huré, 2006, 2015).

*

* *

Nous avons vu que de premières politiques de l'alcool générées par des mouvements de tempérance sont supplantées par le modèle de la maladie qui incite à ne se préoccuper que de malades avérés et donc très avancés dans leurs habitudes de consommation, voire dans la dépendance. Pourtant, dans la France de l'après-guerre, la politique de lutte globale contre l'alcoolisme initiée génère des mesures et de nombreuses recherches. Plus tard, le modèle de la maladie s'impose en France comme ailleurs. Pendant la période d'hégémonie de ce modèle, des recherches se développent malgré l'adversité et parviennent à remettre sa suprématie en question. Ces travaux montrent que les problèmes associés à l'alcool s'étendent à de nombreux domaines, notamment sociaux, et que des consommations moins importantes que celles des malades de l'alcool ont aussi un impact sur la santé. Plus récemment des politiques, mondiales et européennes, de lutte contre l'alcoolisme se basent sur de telles recherches, scindant le problème des malades de celui des gros buveurs. Nous verrons pourtant qu'en France, des objectifs de soins assignés depuis le début du XXème siècle, en particulier en ce qui concerne les gros buveurs, sont encore loin d'être atteints (chapitre 10).

Pour lutter contre l'alcoolisme, des politiques de contrôle de la production et de la commercialisation d'alcool sont promues et des recherches entreprises. Très vite, l'ampleur des intérêts en jeu et le poids du lobby des alcooliers amène à poser le problème en termes économiques. Mais ce puissant lobby parvient à contraindre l'État à de nombreuses concessions, voire à abandonner ses ambitions de protection de la santé publique au profit d'actions sur des comportements individuels, en particulier ceux qui sont dangereux. En conséquence, la sécurité routière est érigée en un domaine refuge de l'action publique sur les problèmes d'alcool. Toutefois, des politiques de sécurité routière doivent aussi faire face aux stratégies que les alcooliers déploient à leur encontre.

En parallèle, un important champ de travaux s'intéresse à comprendre l'accident de la route en structurant l'analyse de ses multiples causes.

CHAPITRE 3
LES APPROCHES DE L'ACCIDENT

Face à l'accroissement des accidents de la route, des approches scientifiques de ces évènements deviennent nécessaires. Dans les années 1950-1960 aux États-Unis, les accidents sont approchés grâce à deux modèles, l'un épidémiologique, l'autre comportemental. Des travaux empiriques décrivent des accidents réels, ce sont des études cliniques d'accidents. Ensuite, Haddon propose une théorie explicative qui aboutit à un modèle, le « *triangle de Haddon* », étoffé, celui-ci deviendra la « *matrice de Haddon* ».

Initiés aux États-Unis, ces travaux sont très rapidement repris en France. Des analyses cliniques d'accidents deviennent des études détaillées d'accidents qui contribuent à améliorer les véhicules et les infrastructures. Elles permettent aussi d'analyser les comportements et les caractéristiques cognitives des conducteurs, puis de concevoir des aides à la conduite embarquées.

Au delà de ces analyses de faits concrets, des prises de risques sont identifiées. Celles-ci amènent à réaliser d'autres types d'analyses sur les comportements qu'il convient de comprendre afin de tenter de les modifier. Cet objectif prend d'autant plus d'importance que le système pénal est aussi sollicité pour faire changer ces comportements.

1. L'analyse des accidents aux États-Unis

Dans l'immédiat après-guerre, Gordon a l'idée d'appliquer le triangle épidémiologique, classique de l'étude des maladies contagieuses, aux accidents (J. E. Gordon, 1949). Il définit ainsi l'accident en termes probabilistes (J. E. Gordon & Aycock, 1949). Il associe à la théorie du triangle épidémiologique un modèle écologique qui prend en compte l'environnement

(J. Gordon, 1964). Ce nouveau modèle stipule qu'un accident perturbe l'équilibre entre l'homme et son environnement. Il résulte de l'interaction de trois facteurs : l'hôte (victime de l'accident), l'agent (celui qui délivre la blessure) et l'environnement dans lequel se trouvent l'hôte et l'agent. Cette première interprétation de l'hôte évoluera, nous le verrons.

En 1956, aux États-Unis, la Conférence Nationale sur les statistiques d'accidents de la route a adopté une motion qui distingue clairement deux démarches différentes de production de données. Premièrement, le constat d'accident qui fournit des informations administratives sur tous les accidents. Secondement, l'investigation qui consiste à rassembler un maximum d'informations sur quelques cas seulement. Cette distinction va impulser un nouveau courant de recherche d'autant que l'Organisation Mondiale de la Santé incite à appliquer la méthode épidémiologique à l'étude des accidents, ce qui impose une collecte de données spécifiques.

En 1960, la revue « *Social Problems* » consacre un numéro entier aux accidents de la route.

Des chercheurs énoncent que l'accident peut être décrit en séquences qui en donnent un modèle explicatif. Il peut aussi être décrit en termes de pratiques dangereuses (Brody, 1959). En effet, il convient mieux de décrire l'accident par des comportements dangereux qui sont une variable indépendante plutôt que par des blessures qui en sont une conséquence ; d'autant plus que d'autres conditions sont nécessaires pour que l'accident survienne. Il devient alors aussi important d'étudier les « *non accident* » (Suchman, 1960). L'évaluation d'un comportement dangereux est toutefois définie comme subjective (Suchman, 1960).

Ce sociologue de la santé, Suchman, énonce que l'accident de la route peut être vu comme un aspect du comportement humain. En conséquence, toutes les forces des théories sociales et psychologiques devraient s'associer pour mieux le comprendre (Suchman, 1960). Du point de vue médical, l'accident est un comportement qui produit des blessures. Il convient alors de se pencher sur l'accident en tant que cause de blessures ; cela suppose de chercher à prévenir, diminuer et éviter de telles occurrences. Mais l'accident n'est pas un concept simple. Pour classer un événement en tant qu'accident, il faut exprimer ses facteurs causaux en termes probabilistes. Une meilleure connaissance des causes d'accidents change la classification de l'accident qui ne constitue plus une fatalité. Celui-ci devient un comportement humain qu'il convient d'analyser. Si les causes de ce comportement sont identifiées, il est possible de le prévenir, de le contrôler et même de le prédire, comme ce fut le cas auparavant pour les maladies contagieuses (Suchman, 1960).

Après avoir identifié une série de facteurs, Suchman construit un modèle explicatif qui représente l'interaction entre une susceptibilité individuelle, un agent et un hasard environnemental. Un tel modèle s'apparente à la fois au modèle épidémiologique et au modèle comportemental des psychologues. Ces deux modèles se différencient surtout par la place qu'ils accordent au contrôle du comportement humain.

Le premier, le modèle épidémiologique, assimile l'accident à une maladie sujette aux facteurs étiologiques de l'hôte, de l'agent et de l'environnement. L'hôte est désormais l'individu - qu'il s'agisse de l'auteur (le conducteur) et/ou de la victime - et ses facteurs de risque sont sociaux et psychologiques. L'agent est l'objet qui cause l'accident ou la blessure ; il recèle des attributs potentiellement dangereux. L'environnement peut influer tant sur l'individu que sur l'agent ; il peut s'agir de conditions physiques telles que la route, le temps qu'il fait, l'heure ainsi que divers facteurs qui contribuent à la distraction du conducteur… Un tel modèle est utile à la compréhension de l'accident et à sa prévention ; toutefois, il demeure plus descriptif qu'explicatif et ne permet pas de comprendre pourquoi l'accident survient. Les grandes dimensions de ce modèle ressemblent fort à celles que retient Lazarfeld dans son schéma descriptif du comportement social de l'individu relevant de tendances (facteurs de l'hôte), d'attributs (facteurs de l'agent) et d'influences (facteurs de l'environnement) (Suchman, 1960). Tout comme Lazarfeld le souhaite pour son schéma, le modèle épidémiologique, trop statique, devrait évoluer vers un modèle explicatif dynamique (Suchman, 1960). Une des voies possibles serait d'enrichir les facteurs retenus. Suchman postule que si un programme d'action découlait d'une analyse basée sur ce modèle épidémiologique et qu'il était accepté par la population, une forte diminution des accidents serait probable. Nous verrons plus tard qu'un chercheur important dans le domaine de l'action en sécurité routière, H.L. Ross, a démarré sa carrière en inscrivant son premier travail dans un cadre défini par Lazarfeld…

Le second, le modèle comportemental, suppose de s'intéresser au processus de prise de décision impliqué dans l'accident, avec l'identification de motivations, d'influences culturelles et d'interactions sociales. Un tel modèle décrit le comportement humain en général. Partant de là, il est possible d'expliquer l'accident comme Durkheim le fit pour le suicide (Suchman, 1960). L'accident relèverait alors des théories sociales usuelles du comportement humain. Une approche prometteuse issue de l'analyse des accidents dans l'enfance consiste à aborder l'accident en termes de processus de décision d'un individu en situation de prise de risque (Luce & Raiffa, 1957). L'hypothèse est faite que la prise de risque dominerait les activités humaines, de la naissance à la mort (J. Cohen & Hensel, 1956). Un tel modèle basé sur la prise de risque a déjà porté ses fruits (Suchman, 1960).

Suchman reprend le modèle épidémiologique en considérant l'accident comme un comportement. Cette nouvelle formulation permet d'analyser des forces individuelles et sociales qui contribuent à la survenue d'un accident (Suchman & Scherzer, 1960). L'accident est considéré comme une série d'étapes qui commencent lors d'activités qui le précèdent. Il faut se concentrer sur les facteurs qui entraînent l'exposition au risque et sur des réactions à cette situation qui s'enchaînent. Pour appliquer ces conceptions, des projets de recherche ambitieux réunissent des équipes pluridisciplinaires de physiciens, juristes, ingénieurs et chercheurs sur le comportement, membres des universités de Harvard et de Cornell. Ils se rendent sur les lieux de l'accident le plus rapidement possible et en font une évaluation. Il s'agit de construire un modèle systémique. Nous verrons que nombre de travaux ultérieurs en découlent, aux États-Unis comme en France, avec les études détaillées d'accident (EDA).

Aux États-Unis, à la fin des années 1950, J.S. Baker dirige une première étude de cas d'accidents bénins (N=68) avec une équipe pluridisciplinaire comprenant des médecins, des psychologues et des ingénieurs (Baker, 1960). L'accident est reconstitué d'après les étapes de son déroulement. Il est approché comme une défaillance du système route-véhicule-conducteur. L'élément essentiel de la genèse de cette défaillance est identifié : c'est le conducteur. L'alcool n'est pas étudié, car l'expérimentation a lieu dans une ville et ses environs (Evanston, Illinois) où la vente d'alcool est interdite. Un protocole d'analyse scientifique des accidents de la route est mis au point et 180 facteurs d'accident sont mis en évidence. Cette équipe découvre l'intérêt d'une démarche pluridisciplinaire et ébauche un schéma conceptuel de l'accident.

Peu après, l'équipe de Moseley (Université d'Harvard) réalise une étude clinique d'accidents (ECA) mortels (N=125) avec une approche pluridisciplinaire (Moseley, 1962). Le système homme-véhicule-route est analysé par des spécialistes (mécanicien, ingénieur, médecin...). Des méthodes d'analyses pluridisciplinaires appropriées à l'étude des accidents de la route sont développées. Elles parviennent à expliquer de façon logique 98% des accidents. Leur hypothèse de départ qui était que « *l'accident n'est pas accidentel* » s'en trouve vérifiée. Ce qui implique qu'il est possible d'intervenir sur son occurrence.

Ces recherches instituent l'accident comme un fait rationnel dont le déroulement doit être étudié afin d'en combattre les causes qui relèvent d'un système conducteur-véhicule-route. Le modèle épidémiologique est ici appliqué à l'accident, comme Gordon l'avait proposé, et les premiers éléments sont réunis pour que Haddon développe ses travaux. Rapidement, Suchman désireux d'approfondir ses analyses travaille avec Haddon sur les accidents (W. Jr Haddon, Suchman, & Klein, 1964).

Dès 1964, Haddon propose une autre théorie explicative des accidents basée sur l'interprétation énergétique. Celle-ci résout des problèmes posés par l'application du triangle épidémiologique (W. Jr Haddon et al., 1964). Selon ces auteurs, l'élément fondamental de tout accident réside dans un échange anormal d'énergie entre une source localisée dans l'environnement et le corps humain. C'est le modèle énergétique calqué sur le modèle épidémiologique ; l'énergie étant aux traumatismes ce que sont les microorganismes aux maladies contagieuses. Il s'agit aussi pour ces auteurs de dépasser d'anciennes conceptions d'abord basées sur le hasard, puis sur la recherche d'une cause unique, enfin sur l'identification de divers facteurs d'un même domaine, en l'espèce le comportement des conducteurs.

Forts de ces travaux initiaux, ces chercheurs réincorporent ce modèle mixte devenu le « *triangle de Haddon* » à la théorie du triangle épidémiologique et l'étendent à toutes sortes de traumatismes (W. Haddon, 1973; W. Haddon & Backer, 1981). Ils proposent une stratégie d'analyse avant, pendant et après l'événements afin d'identifier des mesures de prévention. Au fil du temps, cette stratégie s'affine ; elle est décrite par la matrice de Haddon qui structure une démarche spécifique. Celle-ci comprend trois étapes qui décrivent l'avant, le pendant et l'après d'un événement. Chacune de ces étapes distingue des facteurs humains (l'hôte), technologiques (agent, vecteur, produit) et des facteurs liés à l'environnement physique, ou économique ou socio-législatif (Maurice, Lavoie, & Rainville, 2001). Cette matrice peut être remplie à trois phases du raisonnement : premièrement par des questions auxquelles il convient de répondre, deuxièmement par des facteurs identifiés et troisièmement par des mesures de prévention de ces facteurs. Progressivement, des approches basées sur la démarche du triangle de Haddon, puis sur celle de sa matrice ont permis de mettre en perspective des problèmes multifactoriels relevant de nombreux domaines et de disciplines diverses.

Et, comme le savoir diminue l'inattendu et l'inévitable dans la survenue d'un accident, il faut accroître les connaissances du conducteur. Ce qui fait reposer l'occurrence de l'accident sur la responsabilité individuelle : la faute est alors attribuée à l'individu, non aux circonstances. Ces conceptions inscriront progressivement l'accident à la fois dans un cadre comportemental probabiliste relevant de la théorie de la décision (chapitre 4) et dans un cadre pénal, l'inscrivant implicitement dans la théorie de la dissuasion (chapitre 7).

2. L'analyse des accidents en France

La France a dès 1960 accumulé des études cliniques d'accidents (N=818 accidents graves) qui sont analysées pour identifier successivement des influences de l'infrastructure (Goldberg, Plantevin, & Duflot, 1962), des facteurs liés au conducteur et au véhicule (Duflot & Hoffman, 1963), puis aux victimes (Duflot & Hoffman, 1964). Il s'agit d'une démarche intermédiaire, entre des études cliniques et statistiques. Dans chacun des dix départements étudiés, un ingénieur, un expert et un médecin travaillent indépendamment sur les mêmes données, sans communiquer ni développer d'analyses communes. Afin de distinguer ces approches des suivantes, le terme pluridisciplinaire serait adéquat ; celui de multidisciplinaire serait alors réservé à des analyses à l'aide d'outils disciplinaires différents dont les résultats sont mis en commun pour interpréter le phénomène des accidents[1]. En 1965, le HCEIA demande à l'ONSER de développer des analyses multidisciplinaires[2] d'accidents.

Au même moment, des médecins et des épidémiologistes travaillent avec les constructeurs automobiles dans le cadre du Laboratoire d'accidentologie et de biomécanique (LAB) et du Centre européen d'études de sécurité et d'analyse des risques (CEESAR). Ils entreprennent de très nombreuses analyses d'accidents afin d'améliorer les véhicules et la protection des usagers (Fayon & Tarrière, 1974; Fayon, Tarrière, Sacreste, Got, & Patel, 1978; Fayon, Tarrière, Walfisch, Got, & Patel, 1975; Got, Walfisch, Fayon, & Faverjon, 1975; Tarrière, 1994; Thomas et al., 1977).

L'équipe de l'ONSER, dirigée par J. L'Hoste, s'inscrit explicitement dans la lignée des travaux américains de Baker et Moseley, revendiquant leurs influences méthodologiques et leurs apports. Comme dans les recherches de Baker et de Moseley, la démarche multidisciplinaire empirique de l'ONSER

---

[1] Ultérieurement, le terme de transdisciplinaire sera utilisé, impliquant des analyses plus intégrées.

[2] Le terme d'analyses pluridisciplinaires est employé, même si la commande souhaite manifestement une mise en commun des approches et des analyses.

réunit plusieurs méthodes (L'Hoste, 1970). Tout d'abord, la méthode épidémiologique qui applique à l'étude de la genèse des accidents les notions d'hôte (le conducteur/la victime), d'agent (le véhicule) et de milieu (l'environnement) en mettant l'accent sur les interactions, phénomènes qu'il convient de repérer. Les éléments constitutifs de l'accident doivent être recherchés dans un tel système, après l'avoir adapté à la multifactorialité établie des causes de ces événements. Ensuite, l'écologie appliquée aux accidents amène à étudier leurs environnements physiques, psychologique et sociologique. Enfin, l'analyse de chaque accident, suit la méthode clinique, utilisée en médecine. Cette « *étude de cas* » exige une observation minutieuse des faits, contrôlée par une critique sévère des conditions d'observation et de l'observateur afin de mieux comprendre le réel. Ce travail s'inscrit donc dans la lignée de ceux de Gordon, puis de Haddon.

L'objectif scientifique de cette recherche est d'identifier des chaînes causales de l'accident et d'en renouveler l'approche, et même de contribuer à ébaucher une théorie de l'accident. En outre, une stratégie de prévention pourrait être élaborée sur la base de ces analyses et fonder des actions concrètes en tenant compte de leurs coûts et bénéfices escomptables.

Un des principaux apports de la recherche est d'attribuer l'accident à des défauts de fiabilité ou de fonctionnement du système conducteur-véhicule-route-réglementation etc. Cela implique que les divers facteurs d'accidents ne peuvent être envisagés séparément car ils constituent les éléments d'inadaptations du système à la tâche de conduite. Les accidents constituent alors des interruptions des boucles de régulation d'un système complexe.

S'éloignant du triangle épidémiologique et de ses premières versions appliquées à l'accident, ce système complexe est constitué par les acteurs et leurs moyens d'action (informations, manœuvres, décisions), des règles de fonctionnement (réglementations, habitudes) et des relations entre tous ces éléments. D'autres acteurs interviennent : le législateur, le magistrat, le constructeur d'automobiles, l'ingénieur des routes, le médecin etc. Ceux-ci doivent aussi être pris en compte, mais le conducteur demeure l'acteur central en ce qu'il est le régulateur principal du système lorsque l'accident se présente. Et tous les autres mécanismes régulateurs doivent tenir compte de cette intervention finale du conducteur. C'est pour cette raison que l'observation des accidents doit partir du comportement du conducteur.

La méthode clinique multidisciplinaire a effectivement posé les bases d'une nouvelle approche des accidents. Ces analyses ont été largement développées dans les années 1970 (Fell, 1976; Treat et al., 1979). Du fait de leur coût, ces analyses furent délaissées. Pourtant, en France, l'INRETS a développé une base de données dans la lignée de ces travaux. Des « *Études détaillées d'accidents* », aux collectes et aux analyses constamment améliorées sont effectuées depuis 1992 jusqu'à nos jours afin de réaliser des études cliniques d'accidents. Ces données approfondies sont collectées par des équipes multidisciplinaires sur les lieux des accidents mortels autour de Salon-de-Provence (Ferrandez, 1995; Ferrandez & Fleury, 1986). Elles concernent le conducteur, le véhicule et l'infrastructure. Ces données permettent de reconstituer un scénario d'accident composé de séquences d'événements qui s'enchaînent. Il s'agit des situations de départ ; de conduite ; d'accident, où un événement imprévu survient ; d'urgence, où le conducteur tente de rétablir une situation de conduite normale ; de choc qui survient lorsque la manœuvre d'évitement a échoué (cette dernière situation inclut les conséquences du choc). Ce découpage permet d'identifier le processus qui a généré chaque accident et des scénarios types de défaillance fonctionnelle (Van Elslande, 2003; Van Elslande, Alberton, Nachtergaele, & Blanchet, 1997). Et l'analyse consiste à superposer une logique causale à la logique spatio-temporelle mise en évidence, démarche classique en ergonomie.

Ces analyses ont permis d'entreprendre de nombreuses actions concrètes, en relations étroites avec des constructeurs de véhicules et d'infrastructures. Par ailleurs, les caractéristiques cognitives de l'opérateur, en l'espèce le conducteur, dans un système complexe sont analysées ; l'attention porte en particulier sur ses défaillances. Or, les capacités limitées des conducteurs et leurs faibles aptitudes à les améliorer avaient déjà fait envisager de recourir à des systèmes d'information qui assistent ces opérateurs dans la tâche de conduite (L'Hoste, 1970). Les études détaillées d'accidents ont mis en évidence quelles informations pourraient aider les conducteurs en situation d'urgence et lors des séquences préalables, déterminant le futur contenu de certaines aides embarquées (Van Elslande, 1992).

De nombreux modèles statistiques sont utilisés pour analyser les relations entre les accidents et divers facteurs présumés causaux. Plus récemment, des travaux tentent d'analyser l'accident dans ses multiples dimensions afin de modéliser une chaine de causalité qui entraîne l'occurrence de certains d'entre eux (Wong & Chung, 2007). Ce travail se positionne comme un outil complémentaire dans l'analyse des accidents. Actuellement, des analyses des accidents s'intéressent à des approches de systèmes complexes intégrant les territoires et leurs caractéristiques ainsi que les apports des études détaillées d'accidents (EDA) (Propeck & Saint-Gérand, 2014).

Par ailleurs, les choix de comportement du conducteur et les accidents avaient été examinés sous l'angle de la théorie du risque et de la décision dans l'incertitude (L'Hoste, 1969). En effet, certains accidents résultent de paris habituellement faits par l'ensemble des usagers, mais le risque qui en découle n'est pas toujours perçu ou bien il est attribué à la fatalité. Chaque individu se dédouane ainsi de sa responsabilité. Il apparaît que la perception, le jugement et la décision du conducteur sont influencés par ses relations aux objets qui l'entourent et par son attitude envers des normes sociales implicites et explicites qu'il perçoit. En particulier, la réglementation se révèle souvent mal connue, incomprise et peu prise en compte dans les choix de comportement. D'où la prégnance d'analyses basées sur des modèles du risque issus de la théorie de la décision, puis des modèles de dissuasion pour comprendre les accidents.

3. L'analyse des accidents et le système pénal

Dès les premières études sur les accidents, des entretiens avec des conducteurs font apparaître que, pour améliorer la sécurité, il faut éviter que l'analyse des événements serve à déterminer des responsabilités, ou à justifier des sanctions (L'Hoste, 1970). Selon cet auteur, il existe une telle opposition entre les fonctions de prévention et de répression qu'il serait contradictoire de faire collecter les données destinées à la prévention des accidents par des agents contribuant à leur répression. Aux fins de recherche, cette consigne sera largement respectée par l'ONSER puis par l'INRETS, même si - *in fine* - les données statistiques collectées par les forces de l'ordre s'avèrent nécessaires, du fait de leur exhaustivité sur le territoire national, en particulier celles du BAAC (bulletin d'analyse d'accident corporel de la circulation).

Dans la même veine, ces chercheurs constatent que les conducteurs de l'époque perçoivent le contrôle de l'alcoolémie par alcootest comme partie intégrante d'une faute grave qui peut induire une sanction. Selon ces chercheurs, les conducteurs voient en l'alcootest une arme infâmante de répression, alors qu'il s'agit d'un outil neutre de prévention (L'Hoste, 1970). Cette équipe a expérimenté les alcootests dès 1968. Elle conseille d'en banaliser l'usage et d'interdire la conduite automobile au-dessus d'un taux d'alcoolémie fixé par la loi[1] en contrôlant son application indépendamment de toute autre circonstance. Ces conseils ne seront pas suivis par le législateur de l'époque. Ces chercheurs préconisent de déconnecter ce comportement d'une condamnation morale, tout en suspendant le permis de conduire[2]. L'objectif de ces chercheurs était de dédramatiser la réaction des pouvoirs publics à une infraction banale, pour désamorcer des résonnances émotionnelles et pour générer des associations d'idées et de comportement claires sur le risque (L'Hoste, 1970). En résumé, conduire en ayant bu est interdit, non parce que c'est une faute morale, mais parce que cela induit un risque d'accident ; il ne faut donc pas le faire, ce qu'est censée exprimer la suspension du permis. Disant cela, ces chercheurs se positionnent sur des débats juridiques très vivaces entre des conceptions opposées, surtout à l'étranger.

[1] Rappelons que le taux d'alcoolémie figurera dans une loi en 1970 et que son contrôle indépendamment de toute autre circonstance sera adopté en 1978.

[2] Alors que cette mesure se révèlera vite la sanction la plus redoutée des automobilistes.

Nous verrons, en abordant la question du droit, que la condamnation morale est effectivement un ressort premier du droit « *mala in se* » qui se différencie du droit « *mala prohibita* » fait d'interdictions plus techniques (chapitre 5).

*

* *

L'analogie entre les risques d'accidents de la route et de maladies contagieuses a suscité des analyses communes dont les démarches visent à identifier les causes du phénomène afin de le prévenir. En particulier, les travaux de Gordon, puis de Haddon ont construit ce rapprochement. Ensuite, de nombreux travaux ont creusé et développé ces approches jusqu'à fournir des modèles explicatifs des accidents. Cette évolution préfigure le recours à d'autres théories explicatives plus globales, comme la théorie situationnelle et les modèles systémiques (Faverge, 1967) qui s'intéressent à tous les facteurs : techniques, économiques, sociologiques, organisationnels, culturels etc. De telles théories développant des approches globales s'avèrent, après comparaison avec le domaine des accidents du travail, comme particulièrement prometteuses (Trudel & Larouche, 1989). Ces démarches modélisées prennent toute leur importance du fait de l'extension des investigations à des secteurs de plus en plus diversifiés. Elles impliquent la coordination d'acteurs très divers et l'articulation des actions à tous les niveaux. Cette structuration suppose un management ferme de la gestion des risques, ceux-ci étant conçus de la façon la plus large.

L'analogie de l'accidentalité avec les maladies contagieuses inscrit de fait l'accident dans la sphère de la santé publique (Pérez-Diaz, 2009). De cette comparaison, il ressort qu'une planification à long terme doit assimiler selon un processus séquentiel le fruit des actions de lutte contre le phénomène des accidents. Celui-ci ressort donc de la recherche opérationnelle. Il s'agit alors d'élaborer une stratégie de prévention, soucieuse des coûts et des gains. Les études cliniques d'accidents peuvent fournir les fondements de nombreux éléments de décisions concrètes. Pour ce faire, il faut hiérarchiser les options en précisant leurs coûts. Une telle stratégie de prévention éclaire les autorités responsables sur la nature et la rentabilité humaine et économique de mesures prises ou à prendre.

Par ailleurs, un glissement s'est progressivement opéré dans la définition de l'hôte : à la victime de l'accident se substitue le conducteur en tant qu'auteur de l'accident. Le principal facteur de risque réside dans ses choix de comportements qu'il faut d'abord comprendre, problème auquel s'attache la psychologie (chapitre 4). Ensuite, il s'agit de chercher à modifier ces choix risqués. La psychologie tente d'apporter des réponses à cet objectif (chapitre 4) ; tout comme le contrôle pénal. Il convient alors de rassembler des connaissances sur les modalités d'intervention du droit en ces matières (chapitres 5 et 7).

CHAPITRE 4
LES CHOIX DE COMPORTEMENTS ET LEURS MODES DE CHANGEMENT

Nous avons vu que les recherches en diverses disciplines relèvent l'importance du comportement du conducteur dans la survenue des accidents. Il devient alors essentiel de comprendre les causes de leurs prises de risques. La théorie de la décision structure les relations complexes des multiples paramètres identifiés lors des choix de comportements. Cette théorie génère aussi des modèles du risque qui tentent d'expliquer les accidents. Afin de prévenir ces évènements, il faut agir sur leurs facteurs de risques, notamment sur ceux qui relèvent des conducteurs.

Chercher à comprendre le comportement humain et à le modifier est une entreprise ancienne, présente dans tous les domaines, en particulier dans celui des risques. De très nombreuses disciplines sont sollicitées à ces fins ; mais, parmi celles-ci, la psychologie occupe une place centrale. D'abord parce que cette discipline permet d'approcher des fondements des choix de comportements ; ensuite parce que celle-ci cherche comment parvenir à changer certains d'entre eux. Dans ces deux cas, des modèles décrivent des composantes essentielles de ces phases spécifiques que sont le choix et le changement de comportement. D'autres disciplines utilisent ces mêmes travaux pour concrétiser leur intervention dont la finalité peut être la prévention, la dissuasion ou le soin. Ce chapitre recense quelques apports pertinents de la psychologie à la prévention et aux soins en matière d'alcool au volant. Ces apports sont pour certains déjà effectifs, d'autres restent encore à utiliser ou à développer.

En psychologie, le changement de comportement est abordé selon deux conceptions générales. L'une est centrée sur la pensée et part du principe que la pensée contrôle l'action ;

il faut alors parvenir à intervenir sur la pensée d'un individu pour modifier son comportement. L'autre repose sur l'action qui pourrait modifier le système de valeurs de l'acteur. En effet, si un individu agit à la marge de son système de valeur, cet acte entraîne une justification ou une rationalisation *a posteriori* qui l'induit à réviser son échelle de valeurs (Joule & Beauvois, 1987).

Selon la première conception, la décision est un processus de choix dont les mécanismes d'élaboration doivent être éclairés. Ce processus est étudié dans le cadre de la théorie de la décision issue des mathématiques, des statistiques et de l'économie. Cette théorie modélise le choix d'une alternative parmi d'autres possibles. L'individu choisit l'alternative dont le calcul d'utilité marginale[1] est le plus élevé ; l'utilité exprime la désirabilité que l'individu attribue à chaque alternative. Cette hypothèse repose sur la rationalité de l'individu.

Des modèles du risque, issus de la théorie de la décision, ont rapidement attesté de leurs limites prédictives, sauf à se restreindre à quelques paramètres basiques. Actuellement, des modèles du risque ont surtout une vocation descriptive ; ils tentent de restituer la réalité des interactions observées en intégrant des éléments d'ordre contextuel et environnemental. Mais ils continuent à attribuer une importance fondamentale à la recherche de facteurs causaux et à des actions de tous ordres sur ces facteurs pour modifier les comportements.

La seconde conception se focalise moins sur des facteurs causaux puisque c'est un changement au niveau de l'action qui est visé. Ce courant de pensée connaît de nombreux succès, déclinés sous des formes très diversifiées. Une des plus récentes est dénommée « *communication engageante* » ; un acte est requis comme un préalable à un message persuasif. Nous verrons que des préceptes fondamentaux d'une conception du changement par l'action ont été énoncés dès le début du XXème siècle par ce qu'il convient d'appeler « *l'école de Palo Alto* » (Wittezaele & Garcia, 2006) ; un travail sur la pensée est

---

[1] En économie, l'utilité marginale se réfère à une théorie subjective de la valeur. Elle doit son origine à la notion de prime de risque appliquée à l'espérance mathématique.

entrepris, mais l'objectif est bien d'obtenir un acte durant la thérapie. Le mouvement des thérapies brèves fut ainsi initié.

Toujours à l'initiative de « *l'école de Palo Alto* », l'individu et ses comportements sont pris en compte dans un système d'action (couple, famille, entreprise…), intégrant d'emblée des éléments d'ordres contextuels et environnementaux.

D'autres modèles articulent les deux conceptions. Ils combinent des incitations à modifier la pensée pour intervenir sur l'action et des actions destinées à changer la pensée.

Il s'agit ici de présenter quelques repères parmi les très nombreux travaux existants : des familles de modèles qui ont été particulièrement utilisées dans le domaine de la sécurité routière ou en matière de soins, notamment des problèmes d'alcool. Certains modèles pourraient constituer une ressource afin de changer sensiblement des phénomènes de risques, routiers et autres, associés à l'alcool.

1. Le choix d'un comportement et la théorie de la décision

Les choix de comportements sont formalisés par la théorie de la décision grâce à de nombreux modèles qui visent à identifier et à structurer des paramètres intervenant sur ces choix. Certains modèles ont permis de mieux expliquer des choix de comportement qui prévalent dans la survenue d'accidents.

1.1. Identifier des causes pour expliquer un choix

La théorie de la décision rassemble de très nombreux modèles centrés sur la pensée. Cette théorie structure les composantes des choix de comportement d'acteurs insérés dans des systèmes. Ces modèles mettent en scène des tensions entre des croyances (l'ensemble des possibles) et des désirs (des préférences) dont l'arbitrage s'effectue sous l'égide de rationalités et selon des modalités qui dépendent fortement du type de turbulences de l'environnement, lui-même s'avérant stable ou risqué ou incertain ou stratégique... Ces modèles donnent à voir des processus qui précèdent une décision (Munier, 1996).

Les croyances, c'est à dire l'ensemble des possibles, sont en partie basées sur des connaissances, plus ou moins claires et plus ou moins rationnelles. L'éducation et la prévention qui diffusent des connaissances peuvent modifier les croyances et donc réduire les prises de risque. Elles sont pourtant rarement suffisantes (Girandola & Joule, 2012). Les désirs hiérarchisent les possibles de façon à aboutir à un choix de comportement. Les valeurs d'un individu façonnent profondément ses désirs. D'où l'intérêt d'identifier les représentations de cet individu afin d'approcher les attitudes et les valeurs qui l'animent.

Les désirs ou préférences s'expriment par le choix d'un comportement dont la rationalité s'avère complexe. Se révèlent des rationalités cachées, multiples pour un même individu ou limitées par d'autres acteurs. La théorie des jeux qui découle de la théorie de la décision rend compte de ce dernier aspect. Elle intervient lorsque plusieurs personnes doivent prendre une décision dont le résultat les concerne (Bouzitat, 1996; Munier, 1996). Elle introduit les stratégies des décideurs (coopération, lutte, négociation...). Ainsi, sur la route, même si l'arbitrage ultime revient au conducteur, l'interaction avec les passagers se manifeste en de nombreuses occasions. Un conducteur modifie sa conduite selon qu'il est accompagné de sa mère qu'il veut rassurer ou de ses amis qu'il veut impressionner. Par ailleurs, un certain rôle de l'irrationnel est reconnu, abordé essentiellement par la notion de fatalité (Douglas & Wildavsky, 1983; Peretti-Watel, 2000).

Ces modèles tentent d'expliquer l'action en identifiant, puis en reliant certains paramètres des choix de comportement. Ces paramètres relèvent de tendances générales chez l'individu. Si une démonstration causale de leur rôle a été opérée, ils sont considérés comme des déterminants ou des facteurs d'un choix de comportement.

Dès l'origine, c'est autour de prises de risque que les décisions ont été analysées. Pour formaliser de façon générale ces opérations, divers postulats sont posés : la rationalité des choix et l'aversion des individus pour le risque ont longtemps occupé une place hégémonique en ce domaine. Certaines théories secondes ne postulent pas l'aversion face au risque, car l'expérience montre que certains individus recherchent le risque. Chaque modélisation retient des paramètres censés intervenir sur ces choix et les relie selon des hypothèses spécifiques (Assailly, 1997, 2009; Pérez-Diaz, 2000, 2003b). Ces modèles décrivent les choix possibles et s'attachent à en restituer la complexité. Certains d'entre eux prennent en compte des facteurs aussi bien internes qu'externes à l'individu ; ils aident à concevoir l'extrême variété des déterminants des comportements. Par ailleurs, des recherches descriptives identifient de multiples formes de prises de risques qui permettent d'étendre ou d'affiner la liste des facteurs à prendre en compte dans de tels modèles.

D'autres modélisations s'intéressent à des facteurs auparavant jugés secondaires qui expliquent pourtant la variabilité des comportements selon leurs contextes et leurs environnements. D'où l'émergence de nouveaux modèles, en particulier ceux qualifiés d'écologiques qui suscitent l'intérêt des chercheurs, tant sur les risques routiers que sur ceux liés à l'alcool. Mais plus les modèles se compliquent, plus les relations causales deviennent complexes à cerner et plus toute action devient difficile à concevoir et à entreprendre.

1.2 Des modèles du risque pour comprendre les accidents

Des modèles du risque issus de la théorie de la décision ont été élaborés pour mieux comprendre la raison d'être des accidents. Ces modèles tentent de rendre compte de relations entre le risque « *objectif* » (ou risque réel), qui serait estimé à partir de données concrètes caractérisant une situation donnée (essentiellement cognitives), et le risque « *subjectif* » (ou risque perçu), qui correspond à l'évaluation de cette situation par un individu, opération présidant au choix d'un comportement (Saad, 1988). Tous ces modèles proposent des moyens de réduire l'écart entre les risques objectif et subjectif qui est parfois important. En outre, ces modèles prennent en considération les motivations des conducteurs face au risque. Deux conceptions divergentes de ces motivations, celle du risque « *zéro* » et celle du risque constant, amènent à utiliser l'une ou l'autre famille de modèles (Assailly, 1997).

La conception du risque « *zéro* » génère une famille de modèles qui va connaître des développements importants. Elle suppose que tout individu cherche à ce que son niveau de risque subjectif tende vers zéro[1]. Trois modèles relèvent de cette conception. Premièrement, celui du risque zéro s'applique à la perception du risque d'accident (Näätänen & Summala, 1976). Cette perception serait voisine de zéro et lorsqu'elle dépasserait un certain seuil, des mécanismes de régulation interviendraient. Ce seuil d'alerte étant généralement trop élevé chez les conducteurs, l'écart entre un risque objectif non nul et son évaluation subjective nulle expliquerait les accidents. Il faudrait alors intervenir pour qu'il n'y ait pas d'écart entre ces estimations objective et subjective. Deuxièmement, le modèle de l'évitement de la menace (Fuller, 1984) critique et complète le précédent, puis il élargit son approche au contexte des dangers potentiels de l'environnement. Troisièmement, le modèle hiérarchique du risque (Van der Molen & Bötticher, 1986) pose le problème de la planification de l'activité et souligne le rôle des représentations du conducteur dans cette planification (Saad, 1988).

L'autre famille de modèles, celle du risque constant, considère que le conducteur vise à maintenir un niveau de risque subjectif constant, mais non nul, qui constituerait son niveau-cible de risque individuel[2]. C'est le modèle de l'homéostasie du risque (Wilde, 1976, 1982). Ce modèle plus complexe, issu de la Théorie du portfolio très utilisée en économie, présente l'avantage de mieux tenir compte des complexités mises au jour par les recherches. Outre l'idée d'un niveau-cible, il intègre le fait que tous les individus n'aspirent pas au même niveau de risque, ce que les néo-bernouillien Von Neumann et Morgenstern avaient conceptualisé dès les années 1940, et que les recherches en sociologie et en psychologie différentielle illustrent largement. De plus, des recherches montrent que les individus adaptent leur niveau-cible à l'environnement au sens large, notamment aux circonstances, telle la présence de certains passagers à bord. Cela rend encore

---

[1] C'est la conception du « *joueur prudent* », base originelle de la théorie de la décision que les résultats de recherches empiriques relativisent.

[2] Les actions de sécurité devraient alors contribuer à abaisser ce seuil de tolérance.

plus complexe l'usage de cette famille de modèles et fragilise d'autant la précédente (Assailly, 1997).

Selon Assailly, il n'existe pas encore de théorie unifiée de l'accident intégrant des déterminismes liés à l'individu, à l'infrastructure et au véhicule. En ce qui concerne l'étude du facteur humain, un progrès théorique est attendu d'une articulation entre les approches générales du risque comme celle de Wilde et les approches différentielles qui mettent en évidence les marqueurs du risque (variables sociologiques comme le sexe, l'âge, la catégorie socioprofessionnelle...) et les déterminants du risque d'occurrence des accidents (attitudes et comportements de ces catégories en matière de vitesse, d'alcool...) (Assailly, 1997).

2. L'école de Palo Alto : articuler la pensée et l'action

Des stratégies profondément novatrices pour changer le comportement de l'individu agissant dans un système vont naître dans le cadre de la ville de Palo Alto où se situe l'Université de Stanford, en Californie. Elles reposent sur des conceptions qui articulent diversement la pensée et l'action. Cette école de pensée, dénommée ultérieurement « *école de Palo Alto* », est influencée par de multiples disciplines comme la cybernétique, la théorie des systèmes et la théorie de l'information... Elle naît des travaux de G. Bateson et sera renouvelée et étendue grâce à ceux de P. Watzlavick ; elle s'inspire aussi des pratiques de M. Erickson (Wittezaele & Garcia, 2006). Ces chercheurs élaborent une méthode de changement basée sur la communication et les relations humaines, abordées sous l'angle de la logique formelle. La notion d'information est un élément de base des phénomènes interactionnels et des échanges entre les individus ; les clés du sens seraient alors détenues par le contexte. La norme n'est plus une référence centrale, pas plus que la notion de pathologie ou que la recherche de facteurs causaux. Cette tentative de résolution des comportements qui posent problème dans un système d'action est dénommée « *thérapie brève* ». Ce type de thérapies vise le changement qui peut s'opérer à deux niveaux hiérarchiques séparés.

Le premier changement (type 1) se passe dans un ensemble qui reste invariable. Cet objectif se heurte à la recherche d'équilibre dans un même système qui fait qu'un changement est neutralisé par un autre. C'est un phénomène d'homéostasie, observé par exemple sur la route où une amélioration de la chaussée induit des conduites plus rapides, maintenant le même niveau de risque qu'avant ces travaux. Autre exemple, un individu arrête de consommer un produit addictif pour un autre, allant des stupéfiants à l'alcool ou de l'alcool au tabac…

Le second changement (type 2) opère une modification de logique qui amène un changement de système. Il ne s'agit plus de rechercher des causes du problème du patient. Il faut identifier un élément du système relationnel du patient (famille, proches, relations de travail…) sur lequel faire levier afin d'obtenir le changement, puis rechercher un vecteur de motivation du patient. Celui-ci encode le problème selon ses propres conceptions, d'où l'importance du langage des messages préventifs qu'il faut adapter à la cible. De plus, en décodant une situation à partir des conceptions d'un réseau relationnel, il est possible de proposer au patient un nouveau jeu relationnel. En modifiant les perceptions du problème sans tenter d'atteindre les valeurs du patient, il devient possible d'appliquer des solutions nouvelles. En effet, comme le véritable changement individuel est très difficile à obtenir, il est plus efficace de simplement tenter de mettre l'individu sur une trajectoire plus favorable. Sans réformer l'individu en profondeur, il s'agit de le faire agir autrement. De plus, une expérience réussie entraîne souvent un changement prolongé qui peut même s'étendre à d'autres aspects de la vie du patient, par un mécanisme de réduction de ses dissonances cognitives[1].

Le statut de l'action dans le changement est donc déjà posé dans des termes très analogues à ceux qui serviront à l'énoncer dans la « *communication engageante* » présentée ci-après.

---

[1] La théorie de la dissonance cognitive stipule qu'une personne confrontée à des informations, opinions, comportements ou croyances qui la concernent directement et qui sont incompatibles entre elles ressent un état de tension désagréable (Festinger, 1957). Afin de réduire un tel malaise, cette personne adapte ses idées, croyances ou idéologies au comportement qu'elle a réalisé.

De même, un tel usage de l'acte nouveau lors d'une expérimentation dans un système d'action - une institution par exemple - peut induire un changement. Ainsi en est-il du système pénal qui expérimente toute nouvelle mesure avant de l'adopter, vérifiant l'effectivité de la réforme tout en la faisant pratiquer par les acteurs d'un système local afin de la leur faire accepter, avant de décider de la généraliser. Une telle démarche est presque devenue une norme d'introduction du changement en matière pénale, en particulier pour les lois sur l'alcool au volant (Kletzlen, Huré, & Pérez-Diaz, 2005).

Ainsi, tant au niveau individuel qu'à celui des institutions, des thérapies brèves déclinées sous des formes diverses et proposées à des protagonistes très différents (de gros buveurs débutants comme à des décideurs ou à des acteurs institutionnels) sont des méthodes de changement efficaces. Une particularité leur confère cette efficacité : elles ne partent pas à la recherche de facteurs causaux, elles proposent juste une nouvelle manière d'agir acceptable et potentielle source d'amélioration des problèmes rencontrés.

Ces interventions ne sont pas une panacée, et ne doivent pas occulter l'intérêt d'identifier des facteurs causaux. Elles fournissent cependant un outil efficace à court ou à moyen terme pour obtenir des changements afin d'intervenir sur certains problèmes.

2.1. Le modèle de Prochaska : conduire l'individu de la pensée à l'action

Un modèle de modification des comportements est très utilisé en psychologie. Le modèle transthéorique de Prochaska (Prochaska, Di Clemente, & Norcross, 1992; Prochaska, Redding, & Evers, 1997) stipule qu'un comportement se modifie selon un processus en cinq étapes. 1) La pré-contemplation, où l'individu n'est pas informé, refuse de changer et ne perçoit pas le problème, souvent parce qu'il le nie (c'est le déni, déjà évoqué). 2) La contemplation, où l'individu prend conscience du problème, mais il demeure ambivalent quant aux bénéfices et aux coûts du changement ; malgré cela, il cherche une solution, sans agir pour autant. 3) La préparation, où l'individu prépare et amorce un changement avec un plan d'action, sans atteindre son objectif. 4) L'action, où l'individu change résolument de comportement et d'environnement. 5) Le maintien, où l'individu s'installe dans ce nouveau comportement. Certains individus progressent ainsi, d'autres stagnent, voire régressent face à leur problème (Assailly et al., 2012).

Ce modèle identifie également dix processus de changement transversaux à ces cinq étapes. Ces dix processus relèvent de deux ordres. D'une part, sont distingués des processus expérientiels ou cognitivo-affectifs, soit : l'éveil de la conscience, le soulagement dramatique, la réévaluation environnementale, l'auto-réévaluation et la libération sociale. D'autre part, des processus comportementaux du changement sont identifiés, soit : la relation d'aide, le contrôle de la stimulation, le contre-conditionnement, la gestion du renforcement et l'auto-libération. Ces processus facilitent le passage d'une étape à l'autre du modèle transthéorique. Les processus expérientiels interviennent surtout aux premières étapes du modèle, lorsque l'intention de changer se crée par le jeu de la motivation et de la volonté. Les processus comportementaux renforcent le passage aux dernières étapes, facilitant la transformation d'une intention exprimée en comportement concret (Assailly et al., 2012).

Ce modèle s'intéresse à des modifications fondamentales du comportement tout en incluant l'action dans une démarche progressive où un travail sur la pensée tente d'induire l'action.

2.2. La communication engageante : l'action précède la pensée

Depuis longtemps, la difficulté de modifier les valeurs et les attitudes est pointée, l'engagement apparaissant comme une voie d'avenir pour modifier les comportements (Delhomme, 1993). Plus récemment, l'idée de réunir en une seule approche l'engagement comportemental (Joule & Beauvois, 1998) et la persuasion (Chabrol & Radu, 2008) a donné naissance à la communication engageante (Girandola & Joule, 2012). Il s'agit de susciter une action avant même de diffuser un message persuasif. Cet acte préparatoire - souvent mineur, par exemple signer une pétition - doit relever de la même identification de l'action que le comportement attendu (Joule & Beauvois, 1998). Il doit aussi être réalisé dans un contexte d'engagement, ce qui suppose un libre choix où ni promesse de récompense, ni menace n'est formulée (Kiesler, 1971). Cet acte préparatoire facilite la perception, voire l'intégration du message. Ensuite, pour susciter des prises de conscience, il est nécessaire de passer par une démarche de communication persuasive où l'information et l'argumentation permettent progressivement de modifier les savoirs et les attitudes. Mais, sans acte préparatoire, cette démarche s'avère insuffisante pour modifier les comportements (Girandola & Joule, 2012). Ces deux type d'interventions se distinguent donc en ce que dans la communication persuasive, des participants peuvent éventuellement être actifs, tandis que les participants de la communication engageante sont toujours acteurs en ce qu'ils réalisent un acte concret antérieur au message (Girandola & Joule, 2012).

Pour ce qui est de promouvoir des comportements effectifs, diverses recherches montrent que les démarches qui relèvent de la communication engageante sont plus efficaces que celles qui utilisent la communication persuasive (Girandola & Joule, 2012), notamment en matière de prévention de la consommation d'alcool (Girandola & Michelik, 2008).

2.3. Les conseils brefs et les interventions brèves : induire rapidement l'action

Suivant une démarche qui organise autrement les composantes du modèle précédent, les « *Conseils brefs* » et les « *Interventions brèves* » articulent la pensée et l'action avec l'idée d'intervenir rapidement sur un problème tel que la consommation d'alcool. Il s'agit toujours, au préalable, d'identifier la nature du problème de l'individu afin de l'orienter vers une formule de soins appropriée (Anderson, Gual, Colom, & INCa (trad.), 2008). Une première étape, commune à toutes les formules d'intervention, consiste à amener le patient à prendre conscience de son problème afin qu'il dépasse le déni habituel en la matière. Ensuite, la formule la plus légère est le « *Conseil bref* » qui cherche à faciliter le changement en suscitant l'engagement du patient par une décision prise en commun, avec le thérapeute. Si le patient choisit un objectif de consommation faible et s'il est d'accord pour l'atteindre, une étape cruciale est franchie. Si le patient présente un problème plus accentué, une autre formule permet de le suivre d'un peu plus près : l'« *Intervention brève* ».

Il s'agit toujours de faire choisir au patient un objectif de changement, mais il faut aussi l'encourager à agir et l'aider à trouver de quelle manière y parvenir. Si celui-ci est prêt à l'action, il faut mettre l'accent conjointement sur l'objectif choisi et sur l'engagement d'y parvenir. Cette formule suppose plusieurs séances, jamais très nombreuses ; elles peuvent aussi être suivies en groupe.

Particulièrement utilisées par les anglo-saxons, ces formules sont souvent présentées ensemble, et désignées par le même terme de « *brief intervention* » ; seul leur contenu concret et leur durée permet de les distinguer.

Les étapes d'une « *brief intervention* », en formule plus soutenue et donc plus longue, sont résumées en partant de l'acronyme FRAMES, d'après leurs dénominations en anglais, soit : « *Feedback, Responsability, Advice, Menu, Empathy, Self-efficacy* » (Bien, Miller, & Tonigan, 1993). Ces étapes structurent aussi l'approche française des « *Interventions brèves* » (Diaz Gomez & Milhet, 2005). « *Feedback* » : C'est la restitution au patient des résultats d'un test de repérage qui permet d'évaluer sa consommation avec un éventuel examen clinique. « *Responsability* » : Il faut responsabiliser, c'est-à-dire faire appel à la responsabilité individuelle dans le choix d'un comportement et dans celui du changement, choix que nul autre ne peut faire en lieu et place de cet individu. Cet accent mis sur la capacité de contrôle du buveur est un élément de motivation favorable à un changement de comportement et à son maintien (W. R. Miller, 1985). « *Advice* » : Cette étape consiste à donner un conseil de modération afin de réduire ou d'arrêter sa consommation d'alcool. Ce conseil est au cœur de la démarche des « *Conseils brefs* » ou des « *Interventions brèves* ». « *Menu* » : Il s'agit d'évoquer avec le patient les modifications possibles de sa consommation. La plupart du temps, il faut proposer des options alternatives dans les objectifs de changement, de la réduction à l'arrêt. Cela permet à l'individu de trouver un objectif qu'il puisse accepter et s'approprier. « *Empathy* » : Il faut user de bienveillance, ne pas juger. L'efficacité des soins brefs (Conseils ou Interventions) repose sur une interaction chaleureuse et compréhensive du thérapeute avec le patient. Généralement, une approche de type autoritaire ou contraignante est vouée à l'échec (W. R. Miller, 1985). « *Self-efficacy* » : En cette dernière étape, il convient de laisser le patient être l'acteur de son changement et de trouver comment l'encourager dans ce sens. Pour cela, il importe de renforcer le sentiment de compétence personnelle de l'individu face au changement, ainsi que son optimisme. En certains cas, un suivi sur plusieurs séances s'avère nécessaire pour obtenir un changement de comportement et son maintien ; en d'autres cas, une seule entrevue suffit. La motivation au changement est le mécanisme de base qui est sollicité. Grâce à cela, l'individu pourrait ensuite gérer seul une évolution positive de son comportement avec un minimum d'assistance. Dans des cas plus lourds, la motivation obtenue améliore le pronostic de soins ultérieurs (Bien et al., 1993).

3. L'évaluation des méthodes pour changer les comportements

La recherche de résultats plus étendus et durables sur la modification des comportements individuels induit un regain d'intérêt envers les diverses formes de soins des problèmes d'alcool en matière de violences, routières ou interindividuelles. D'où des évaluations portant, entre autres, sur des formes de soins telles que les « *Conseils brefs* » et les « *Interventions brèves* », formules d'intervention rapides qui pourraient s'adresser à des effectifs importants. Or, ces évaluations sont très positives. La comparaison internationale des stratégies d'intervention classe au mieux, sur tous les critères, ce type d'intervention sur les buveurs à risques (Babor et al., 2010). Un rapport sur l'alcool en Europe pour la Commission Européenne fait de même (Anderson & Baumberg, 2006). Il se fonde notamment sur une comparaison de l'efficacité des traitements et des moyens thérapeutiques de la consommation dangereuse ou nocive d'alcool, évaluée d'après la note cumulative des preuves (« *cumulative evidence score* ») et le nombre d'études ayant évalué ce mode de traitement. Cette méta-analyse dite de « *Mesa Grande* », souvent actualisée, classe 48 sortes de traitements (W. Miller & Wilbourne, 2002).

Cette étude est appelée « *Mesa Grande* » du fait qu'elle rassemble dans un grand tableau comparatif de très nombreuses recherches sur l'efficacité des traitements des problèmes d'alcool avec de stricts critères de qualité méthodologique, évalués par deux experts, sur 12 dimensions. Seules les recherches comparatives sont examinées, toutes comportent au moins deux groupes dont un est traité, l'autre étant un groupe de contrôle. Il y a parfois plusieurs groupes, tous traités différemment et l'un - le groupe de contrôle - ne l'étant pas. Parmi toutes les thérapies examinées, la « *brief intervention* » est la mieux classée (W. Miller & Wilbourne, 2002). Celle-ci se définit par son extrême brièveté (une ou deux séances) : cette intervention ressemble aux « *Conseils brefs* » en France. D'autres thérapies brèves sont décrites et comparées selon leurs diverses modalités (contenu et durées). Dans de nombreuses recherches, il apparaît que les plus brèves (une seule séance de 5 à 15 minutes) ont d'aussi bons résultats que des thérapies plus longues. De plus, ces thérapies brèves améliorent les résultats de thérapies plus lourdes suivies ultérieurement, en cas d'échec de cette première intervention (Bien et al., 1993; W. Miller & Wilbourne, 2002). Dans le classement de « *Mesa Grande* », la « *brief intervention* », en l'espèce un « *Conseil bref* », est suivie de près par un autre type d'intervention, le « *motivational enhancement* », qui désigne aussi un « *Conseil bref* » mais cette fois-ci basé sur un entretien motivationnel (W. Miller & Wilbourne, 2002). Ces résultats positifs se maintiennent quelques années et disparaîtraient au bout de dix ans, nécessitant des séances de rappel. Les coûts-efficacités des diverses interventions sont comparés et sont à l'avantage des « *Conseils brefs* » (Anderson & Baumberg, 2006). Les « *Interventions brèves* », surtout en séances collectives, présentent aussi des coûts-efficacités intéressants (Diaz Gomez & Milhet, 2005). Une revue de la littérature sur l'impact chiffré des politiques de réduction de consommation d'alcool distingue un impact faible mais significatif d'« *Interventions brèves* » spécifiques sur la consommation d'alcool. Individuelles, celles-ci se déroulent en face à face ou sur ordinateur, durant près d'une heure, en une seule intervention[1] (Guerra, 2013).

L'examen de 23 études réalisées dans des services d'urgence montre que des « *Conseils brefs* » dispensés dans ces services permettent une diminution, de l'ordre de 27% à 65% selon les cas, des effectifs de toutes sortes d'évènements : accidents de la route et blessures en résultant, chutes, tentatives de suicide, actes de violence domestique, agressions et mauvais traitements envers des enfants, blessures liées à l'alcool, décès, hospitalisations et visites aux urgences du fait de blessures (Dinh-Zarr, Goss, Heitman, Roberts, & DiGuiseppi, 2004).

4. Comparaison des modèles et des stratégies intervenant sur la pensée et l'action

Deux interventions semblent assez proches : le modèle de Prochaska et celui de l'intervention brève. Reprenons les étapes de changement accentuées dans les « *Interventions brèves* » (Anderson et al., 2008) : pré-intention, intention, préparation, action et maintien. Celles suivent très exactement le modèle de Prochaska avec des termes un peu différents. Lors de la phase de pré-intention, le résultat du test de repérage et des informations concernant les risques de consommations d'alcool sont commentés. Ensuite, au stade de l'intention, l'accent est mis sur les avantages du changement, les conséquences de l'alcoolisation, les risques qu'il y a à repousser l'action ; il s'agit alors de discuter ensemble d'un objectif à atteindre. Au stade de la préparation, il faut encore discuter de l'objectif, conseiller et encourager le patient. Au stade de l'action, il faut revoir le conseil et encore encourager le patient. Enfin, au dernier stade du maintien, il faut continuer à l'encourager. Plus qu'une proximité observée, les étapes du modèle transthéorique de Prochaska et les stades de l'« *Intervention brève* » s'avèrent

---

[1] Il s'agit donc d'une version intermédiaire entre le « *Conseil bref* » et l'« *Intervention brève* ».

identiques. Il reste à établir leur proximité avec les thérapies brèves de Bateson et de l'« *école de Palo Alto* ».

Comparons la communication engageante avec d'autres démarches tentant de modifier des comportements. Si l'on s'intéresse au « *Conseil bref* », la démarche est inversée, puisque l'acte (diminuer sa consommation) suit l'information. Par contre, l'« *Intervention brève* » en plusieurs séances présente certaines analogies : l'acte préparatoire étant la diminution ou l'arrêt des consommations, les informations précèdent et suivent l'acte afin d'obtenir le maintien de ce changement.

Dans l'ensemble, la communication engageante se rapproche beaucoup des préceptes des thérapies brèves, sauf en ce qui concerne l'acte préparatoire qu'il convient d'accomplir avant un message persuasif. Tandis que pour des thérapies brèves, la persuasion intervient en amont et à l'aval de l'acte désiré qui n'est pas toujours obtenu. Dans ces deux démarches, l'acte accompli engage le patient sur une nouvelle trajectoire, ce que recherchent les thérapies brèves de l' « *école de Palo Alto* ».

Comme la description des « *Conseils brefs* » et des « *Interventions brèves* » le montre, il s'agit à la fois d'agir sur la pensée, par l'incitation au choix de certains objectifs ; et sur l'action, en la suscitant, l'encourageant et la soutenant. Ici, l'engagement à agir est requis, préalable pertinent pour obtenir le changement (Delhomme, 1993). La filiation directe avec les thérapies brèves de « *l'école de Palo Alto* » est donc très nette.

Un autre travail sur des stages collectifs de réhabilitation de conducteurs infractionnistes s'inspire de la littérature sur l'évaluation des psychothérapies et identifie de bonnes pratiques. Il souligne l'importance de la relation duale entre le formateur et chaque participant et présente cinq éléments clefs du « *diamant du changement* », soit : l'individu, la relation interpersonnelle entre le formateur et l'individu, les relations interpersonnelles entre les participants au stage, les contenus ou modules du stage et les méthodes de présentation et de conduite du stage (Assailly et al., 2012). Ces étapes peuvent être applicables à toutes les thérapies de groupe.

*

*   *

Des recherches en diverses disciplines identifient des choix de comportements - notamment risqués - animés par la désirabilité attribuée aux alternatives disponibles, en résumé il s'agit des préférences de ces individus. Celles-ci peuvent être approchées par les représentations que ces personnes ont des risques envisagés.

Pour orienter ces choix, la psychologie identifie essentiellement deux possibilités : agir sur la pensée – et donc sur les valeurs et attitudes des individus – ou intervenir en les incitant à réaliser un acte plus conforme au comportement attendu. L'observation de la mise en pratique de ces conceptions montre qu'une piste prometteuse pour modifier les comportements consiste à articuler la pensée et l'action dans une démarche coordonnée, éventuellement soutenue durant plusieurs séances par un intervenant. Divers modèles existent, ils sont couramment utilisés et évalués.

En matière d'alcool, des soins brefs - Conseil ou Intervention - donnent des résultats positifs d'après des évaluations exigeantes. Sans être spectaculaires, ces soins brefs présentent des avantages coûts-bénéfices qui mériteraient d'être utilisés amplement dans un domaine où les actions sont coûteuses et souvent difficiles. Sauf à recourir à une augmentation massive du prix de l'alcool et à des restrictions de l'accessibilité à ce produit, deux méthodes connues pour leur efficacité (chapitre 12).

CHAPITRE 5
QUELLE PLACE LA SCIENCE OCCUPE-T-ELLE DANS LE DROIT ?

Le droit et la morale permettent de réguler une société où la coexistence des individus dépend pour beaucoup de leur obéissance à des normes relevant d'un de ces ordres. Ces deux domaines se recoupent en bien des points, pourtant ils divergent tant par certaines caractéristiques que par leur force.

Selon certains auteurs, la morale s'inscrit dans l'éthique afin de prescrire des conduites justes, relevant de la vertu et exprimant des valeurs ; tandis que le droit se constitue de règles et de lois visant à dire ce qui est juste, ce qui appartient à chacun. Ainsi, le droit exprime des intérêts spécifiques qui l'ancrent dans le politique et dans l'économique. Mais la loi est aussi l'instrument de la morale, lorsque certaines prescriptions leurs sont communes (Villey, 1984). Pour d'autres auteurs, le droit et la morale définissent des « *devoir être* ». Ce qui relève de l'être peut être étudié par les sciences, dites dures lorsqu'il s'agit de faits naturels, et par les sciences humaines et sociales pour des faits sociaux (Kelsen, 1962). La science, avec un statut différent, rejoint alors la morale comme source du droit.

Le droit assortit ses lois d'une sanction définie qui requiert l'usage de la force publique ; tandis que les manquements à la morale n'entraînent pas de sanction déterminée (Kelsen, 1962). La puissance du droit pénal vient de ce qu'il sanctionne des comportements indésirables par des peines individuelles. Il a vocation à orienter les choix de comportements vers ceux qui sont souhaitables ou, *a minima*, autorisés. Mais ce droit s'exprime par des interdictions dont le bien-fondé est souvent remis en question. Deux sources du droit, la science et la morale, rivalisent alors pour engendrer des ordres de légitimité qui s'affrontent ou se conjuguent lorsque s'élaborent des lois. En conséquence, pour bien comprendre les problèmes de légitimité des règles de sécurité routière, il faut étudier l'articulation des arguments relevant de la science et de la morale lors de la genèse de telles lois. Ces questions importent lorsqu'il s'agit de réprimer l'alcool au volant, ces deux sources ayant parfois été mises en opposition.

Dans certains pays, il est mis en évidence que les probabilités, la preuve et l'expérimentation ont de longue date leur place dans le droit, en particulier routier. En ce cas, la morale semble passer au second plan derrière des fondements scientifiques de ce droit. Dans d'autres pays, la source morale d'un droit routier est affirmée, comme à une certaine époque aux États-Unis (Gusfield, 1981). Nous allons montrer qu'au cours du temps, cette rivalité entre sources du droit s'estompe ou plus exactement qu'elle se recompose. Nous mentionnerons même au Royaume-Uni un exemple où, implicitement, la morale vient au secours de la science (chapitre 12). Une procédure de « *scientific advice* » stipule qu'une politique publique doit tenir compte de l'état de la science sur des questions qui concernent l'intérêt public.

Pour illustrer l'imbrication de ces deux sources, nous allons décrire quelques moments forts de jeux stratégiques entre leurs défenseurs, rivalités qui amènent à les combiner différemment au gré des époques. Nous présentons en quels termes ces grandes questions ont été posées. D'abord, nous rappelons brièvement comment de grands courants de pensée se sont emparés de la fabrique du droit et quel rôle ils ont attribué à la science. Ensuite, nous montrons comment l'émergence de lois sur l'alcool au volant en certains pays illustre des évolutions des rapports entre la science et la morale. De telles relations apparaissent lors de la genèse de ces lois en France (chapitre 6). Puis, nous verrons que le droit et la science entretiennent en théorie et en pratique des relations très anciennes. Enfin, l'aptitude du droit à changer les comportements est évoquée, car toutes les actions ou les projets que nous étudions visent à accroître l'efficacité du droit en ce domaine, et nous allons voir que la recherche a joué un grand rôle en la matière.

1. Faut-il fabriquer scientifiquement le droit ?

La question de la fabrique scientifique du droit suscite des débats récurrents. Selon les pays et les périodes, des conceptions s'opposent plus ou moins explicitement.

Un courant de pensée, le positivisme juridique, tient la dogmatique juridique pour une science ; Kelsen en fut le principal concepteur (Kelsen, 1962). Celui-ci aurait voulu, comme Auguste Comte, fabriquer scientifiquement le droit (Amselek, 1997). Amselek s'oppose à cette approche et conçoit tout autrement les rapports entre le droit et les sciences. Pour lui, des mesures juridiques peuvent s'inspirer de règles techniques sans pour autant n'être que cela. En effet, une règle de droit s'insère dans le cadre d'actes de commandements ; cette autorité diffère fondamentalement du pouvoir conféré à des règles techniques ou à des sciences appliquées. Les sciences et leurs applications fourniraient simplement au législateur des moyens afin de parvenir aux objectifs qu'il s'est fixés. De plus, selon cet auteur, Kelsen n'aurait pas perçu que l'acte d'autorité ne consiste pas seulement à édicter des normes, mais aussi à les mettre en vigueur ; l'activité des tribunaux joue alors un rôle très important qu'il convient de prendre en compte (Amselek, 2006). Amselek souligne qu'à l'inverse de Kelsen, des juristes réalistes américains considèrent que ce sont les décisions judiciaires qui constituent le droit ; les règles de droit n'existant que par ce que le juge en fait. Nous verrons aussi que nombre de lois imposées par la force sont demeurées inappliquées par les tribunaux (chapitres 6 et 10).

D'autres théoriciens ont été jusqu'à vouloir concevoir des règles juridiques, voire éthiques, sur le modèle des lois scientifiques, notamment en les soumettant à l'expérimentation. Leur approche est dite « *négationniste* » en ce qu'elle voudrait évincer de la théorie juridique et éthique les notions de droit et d'obligation. Dans cette mouvance, en Scandinavie, un mouvement philosophique connu sous le nom d'« *École d'Uppsala* » est fondé au début du XXème siècle par un philosophe suédois, Axel Hägerström. Il soutient que seul ce qui est réel et vérifiable expérimentalement peut faire l'objet d'une connaissance et donner lieu à des énoncés théoriques sensés. Tout énoncé autre que descriptif d'une réalité empirique serait d'ordre métaphysique, il serait donc dépourvu de sens. D'autres théoriciens ajoutent qu'il en irait de même pour les valeurs réputées fonder le droit. Cette école philosophique a beaucoup perdu de son influence dès les années 1940, sauf en matière juridique, où elle est restée très vivace. Elle a inspiré un mouvement « *réaliste* » de juristes qui veulent faire de la théorie du droit une science n'étudiant que des réalités empiriques (Amselek, 1997).

De telles conceptions expliquent bien des clivages observables entre les juristes de différents pays influencés par ces écoles de pensée. De fortes divergences théoriques au sujet des relations que le droit doit entretenir avec les sciences expliquent aussi la durable hétérogénéité des législations nationales sur l'alcool au volant dans le monde. Pourtant, ces lois se fondent en pratique sur des savoirs scientifiques tels que le rôle de l'alcool dans les accidents, les mesures de l'alcoolémie et des seuils de consommations à risques. Et c'est sur ces fondements pratiques que des institutions internationales (ONU, OCDE, UE, OMS…) s'appuient pour les faire converger, très lentement au demeurant.

La diversité de ces lois s'illustre sur une grande partie du XXème siècle. La prise en compte très précoce de l'alcoolémie dans les lois scandinaves s'explique par l'influence de l'« *École d'Uppsala* » sur des juristes réalistes, renforcée par l'emprise incontestable des mouvements de tempérance. À l'inverse, en d'autres pays où ces mouvements de tempérance étaient moins puissants, les réticences de juristes et de parlementaires à adopter des lois conçues sur la base de démonstrations scientifiques purent s'exprimer. La France en donne un exemple caractéristique (chapitre 6). Ces réticences s'expliquent par des conceptions du droit très différentes de celles prônées par des mouvements positivistes, réalistes, voire « *négationnistes* » au sens d'Amselek. Des juristes défendent la spécificité du droit, tant par son autorité intrinsèque que par son fondement moral. Les porteurs de ces conceptions laissent malaisément le droit se calquer sur la science et ses acquis. De plus, des jeux des alcooliers ou de magistrats qui défendent leurs intérêts et prérogatives sont mis au jour lors de l'incrimination de l'alcool au volant en France (Kletzlen, 1993, 1995, 2000).

L'influence du courant « *réaliste* » se retrouve dans l'attention particulière que des sociologues du droit américain portent au fonctionnement des tribunaux et à l'effectivité des lois, comme le montrent les travaux de H.L. Ross (chapitres 8 et 9). L'influence de ce courant « *réaliste* » anime aussi la volonté des gouvernements anglo-saxons de fonder scientifiquement des lois. Celle-ci s'affirme lors de l'adoption de la loi de 1967 sur l'alcool au volant en Angleterre. Nous verrons que cette volonté aboutira, plus tard, à la création d'une structure dédiée à cet objectif, le « *Government Office for Science* » (GOS). Ce dispositif ouvre bien des possibilités, il sera détaillé plus loin, lorsqu'il s'agira de dessiner quelques perspectives d'évolution de l'approche des problèmes étudiés (chapitre 12). L'Académie des Sciences tente d'œuvrer dans le même sens en France, prônant une décision politique fondée sur la recherche de preuves (une « *evidence-based policy* »)[1].

2. Une relation ancienne entre le droit et la science

Très en amont de ces controverses, des interactions entre la problématique juridique et des raisonnements probabilistes sont mises en évidence : les techniques du risque ne sont pas tant appliquées au domaine pénal qu'elles y ont trouvé un de leurs lieux de formation (Ewald, 1986, 409). À l'origine, la problématique juridique ne connaissait explicitement que deux variables dans un jugement pénal, l'innocence et la culpabilité, alors que Laplace y décèle déjà une appréciation de la « *quantité de danger* » (Laplace, 1814). Cette notion est enrichie par Poisson qui introduit celle de probabilité nécessaire à la condamnation, soit la limite - variable - à partir de laquelle il faudrait condamner pour qu'il n'y ait plus de « *danger* » à acquitter un coupable. En général, cette limite « *s'abaisse et le nombre de condamnations augmente, pour un genre de crime*

[1] Séminaire de l'Académie des Sciences, « La décision publique fondée sur la recherche de preuves ; *evidence-based policy* », Vendredi 11 septembre 2015, Fondation del Duca.

qui devient plus fréquent et plus à craindre pour la société » (Poisson, 1837, 6). Selon ce dernier, l'opportunité de la condamnation se traduit plus exactement par le terme de « *condamnable* » que par celui de « *coupable* ». Pour Ewald, ces exemples illustrent le fait que la doctrine de la défense sociale, née formellement en 1889, constitue une application au droit pénal des théories du risque. Cet auteur souligne que ce mouvement naquit de la double volonté de sortir des impasses des politiques pénales classiques et des outrances de la nouvelle école positiviste. Pourtant, longtemps après, une rationalité probabiliste - illustrée d'exemples judiciaires ou suscitée par les pratiques judiciaires - a suffisamment façonné les esprits pour prêter sa forme à un courant de pensée d'ordre positiviste.

L'élaboration civiliste de la notion de risque influence également le droit pénal par une pratique juridique de l'imputation, indépendante de la notion philosophique de la responsabilité. Au delà, l'idée du risque social inévitable en soi, mais qui peut être minimisé par des solutions de compromis s'impose (Saleilles, 1898 ; Prins, 1910). Si « *perversion* » du droit il y a, elle est donc fort ancienne, issue de la pratique, et ne serait rendue sensible que par la masse des contentieux automobiles (Ewald, 1982).

Ewald souligne aussi qu'une politique criminelle de défense sociale se définit comme une gestion sociale du crime adéquate aux besoins, aux aspirations et aux conceptions sociales du moment, sans qu'il soit indispensable de disposer d'un savoir sur les causes effectives de la criminalité. Ainsi, certaines politiques du risque se dispensent de légitimation par l'identification de causes, perçues comme multiples et complexes. Mais il faut identifier et quantifier des zones de risque, et pour cela disposer d'un appareil statistique fiable.

La doctrine de la défense sociale admet que le traitement de la criminalité utilise des moyens multiples et complémentaires, empruntés à des savoirs issus de diverses disciplines. Faut-il voir ici la raison d'être de l'actuelle diversité des modalités d'interventions pénales et des peines en France, particulièrement sensible en droit routier ? Au vu de l'évolution actuelle des savoirs, cette doctrine légitimerait le recours à des moyens encore plus novateurs.

Pourtant, il ne suffit pas de fonder ou de légitimer scientifiquement le droit. Il faut également questionner sa capacité à modifier les comportements ; et donc la pertinence de l'usage du droit à cette fin. Il faut aussi envisager d'associer l'intervention du droit à d'autres types d'action sur les comportements qui ont fait leurs preuves.

3. Les lois sur l'alcool au volant, la morale et la science

Afin de distinguer plus précisément comment la morale et la science génèrent ou légitiment des lois, rappelons que celles-ci sont habituellement scindées en deux catégories. Premièrement, des lois dénommées « *per se* » parce qu'elles sanctionnent des infractions à des lois basées sur des valeurs fondamentales qualifiées de divines ou de naturelles, d'ordre moral. Les individus intègrent ces valeurs fortes et sont plus enclins à adopter des comportements conformes aux lois qui en relèvent. Secondement, des lois d'une catégorie « *mala prohibita* » qui servent souvent à organiser la vie technique en société. Pour légitimer de telles lois, il convient d'apporter des preuves de leur fondement et de leur utilité. D'où l'importance du recours aux sciences en la matière.

En de nombreux pays, les lois routières organisent la vie en société ; les enfreindre n'entraîne pas de stigmatisation durable, car les normes qu'elles imposent ne correspondent pas aux mœurs. De telles règles sont alors du type « *mala prohibita* », et dans cette catégorie, la preuve est le critère requis pour condamner. Alors que c'est « *le doute raisonnable de culpabilité* », usuel en matière criminelle, qui entraîne la condamnation lorsqu'une règle « *mala in se* » est enfreinte (Ross, 1960). Relevons cet énoncé de « *doute raisonnable de culpabilité* » qui évoque des conceptions probabilistes, précocement ancrées dans le domaine pénal, comme nous allons le voir. Par ce biais, des lois « *mala in se* » s'inscrivent malgré tout dans un registre scientifique lors de leur mise en œuvre, même si le statut de la preuve dans le fondement de la loi diffère de celui qu'il occupe dans des lois « *mala prohibita* ».

Selon les pays et les époques, des lois du type « *per se* » ou « *mala prohibita* » ont été adoptées en matière routière.

Ces choix s'expliquent par les cadres culturels et conceptuels des problèmes que pose l'alcool au volant.

Très tôt, la Scandinavie a adopté des lois qui prévoient des peines sévères. De telles peines désignent les comportements incriminés comme inacceptables en ce qu'ils contreviennent aux principes fondamentaux de la vie en société. Ces infractions sortent alors d'un statut de « *malum prohibitum* » pour relever du « *mala in se* » (Cusson, 2010). La genèse de ces lois ne peut se comprendre que dans le contexte culturel de ces pays (Ross, 1975). En effet, en Scandinavie, l'alcool au volant est vu sous l'angle de la sobriété prônée par un mouvement de tempérance très puissant politiquement. Celui-ci domine suffisamment la législation pour rallier aussi les partisans d'une conception centrée sur la sécurité. Mais c'est le problème de l'alcool qui sous-tend les décisions prises au nom de la sécurité ; et c'est le mouvement de tempérance qui les anime. Pourtant au XXème siècle, la Scandinavie ne se caractérise pas par l'importance de ses problèmes de santé ou de risques. Le problème à résoudre provient surtout de l'importance de la production illégale d'alcool et de la culture locale du boire, recherche d'ivresse qui serait qualifiée aujourd'hui de « *binge drinking* » (expression traduite par les termes d'« *alcoolisation massive et rapide* » ou, plus trivialement, de « *beuverie* »).

Pour identifier les conditions d'émergence de ce mouvement de tempérance, il faut remonter au siècle précédent. En effet, au XIXème siècle, la consommation d'alcool est tellement importante qu'elle génère des problèmes sociaux et économiques majeurs. En réaction, un mouvement de tempérance très vigoureux se constitue. Il prône la prohibition. Ce mouvement est d'autant plus puissant qu'il a des ramifications dans tous les partis politiques du Parlement. De plus, la création de lois « *per se* » en matière d'alcool au volant est soutenue par l'Association de tempérance des conducteurs. En Suède et en Norvège, ces lois « *per se* » sur l'alcool au volant sont très sévères par rapport au contexte répressif en usage dans ces pays. Leurs partisans justifient une telle dureté par la recherche d'un effet dissuasif, le seul énoncé des peines devant inciter les individus à ne pas boire avant de conduire.

Pourtant, si le modèle scandinave se caractérise par un usage extensif des peines de prison en matière d'alcool au volant, il s'appuie aussi sur des tests scientifiques de l'alcoolémie[1], assortis d'un seuil légal. Dès 1934, en Suède, des tests sanguins sont prévus mais cette loi est peu effective. En 1941, il existe deux seuils légaux d'alcoolémie : des peines de prison sont prévues à partir de 1,5 g/l de sang et des amendes à partir de 0,8 g/l de sang ; de plus, des peines administratives concernent le permis de conduire. Avant 1975, le seul changement est l'abaissement du premier seuil à 0,5 g/l. En Norvège, de telles lois sont plus précoces et plus sévères qu'en Suède et des analyses sanguines existent dès 1935 (Ross, 1975). Ainsi, ces lois dites « *per se* » d'après leur fondement moraliste s'adjoignent un appareil scientifique d'administration de la preuve. Ce qui les rapproche de lois du type « *mala prohibita* ». Cela n'a rien d'étonnant, au vu de la puissance du courant « *réaliste* » chez les juristes scandinaves dès les années 1930. Ce courant rend indispensable un fondement scientifique des lois, même si, à l'époque, la preuve irréfutable du rôle de l'alcool dans les accidents n'est pas encore apportée et les seuils d'alcoolémie dangereuse au volant pas encore bien établis. Ces lois scandinaves auraient donc eu un fondement de lois « *mala in se* » et une forme les inscrivant dans un registre « *mala prohibita* ».

Le mouvement de tempérance décline un peu dans les années 1970, mais demeure puissant. Et la société suédoise continue de ressentir une indignation morale profonde à l'égard de l'alcool en général et de sa consommation avant de prendre le volant en particulier. Ainsi, en 1970, 90% de la population adhère à ces lois et même certains individus les voudraient plus sévères encore. Les représentations de la délinquance étudiées au même moment accordent un rang très élevé en gravité à l'alcool au volant. Un tel contexte a contribué à créditer ces lois très sévères d'un effet dissuasif, sans disposer de preuves à ce sujet (Ross, 1975). De même, en Norvège, la population croit en la dissuasion de peines très sévères et se passe de preuves

[1] L'alcoolémie est la mesure de la quantité d'alcool, dans le sang ou dans l'air expiré.

(Andenaes, 1974). En dépit de ce contexte, une fraction substantielle de la population reconnaît enfreindre la loi et parmi les condamnés, beaucoup ont un problème d'addiction (64% des condamnés en Suède, en 1970).

Ailleurs, notamment dans le monde anglo-saxon, l'alcool au volant est une question de sécurité routière régulée par des lois pénales inspirées par le droit administratif, relevant de la catégorie « *mala prohibita* ». La preuve du rôle de l'alcool dans les accidents est alors requise.

Aux États-Unis, dès 1950, le problème du coût des accidents se pose, ce qui focalise l'attention des pouvoirs publics sur ce phénomène. Des recherches sont incitées et des démonstrations établissent qu'une grande partie des accidents (88%) sont corrélés à des infractions (B. J. Campbell, 1958; A. Cohen, Lindesmith, & Schuessler, 1956). Pourtant, ces infractions routières ne sont pas réprouvées socialement parce que les infracteurs ne ressemblent pas aux délinquants habituels, ils sont plutôt assimilables à des délinquants en col blanc, selon les termes de Sutherland (A. Cohen et al., 1956; Sutherland, 1959). Beaucoup d'accidents sont liés à des infractions mineures et à des erreurs de perception (Ross, 1960). Les lois routières, comme celles de la criminalité en col blanc, relèvent d'un monde moderne devenu très complexe qui cependant, pour certains, doit être régulé par des lois pénales (Aubert, 1952). De telles lois nécessitent alors un traitement pénal différent. En effet, l'interdépendance des lois du code de la route et de la technologie suscite de nouvelles attitudes à leur égard. De plus, le nombre d'infractions commises dépasse la capacité de traitement judiciaire, d'où l'aspiration à un traitement bureaucratique qui permette de ne pas recourir au tribunal si l'infracteur reconnaît sa culpabilité. Mais même un traitement de type administratif ne pourrait venir à bout de la pression exercée par des contentieux de masse (Ross, 1960). Il en ressort que l'incrimination poursuit ici plus un rôle éducatif que punitif. D'où l'idée de condamner à des peines éducatives à titre expérimental. Le succès d'une telle entreprise dépend de la capacité à établir un lien entre la commission d'une infraction et le savoir, car l'hypothèse est faite qu'un savoir approprié peut être transmis par ce type de traitement (Ross, 1960). En effet, l'idée qu'il faut expliquer les risques encourus et la raison d'être des contrôles imprègne les interventions sur des comportements à risques. En toute logique, dans le même esprit, les lois routières doivent reposer sur des bases rationnelles (Ross, 1960).

Aux États-Unis, la société a longtemps dénié l'aspect criminel des infractions routières et des accidents. Afin de rendre les lois routières congruentes avec les mœurs, ces lois sont donc définies en dehors du cadre pénal. Leur légitimité ne peut alors reposer que sur une base rationnelle. Cependant, les infractions routières forment un problème social majeur. Ce problème devrait donc occuper une place prédominante dans la théorie des problèmes sociaux, alors que ce n'est pas le cas (Ross, 1960). La démonstration scientifique de la dangerosité de ces comportements et l'identification des modalités qui lient un choix de comportement à des conséquences nuisibles deviennent alors des enjeux importants.

Ainsi, aux États-Unis, le problème de la sécurité routière est clairement posé au début des années 1960. Les infractions routières ne sont pas stigmatisées. Elles relèvent de lois « *mala prohibita* » qui doivent constamment justifier leur existence par des preuves de leur efficacité à combattre des risques dont les causes doivent aussi être démontrées. D'où la difficulté à mettre en œuvre ces lois, car pour faciliter leur application, il faudrait que les comportements incriminés soient réprouvés. Il devient alors nécessaire de construire une réprobation morale des infractions routières afin de les faire évoluer vers un statut de règles « *mala in se* ». Pour cela, il faut stigmatiser ces comportements. Certains mouvements s'y emploient, comme des ligues de tempérance (Gusfield, 1981) ou des mouvements de victimes (Reinarman, 1988). En effet, selon Hart, la réprobation d'un comportement incite les individus à respecter les règles et à les faire respecter par les autres (Hart, 1976). En conséquence, les difficultés et le coût de la mise en œuvre diminuent considérablement. D'où la construction d'un discours stigmatisant l'alcool au volant dénoncée par Gusfield (Gusfield, 1981). Dans son élan, cet auteur rejette l'approche scientifique qu'il accuse d'extrapoler autour de résultats, la ravalant par la même occasion au niveau du simple discours.

4. Le droit, instrument pour changer les comportements

De tous temps, une question centrale a été de déterminer dans quelle mesure le droit est susceptible d'atteindre son objectif de modifier les comportements ; et subsidiairement, d'identifier les registres du droit qui influent le plus en cette matière. Est-ce la légitimité de la loi qui entraîne l'adhésion de la population ou l'intensité de la sanction ou encore l'extension et la certitude de l'application de la loi ?

Austin[1] (inHart, 1976) postule l'existence d'une habitude générale d'obéir à des ordres appuyés de menaces. Hart[2] critiquait ce point de vue qui suppose l'existence d'un souverain tout puissant et considère qu'une partie importante de la population doit être convaincue du bien-fondé d'une règle avant d'y obéir. Par contre, si cette conviction était obtenue, ces individus participeraient à la mise en œuvre d'une telle règle, par la réprobation ou par la menace à l'encontre de ceux qui ne s'y plieraient pas. En outre, Hart croit plus à l'efficacité de la promesse ou de l'engagement qu'à celle de la répression ; il est rejoint en cela par nombre de psychologues (Delhomme, 1993; Girandola & Joule, 2012; Girandola & Michelik, 2008). On se rapproche alors plus des énoncés utilisés par la théorie de la décision que de ceux qui relèvent de la théorie de la dissuasion, pourtant fondamentale pour comprendre les modalités d'action du droit sur les comportements.

Selon Luhmann[3], l'homme cherche à réduire la complexité de son environnement social en se donnant des normes sociales ou même légales. Dans ce dernier cas, il serait mû par le désir d'éviter une sanction, même rare ou improbable.

---

[1] John Austin (1790-1859), anglais, théoricien du droit, professeur de jurisprudence à l'université de Londres, amorce une approche positiviste du droit.
[2] H.L.A. Hart (1907-1992), anglais, philosophe du droit et de la politique, a développé une théorie du positivisme juridique.
[3] N. Luhmann, (1927-1998), sociologue allemand, est spécialiste de l'administration et des systèmes sociaux. Fondateur de la théorie des systèmes sociaux, il s'appuie sur une approche trandisciplinaire du social. Il adopte de multiples approches : philosophique, linguistique, littéraire, juridique, économique, biologique, théologique et pédagogique.

Selon Bandura[1] le processus de socialisation consiste à faire intégrer des normes à l'individu de façon à orienter son comportement, sans recourir à des gratifications ou à des punitions. Les théories de la sociologie du droit et de la psychosociologie se rejoignent alors (Killias, 1985). De même, Weber et Luhmann attribuent une importance prépondérante à la composante symbolique du pouvoir face à ses ressources matérielles (Killias, 1985).

De son côté, Killias adhère à l'idée que la crédibilité des lois et des sanctions prévues importe plus que l'application de peines sévères lorsqu'il étudie les lois sur la ceinture de sécurité en Suisse (Killias, 1991). Cependant, il reviendra sur cette conception après un travail sur une loi suisse de 1963 sur la circulation routière. En effet, cette loi aggrave massivement les peines en matière d'alcool au volant sans augmenter leur fréquence, et donc leur certitude. On observe alors, durant plusieurs années, une baisse des accidents liés à l'ivresse du conducteur (Killias, 2001). Il n'en demeure pas moins que de nombreuses recherches établissent que l'incarcération ne parvient pas à faire reculer la récidive plus que des peines moins sévères ne le font (Cusson, 2010).

La capacité du droit à modifier les comportements est donc souvent relativisée par les théoriciens de cette discipline. Et surtout cette aptitude demeure modeste et les moyens de l'accroître incertains. Nous verrons donc comment certains juristes et sociologues du droit se sont employés à rechercher des modes d'action plus efficaces (chapitres 7, 8 et 9).

*

* *

Des lois sur l'alcool au volant voient le jour précocement dans des pays où les mouvements de tempérance sont puissants. À la même époque, des philosophes scandinaves promeuvent

---

[1] A. Bandura, (1925), psychologue canadien, développe une théorie de l'apprentissage social. Son enseignement à l'Université de Stanford en Californie suscite un courant de sociologie cognitive qui deviendra prédominant en Amérique du Nord. Il place l'individu au cœur d'un système d'interactions entre des facteurs cognitifs, comportementaux et contextuels.

l'idée que le droit doit se conformer à l'état de la science, ce qui implique que le législateur s'appuie sur des méthodes scientifiques comme la démonstration et l'expérimentation. Le droit routier scandinave reflète cette influence en imposant des analyses de l'alcoolémie dès les années 1930, alors qu'aucun seuil de risque n'est démontré. C'est une disposition formelle, la mesure étant rare car difficile à appliquer. Mais ce précédent impacte des lois ultérieures qui adoptent une forme scientifique et qui postulent l'efficacité de leur sévérité.

Les réalistes américains considèrent que la mise en œuvre des lois est une source de création du droit. Cette conception très pratique impose de vérifier l'effectivité et l'efficacité du droit. D'où la naissance d'un courant de recherche vivace qui porte sur la mise en œuvre de lois et sur la jurisprudence.

Ces deux grandes influences qui ont présidé à la création du droit routier tentent de lui attribuer des statuts conformes à leurs attentes. Les mouvements de tempérance veulent créer des règles « *mala in se* » tandis que des juristes réalistes s'appuient sur la science pour adopter des règles « *mala prohibita* ». Il apparaît déjà, et nous le vérifierons, que ces deux formes du droit se combinent plus qu'elles ne s'opposent, tout comme le font les sources du droit que sont la morale et la science.

Le droit routier basé sur la science qui émerge dès le début du XXème siècle n'est ni une nouveauté, ni une exception. En effet, une relation ancienne entre ces disciplines s'est nourrie de travaux de statisticiens qui utilisent le raisonnement juridique comme domaine d'inspiration et de formalisation du raisonnement probabiliste, prémices de la théorie de la décision. La théorie de la dissuasion, née d'une recherche d'efficacité du droit, avait déjà formalisé des raisonnements probabilistes. Cette théorie a joué un rôle si important en matière routière que nous l'étudierons attentivement (chapitres 7, 8 et 9).

En effet, la capacité du droit à modifier directement les comportements semble modeste. Le recours aux sciences pour obtenir cette modification apparaît comme une ressource prometteuse, et surtout indispensable. Le droit n'est plus alors qu'un instrument parmi d'autres, intégré dans un dispositif qui dépasse largement le droit pénal.

CHAPITRE 6
LE RÔLE DES SCIENCES DANS LA CRÉATION DE LOIS SUR L'ALCOOL AU VOLANT EN FRANCE

Alors que les premières lois sur l'alcool au volant datent des années 1930 en Scandinavie, il est nécessaire d'expliquer l'adoption très tardive d'une première loi en la matière en France, puis la lente évolution des textes afin de rendre cette incrimination effective.

La première loi pénale sur l'alcool au volant est adoptée par ordonnance en 1958. Cette loi ne fixe aucun seuil d'alcoolémie prohibée, l'appréciation de cette mesure restant de la compétence des magistrats. L'attribution d'un rôle causal à l'alcool dans l'accident et l'opportunité de soigner le conducteur alcoolisé dépendent du juge (Kletzlen, 1995, 2000). Aucun seuil légal n'est adopté lors de l'élaboration de la loi du fait de dissensions profondes entre les acteurs qui participent à sa création, entraînant son ineffectivité et son inefficacité (Kletzlen, 1993). La loi de 1965 autorisant le dépistage de l'alcool dans l'air expiré ne change rien à cet état de fait. En conséquence, de nouvelles lois s'avèrent nécessaires. D'abord, la loi du 9 juillet 1970 qui instaure deux seuils légaux d'alcoolémie : le premier à partir de 0,8 g/l de sang permet de qualifier l'infraction de contravention ; le second à partir de 1,2 g/l de sang entraîne la qualification de délit. Puis, une loi du 19 juillet 1978 autorise des contrôles préventifs d'alcoolémie et permet d'utiliser des éthylomètres. Ensuite, la loi du 8 décembre 1983 qualifie de délit toutes les infractions dès lors que l'alcoolémie du conducteur atteint 0,8 g/l de sang. Enfin, de nombreuses lois durcissent progressivement les seuils légaux jusqu'à celle du 11 juillet 1994 qui réinstaure une contravention d'alcoolisation au volant dès le seuil de 0,7 g/l de sang, le seuil du délit restant inchangé. En 1995, un décret abaisse ce seuil à 0,5 g/l de sang du fait d'une Directive européenne de 1991.

La loi de 1983 traduit la prise en compte de recherches sur les accidents mortels. Elle reprend comme seuil des délits le principal point d'inflexion de la courbe exponentielle d'accroissement du risque démontré, soit 0,8 g/l de sang (Borkenstein, 1964). La loi de 1995 calque son seuil définissant une contravention sur le point secondaire d'inflexion de cette courbe, soit 0,5 g/l de sang. L'existence de ces mêmes points d'inflexion est vérifiée par des recherches en de nombreux pays (OCDE, 1978) ; une recherche française, plus tardive, les identifie également (Biecheler-Fretel, Fontaine, & Got, 1997).

Diverses recherches ont retracé la genèse de certaines lois sur l'alcool au volant (Kletzlen, 1993, 1995, 2000). Une recherche a identifié la prise en compte des savoirs produits ainsi que l'usage de méthodes scientifiques telles que l'expérimentation lors de la création de lois (Kletzlen et al., 2005). Ses résultats ont été repris pour développer des analyses plus approfondies (Kletzlen, 2006). Dans le cadre d'une comparaison internationale inédite (Hamelin, 2011), un travail a précisé les relations entre la recherche et l'action publique de sécurité routière en France (Kletzlen & Pérez-Diaz, 2011). Les paragraphes suivants reprennent largement ce dernier texte.

1. La politique de sécurité routière entraîne la constitution d'une recherche sur l'alcool au volant

En France, après une longue phase d'émergence, la recherche sur l'alcool au volant se constitue vraiment dans le champ de la sécurité routière à partir des années 1970, sous l'effet de la politique de sécurité routière mise en œuvre. Liée à un nouveau commanditaire, le CISR (Conseil interministériel de sécurité routière) mis en place en 1971, cette recherche se forme principalement sous l'égide du ministère des Transports. C'est là une singularité française car, dans certains pays anglo-saxons (Canada et USA), la sécurité routière relève du domaine de la santé publique. En effet, les professionnels de santé publique français ne disposaient pas, à l'époque, d'un grand corps apte à susciter des financements et d'ambitieux programmes de recherche. De plus, l'administration de la santé publique était éclatée et faisait l'objet de réformes incessantes.

1.1. Un objet de recherche qui émerge dans le domaine de la sécurité routière dans les années 1960

Dès la fin des années 1930, les sociétés savantes médicales ont vainement demandé une incrimination de l'alcool au volant, moins pour sanctionner les conducteurs que pour disposer d'un cadre juridique permettant de réaliser des recherches. En effet, le droit positif interdit d'effectuer un prélèvement sanguin sans consentement. Ce même droit n'entend pas non plus déposséder les magistrats de leur pouvoir d'apprécier l'alcoolémie d'un conducteur au profit d'une preuve scientifique.

À la fin des années 1950, des travaux de médecine légale ont montré le rôle de l'alcool dans les accidents de la route (Ledermann, 1956). Pourtant, cette question entre fortuitement dans les préoccupations du ministère des Transports. Les méandres de la politique de lutte contre l'alcoolisme et les vicissitudes du processus d'élaboration du code de la route amènent la direction des routes à la prendre en compte. Dès lors, la répression de la conduite en état d'ivresse constitue pour le ministère des Transports un moyen d'asseoir une politique de la circulation, jusqu'alors axée sur la protection des infrastructures routières et du transport ferroviaire de marchandises (Kletzlen, 1995, 2000).

Cependant, l'alcool au volant ne devient un objet d'étude de l'ONSER qu'en 1966 lorsque le ministère des Transports cherche à importer des pays anglo-saxons les méthodes scientifiques de préparation rationnelle des décisions[1].

Des recensions des travaux scientifiques français, américains et suédois réalisés dans le domaine de l'alcool au volant sont effectuées[2]. Ces travaux démontrent que la courbe des risques

---

[1] L'Angleterre et les États-Unis servent de modèles, CAC, Archives ministère des Transports, 197880 364, art.24.

[2] Cf. note ONSER : Au volant, l'alcool tue vite, 22 mars 1966. Il s'agit d'une brève analyse de plusieurs études médicales, du travail de Sully Ledermann (INED) et des recherches américaines et suédoises.

créés par l'alcoolisation au volant est exponentielle c'est-à-dire qu'elle croît beaucoup plus rapidement que le taux d'alcoolémie. Les travaux de R. Borkenstein constituent la référence mondiale en la matière (Borkenstein, 1964). Outre sa démonstration de l'existence d'une relation exponentielle entre le risque d'accident et des alcoolémies croissantes, il prouve que le principal point d'inflexion de cette courbe, au taux de 0,8 g/l de sang, est aussi celui à partir duquel le risque d'implication dans un accident est le même pour tout le monde. Ce taux apparaît alors comme le meilleur compromis entre une absorption moyenne de boissons alcoolisées et la sécurité de la conduite[1]. L'adoption de ce taux comme seuil légal est recommandée en juin 1967 par le Conseil Européen des ministres des Transports[2]. Cette recommandation est immédiatement suivie d'effet en Angleterre avec l'adoption du *Road Safety Act*.

En France, le problème de l'alcool au volant ne constitue pas pour autant un objet de préoccupation du ministère des Transports jusqu'à la fin des années 1960. Pourtant, le processus d'accession massive de la sécurité routière à l'agenda politique est déjà amorcé comme en atteste le « *dossier bleu* », ensemble de mesures présentées en 1967 par les ministères de l'Intérieur et de l'Équipement, assistés de l'ONSER, pour réduire l'accidentalité routière. Fait significatif : aucune mesure ne concerne l'alcool au volant.

On peut de la sorte constater que le « *dossier bleu* » n'utilise pas les connaissances scientifiques disponibles, produites en France et surtout à l'étranger, sans doute pour ne pas contraindre le ministère des Transports à intervenir dans un domaine qu'il ne maîtrise pas et qui ne l'intéresse probablement qu'à la marge. De plus, toute intervention en la matière est perçue politiquement comme impopulaire, d'autant que les alcooliers représentent une force économique et politique importante. Ils disposent de l'appui de nombreux parlementaires qui sont aussi des élus locaux, soucieux

---

[1] Cf. Campagne de prévention ONSER : "*alcool et conduite*", 8 janvier 1970.

[2] Courrier du ministre de l'Intérieur à son homologue de l'Équipement sur l'éventualité d'un taux d'alcoolémie, 30 janvier 1968 ; CAC, Archives du ministère de l'Intérieur, 1998 0442 art.2.

de défendre les intérêts des populations qui les ont mandatés et dont l'emploi dépend de cet important secteur économique.

Pourtant, très peu de temps après, en 1968, aux fins d'information des décideurs, un travail est commandité à l'ONSER par son directeur, Michel Frybourg, membre de la direction des routes du ministère des Transports[1]: le « *livre vert* » sur l'alcool et la conduite (ONSER, 1969b). Il synthétise des travaux de médecine légale, des recherches épidémiologiques américaines et suédoises, des travaux de l'INED, du HCEIA et de groupes d'experts internationaux.

Le HCEIA a également commandé à l'ONSER des recherches qu'il finance : l'étude clinique des accidents (ECA) menée de 1966 à 1969 est à cet égard emblématique. L'objectif poursuivi est double. Il s'agit, d'une part, de produire des connaissances épidémiologiques dans un domaine qui, en France du moins, en est dépourvu. Il faut, d'autre part, fournir un nouveau cadrage au problème de l'alcool au volant. De son côté, le HCEIA souhaite, pour des raisons de stratégie politique, inscrire l'alcool au volant dans la problématique de la sécurité routière. En effet, les rapports de force ne sont pas en faveur des mesures de santé publique en la matière, comme nous l'avons vu (chapitre 4). On est ici en présence du « *enlightment model* »[2] selon la typologie forgée par Carol Weiss (Weiss, 1979).

La dernière phase de l'ECA est réalisée parallèlement et, en partie, conjointement à l'étude de rationalisation des choix budgétaires (RCB) en sécurité routière demandée en 1968 par le dernier gouvernement de Georges Pompidou. Le ministre des Finances, Michel Debré - fils du professeur de médecine Robert Debré, président du HCEIA - signe en janvier 1968 le décret généralisant l'usage de la RCB dans l'administration. La direction de la prévision du ministère des Finances initie une première évaluation de la part de l'alcool dans le coût

---

[1] Courrier de l'auteur du « *livre vert* », 26 novembre 1968 adressé à un magistrat de la direction des affaires criminelles du ministère de la Justice (source : ancienne bibliothèque de l'INRETS à Arcueil).

[2] Cet « *enlightment model* » désigne un phénomène où le savoir et la recherche ne constituent qu'une des sources d'information des décideurs. Ceux-ci n'utilisent que partiellement et/ou progressivement cette source.

des accidents de la route qu'elle confie à des chercheurs du SEPC (Service d'études pénales et criminologiques) du ministère de la Justice (Bombet, 1970).

Cette configuration explique l'accent mis sur le problème de l'alcool au volant dans l'étude RCB en sécurité routière pilotée par Michel Ternier (avril 1969). De même, le « *dossier vert* », nouvel ensemble de mesures présentées par les ministères de l'Équipement et de l'Intérieur pour lutter contre les accidents de la route intègre, cette fois-ci, l'alcool au volant (septembre 1969). Les études coûts/avantages montrent que l'instauration d'un taux d'alcoolémie et que la généralisation du dépistage de l'alcoolémie des conducteurs sont des mesures qu'il faudrait mettre en place pour diminuer le nombre d'accidents.

L'étude RCB en sécurité routière débouche, grâce à l'accession de Jacques Chaban-Delmas au poste de Premier ministre, sur la mise en place d'une politique de sécurité routière ambitieuse. En contradiction avec le silence absolu en la matière du « *dossier bleu* » deux ans plus tôt, la lutte contre l'alcool au volant en constitue un volet principal. Ce revirement spectaculaire de la politique de sécurité routière s'explique par la concomitance d'une volonté politique du Premier ministre, d'un état de la science établi par le « *livre vert* » de l'ONSER (1969) et de recommandations du Conseil européen des ministres des Transports (1967). Cette transformation de l'univers conceptuel des décideurs en matière de sécurité routière va entraîner, en retour, la constitution d'un champ de recherches françaises en la matière.

1.2. Une recherche sur l'alcool au volant qui se consolide dans les années 1970-1980

L'action publique de sécurité routière des années 1970 est couronnée de succès par une diminution considérable de la mortalité routière. La preuve est ainsi apportée que les institutions disposent d'une capacité d'action sur un phénomène jusqu'alors perçu comme une fatalité. Cette quasi-révélation entraîne la constitution d'un champ de recherches en sécurité routière consacré à l'alcool au volant à des fins d'aide à la décision. Mais si une politique volontariste est mise en place, aucun établissement public de recherche sur la sécurité routière n'est institué : l'Institut de recherche sur les transports (IRT) créé en 1970 ne traite pas de la sécurité routière. Cette thématique continue de relever de l'ONSER qui demeure une association à la marge du ministère des Transports. La sécurité routière ne constitue toujours pas une priorité de cette administration, probablement parce qu'elle ne fait pas partie de la culture des ingénieurs des Ponts et Chaussées[1]. Deux unités de l'ONSER travaillent sur l'alcool au volant : le LPC (Laboratoire de psychologie de la conduite) et le Département d'évaluation. Les premiers chercheurs du LPC, psychologues, viennent du ministère de la Santé où ils étaient chargés d'études[2]. Ils sont sollicités notamment pour évaluer *ex-ante* et *ex-post* les lois de 1970, 1978 et 1983 instituant un taux d'alcoolémie et généralisant le dispositif de dépistage de l'alcool au volant. Les chercheurs du LPC, Jean L'Hoste en particulier, préparent aussi les campagnes d'information accompagnant les mesures répressives[3].

La politique de Jacques Chaban-Delmas entraîne un renforcement des moyens accordés à la recherche sur l'alcool au volant. La commande publique se multiplie. Elle émane désormais outre du précurseur que fût le HCEIA, du CISR (Conseil interministériel de sécurité routière) à partir de 1971, de la DSCR (Direction de la sécurité et de la circulation routière) créée en 1982, puis, dès 1984, du PREDIT (Programme de recherche et d'innovation dans les transports terrestres). C'est là répondre aux souhaits des gestionnaires de la sécurité routière. En effet, le CISR prône la multiplication des recherches sur la sécurité routière et leur réalisation par

---

[1] Entretien avec J-P. Giblin, ancien directeur de l'INRETS, mars 2009.

[2] C'est le cas de M-B Biecheler-Frétel et Yvon Chich.

[3] Plus tard, les services des statisticiens du Département d'évaluation de l'ONSER futur DERA de l'INRETS (Sylvain Lassarre, Claude Fillou) sont requis pour évaluer les effets des mesures relatives à l'alcool au volant. En 1990, le DERA recrute une juriste, Michèle Guilbot, qui travaille au début de sa carrière sur l'alcool au volant sur commande de la DSCR. En 2008, le DERA devenu en 2003 le GARIG disparaît. Une partie de ses effectifs a intégré le DEST qui comporte un pôle Action publique de sécurité routière, l'autre rejoint le MA. L'alcool au volant redevient l'apanage du LPC qui recrute un nouveau chercheur sur ce thème.

diverses entités : l'ONSER, le CNRS, l'INSERM et les centres d'études des ministères. Le CISR, sous la houlette de Christian Gérondeau puis de Pierre Mayet, passe des commandes en ce sens dans les années 1970 et 1980. Comme la loi, surtout sur l'alcool au volant, est le principal outil d'action publique en la matière, les commandes portent surtout sur son application. D'où des recherches sur les mises en œuvre des lois de 1970 instituant un seuil d'alcoolémie et de 1978 mettant en place des contrôles préventifs de l'alcool au volant.

Parallèlement, du fait de la forte inscription de l'alcool au volant en santé publique, le CISR commande aussi des recherches sur l'application des lois de 1970 et 1978 au professeur Got de l'hôpital de Garches, par ailleurs membre du HCEIA. L'objectif est, nous le verrons, de vérifier les résultats des travaux de l'ONSER.

De plus, le Service d'études pénales et criminologiques (SEPC) du ministère de la Justice qui deviendra le Centre de recherches sociologiques sur le droit et les institutions pénales (CESDIP/CNRS) et la Direction des affaires criminelles et des grâces du ministère de la Justice sont sollicités tant pour évaluer le coût des infractions routières liées à l'alcool que le bien-fondé et les effets des normes réprimant l'alcool au volant (Le Gunehec, 1978; Robert & Godefroy, 1973; Yordamian, 1979).

La lutte contre l'alcoolisme devient une priorité du président de la République Valéry Giscard d'Estaing car l'effet des mesures répressives adoptées dans les années 1970 s'estompe. À la suite du rapport du professeur Jean Bernard sur l'alcoolisme rendu en juillet 1980, un comité interministériel sur ce thème est mis en place. Ce comité reprend le modèle du CISR préconisé par Monique Pelletier (Pelletier, 1978). On a là un exemple de mimétisme institutionnel (Mény, 1993). La route demeurant un moyen d'intervention sur le problème de l'alcoolisme, la question de l'alcool au volant se pose de nouveau avec acuité. D'autant que le rapport Bernard, déplorant les conditions d'application de la loi de 1978, préconise, outre un affinement des statistiques relatives au rôle de l'alcool dans les accidents, le développement du nombre de dépistages de l'alcoolémie des conducteurs par éthylotests et l'équipement des forces de police et de gendarmerie en éthylomètres[1]. Car l'accroissement du nombre de ces appareils et leur répartition sur l'ensemble du territoire conditionnent une mise en œuvre extensive de la loi ainsi qu'un repérage direct de malades de l'alcool.

En 1982, une nouvelle politique de sécurité routière est mise en œuvre sous les auspices du nouveau délégué interministériel, Pierre Mayet. Elle est placée sous le double sceau de la décentralisation et de l'ouverture à la société civile (Hamelin & Spenlehauer, 2008). Une administration *ad-hoc*, la DSCR est désormais rattachée au ministère des Transports ; elle est dirigée par le délégué interministériel. Cette double casquette entraîne de fait une ambiguïté : la sécurité routière ne relève plus intégralement de la Primature. Il s'agirait alors d'une mesure de déclassement politico-administratif de la sécurité routière par le gouvernement de Pierre Mauroy.

De plus, la sécurité routière ne constitue pas une priorité du nouveau ministre des Transports, Charles Fiterman. En atteste la loi d'orientation sur les transports intérieurs de 1982, muette sur le sujet. Toutefois, depuis la première intervention du législateur dans le domaine de l'alcool au volant et jusqu'en 1983 du moins, Charles Fiterman est le seul ministre des Transports à avoir signé un texte sur le contrôle de l'alcool au volant, texte une nouvelle fois disjoint d'un dispositif plus global de lutte contre l'alcoolisme[2].

La reconfiguration de l'action publique de sécurité routière a des répercussions sur la recherche en la matière. La sécurité routière ne constitue qu'un élément parmi d'autres de la problématique des transports : elle ne saurait s'en autonomiser. Le processus de création de l'INRETS, né en 1985 de la fusion de l'ONSER avec l'IRT, illustre cette conception : la sécurité routière n'est qu'un « *wagon rattaché à la locomotive des*

[1] Cet instrument donne une mesure exacte de l'alcoolémie dans l'air expiré, contrairement aux éthylotests qui ne font que signaler une consommation illégale, avec une forte marge d'erreur. L'éthylomètre est créé dans les années 1950. Il a permis à R. Borkenstein de réaliser l'étude de « *Grand-Rapids* ». Afin de simplifier la compréhension, le terme d'éthylomètre - plus actuel - est employé alors que les textes de l'époque parlaient d'analyseur d'haleine.
[2] C. Fiterman, Sénat, déb. parl., 10 novembre 1983, p. 2 832.

Transports »[1]. En conséquence, la recherche en sécurité routière reste marquée par l'incertitude de sa légitimité tant sur le plan politique que social et scientifique[2].

Quant à l'alcool au volant, son traitement comme facteur d'insécurité relève surtout de l'INRETS et du HCEIA qui collaborent à plusieurs reprises, notamment à la demande du CISR.

En 1982, le HCEIA désigne un groupe de travail auquel participent les professeurs Got et Weil, ainsi que des chercheurs de l'ONSER : Jean L'Hoste, qui est aussi expert auprès du HCEIA, et Yvon Chich. Ce groupe promeut une recherche sur l'alcool et les accidents. En 1984, un groupe alcool/accidents est à nouveau crée au sein du HCEIA, il inclut les mêmes participants que celui de 1982[3]. Ce groupe recommandera la réalisation d'une enquête sur la part respective des buveurs d'habitude et des buveurs d'occasion dans les accidents de la circulation (HCEIA, 1985).

Ces interférences entre l'ONSER (et plus tard l'INRETS) et le HCEIA montrent le souci des pouvoirs publics de disposer d'un champ de connaissances pluridisciplinaires. Toutefois, en l'absence d'éthylomètres à la disposition des chercheurs, des contraintes juridiques[4] pèsent sur la réalisation des enquêtes et empêchent la constitution de champs de connaissances. D'où le manque de données relatives aux relations entre le risque d'accident de la route et l'alcoolémie, sauf en ce qui concerne

[1] Archives INRETS.

[2] Y. Chich, 1987, expose qu'en raison de la multiplicité des "experts" (chaque conducteur se proclamant expert en sécurité routière) et de la pseudo-absence de technicité du problème de la sécurité routière, la recherche en la matière ne revêt pas un caractère nécessaire et urgent. Sur ce défaut de légitimité sociale, se greffe un défaut de légitimité scientifique : du fait de son caractère pluridisciplinaire, la sécurité routière ne relève d'aucune discipline universitaire et n'est donc pas porteuse en termes de carrière académique. Sans doute est-ce là une des raisons qui explique qu'aucun établissement public de recherche en sécurité routière n'ait jamais été créé. Ce défaut de légitimité caractérise aussi et pour des raisons similaires, l'alcool au volant.

[3] CAC, Archives du Premier ministre, 1994 0020 art. 3, HCEIA, séance du 5 avril 1984.

[4] En effet, on ne peut pas contraindre quelqu'un à subir une prise de sang en l'absence d'infraction. L'éthylomètre effectue une mesure non invasive qui permet de réaliser des enquêtes sur des effectifs importants.

les accidents mortels[1]. Rappelons que c'est grâce à l'invention de l'éthylomètre et à l'autorisation de son usage que les travaux de Borkenstein ont pu être réalisés en réunissant les conditions de preuve propres à l'épidémiologie. Comme nous l'avons vu, cette discipline exige qu'un échantillon témoin soit comparé à un échantillon spécifique afin d'attester d'un phénomène causal. Or des prises de sang - procédé invasif impossible à imposer sans un motif légal sur un échantillon témoin - n'étaient pas envisageables (L'Hoste, 1985).

Ce contexte - l'absence d'un établissement public en charge de la sécurité routière et une thématique s'inscrivant dans deux problématiques distinctes, l'une de sécurité routière, l'autre de santé publique - explique sans doute le morcellement de la recherche sur l'alcool au volant, au demeurant peu valorisante en termes de carrière dans certaines disciplines académiques, comme cela a déjà été évoqué.

Outre le contexte peu favorable exposé - l'éclatement institutionnel et le conformisme académique - on peut s'interroger sur le rôle de cette recherche dispersée et pas vraiment institutionnalisée face au poids économique et politique des producteurs de véhicules et d'alcool. De plus, ces derniers disposent de relais, dans l'appareil d'État et au parlement, qui défendent leurs intérêts. Du fait de cette configuration, on peut supposer une certaine volonté d'empêcher la constitution d'une recherche immédiatement opérationnelle, tout en montrant qu'il existe bien une recherche en la matière. Le contrôle que les pouvoirs publics opèrent sur la commande de recherche permet d'éviter la production de travaux pouvant nuire aux intérêts de certains groupes de pression[2]. Ce phénomène se retrouve encore

---

[1] Ainsi, lors du colloque d'Esclimont en mars 1984 sur les relations dose/effet de l'alcool sous la direction du professeur Metz, président du HCEIA, il est souhaité que la mise en place des éthylomètres permette de réaliser une enquête multicentrique avec groupe témoin sur les relations dose/effet en matière de sécurité routière ; CAC, Archives du Premier ministre, 1994 0020 art. 4, HCEIA, réunion exceptionnelle 14 novembre 1985.

[2] En 1978, le HCEIA préconise d'interdire la vente de boissons alcoolisées sur les aires d'autoroutes. Le ministre de l'Intérieur refuse au nom de la protection des intérêts des producteurs d'alcool et de la sauvegarde des régions viticoles ; CAC, Archives Premier ministre, 1997 0020 art.4.

actuellement[1] (Caballero & Bisiou, 2000). Si le jeu des intérêts primait, ce serait le « *political model* » (Weiss, 1979). Au contraire, s'il s'agissait de montrer les capacités de l'appareil d'État à résoudre un problème donné en le documentant scientifiquement et de légitimer ses interventions, nous serions en présence d'un « *problem solving model* » (Weiss, 1979). De fait, selon les périodes et les jeux d'influences, nous passons d'un modèle à l'autre, le « *political model* » primant souvent, comme nous l'avons vu (chapitre 2).

Pourtant, dans un contexte pas toujours favorable, la recherche parvient laborieusement à modifier l'action publique de sécurité routière, comme nous allons le constater.

2. La recherche façonne l'action publique de sécurité routière

Les connaissances produites par la recherche modèlent-elles les problématisations institutionnelles de l'alcool au volant et ces savoirs contribuent-ils à l'élaboration des lois ? Nous allons tenter de répondre à ces questions. De plus, l'évolution technique - en l'espèce des appareils de détection, puis de mesure de l'alcool dans l'air expiré - joue aussi un rôle important en la matière.

2.1. La recherche et les problématisations de l'alcool au volant

Le HCEIA peut être qualifié d'« *entrepreneur de recherches* » dans la mesure où il commande, finance et évalue des recherches qu'il ne réalise pas. C'est un acteur fondamental de la problématisation de l'alcool au volant en termes de sécurité routière. En effet, nous avons vu que le HCEIA a profité du processus de l'accession de la sécurité routière à l'agenda politique pour extraire l'alcool au volant du seul cadre

[1] Suite à l'assimilation de leur marchandise à une drogue, les alcooliers vont être associés dans les années 2000 à la définition des programmes de recherche destinés à établir des données objectives et incontestables sur l'alcool.

de la lutte contre l'alcoolisme. Pour cela, Robert Debré, président du HCEIA, est intervenu en 1964 auprès du Premier ministre Georges Pompidou afin qu'il provoque une conférence européenne des ministres des Transports sur le sujet. Celle-ci, en 1967 recommande l'instauration d'un seuil d'alcoolémie[1]. Toujours dans la perspective de ne pas confiner l'alcool au champ de la santé publique, le HCEIA a commandé à l'ONSER des recherches sur l'alcool au volant dont les résultats alimentent le processus définitionnel du problème[2].

Ce cadrage du problème de l'alcool au volant en termes de sécurité routière va perdurer, parfois concomitamment avec un cadrage en termes de santé publique orchestré par les professionnels de la santé publique. Plus récemment, on assisterait au mouvement inverse puisque, par le biais d'une approche en termes de blessés, il s'agirait sinon de sortir la question de l'alcool au volant de la problématique sécurité routière, du moins de l'ancrer de nouveau dans le champ de la santé publique (Gilbert, 2009). Cependant, depuis la fin des années 1970, la problématique sécuritaire - dans le sens où la sanction pénale est érigée en outil déterminant de normalisation des comportements délinquants - est assez présente et tend même quelquefois à supplanter celle de sécurité routière qui vise à réduire la mortalité et la morbidité[3]. La politique de contrôle de la drogue au volant en fournit des illustrations (Crespin, 2006; Peretti-Wattel, 2007). À cet égard, la proposition à l'origine de la loi de 1978 sur les contrôles préventifs d'alcoolémie porte sur le renforcement de la sévérité des sanctions frappant les infractions routières. En effet, plusieurs enquêtes de l'ONSER montrent que, pour la grande majorité des conducteurs, le risque d'être impliqué dans un accident ou dans une infraction entraînant la recherche de leur imprégnation alcoolique est très faible, d'une part. D'autre part, l'OCDE a souligné que la répression avait un effet quasi-nul en matière de sécurité routière observée (OCDE, 1974).

[1] CAC, Archives Premier ministre, 1994 0020, art. 1.

[2] Cf. Exposé des motifs du projet de loi instituant un seuil d'alcoolémie déposé à l'Assemblée Nationale le 10 juin 1969, doc. parlementaire n°955.

[3] Ainsi, la loi sur la violence routière de 2003 qui émane du ministre de l'Intérieur, Nicolas Sarkozy.

D'où la tentation d'attribuer cette inefficacité à des insuffisances du contrôle et de la sanction des infractions. Ces dysfonctionnements sont exposés lors des débats parlementaires d'élaboration de la loi de 1978.

On constate aussi - pour la première fois semble-t-il - une comparaison avec des crimes de droit commun, dans le débat lors de l'adoption de la loi du 9 décembre 1983. Un député compare les accidents de la route aux crimes de sang et, chiffres à l'appui, montre que l'opinion publique considère les premiers comme une fatalité alors qu'elle réagit vivement aux seconds[1].

2.2. La recherche et l'élaboration des lois

Des acteurs de la production de connaissances dans le domaine de l'alcool au volant interviennent tout au long du processus de confection des lois de 1970, 1978 et 1983. Le HCEIA remplit un rôle de conseiller du gouvernement, tout comme l'ONSER, d'une part. De l'autre, le professeur Got intervient à plusieurs titres. Il exerce ses fonctions à l'hôpital de Garches ; il est membre du HCEIA et il collabore avec le LAB, le CEESAR et l'ONSER qui deviendra l'INRETS.

À la suite de l'étude RCB en sécurité routière, la décision d'instaurer un seuil d'alcoolémie est arrêtée au niveau du Premier ministre, Jacques Chaban-Delmas. L'élaboration de la loi de 1970 est précédée, accompagnée et suivie de multiples études réalisées par l'ONSER[2]. Un « *livre vert* » sur l'alcool

---

[1] R. Rouquette, AN, débat parlementaire, 2° séance du 28 novembre 1983, 5717.

[2] L'exposé des motifs du projet de loi, AN, 10 décembre 1970, doc. parlementaire, n° 955, présente les résultats de l'enquête menée par l'ONSER en 1969 : « *le pourcentage moyen des automobilistes conduisant sous l'empire d'un état alcoolique au moins léger vient d'être évalué à 5% - lorsque ces automobilistes sont « choisis » au hasard d'un échantillonnage sur route - mais ce pourcentage s'élève à plus de 35% - lorsque les automobilistes sont ceux qui commettent une infraction quelconque justifiant la suspension du permis de conduire - et il dépasse 75% - lorsqu'ils sont responsables d'un accident mortel* ». De plus, des travaux médicaux établissent que « *les réflexes d'un conducteur se trouvent nécessairement perturbés, d'autant plus gravement qu'une telle imprégnation alcoolique s'accompagne souvent d'un état d'euphorie* ».

et la conduite, synthèse des connaissances disponibles sur le sujet, est destiné à l'information des services ministériels et des assemblées parlementaires sur la nécessité d'introduire un seuil d'alcoolémie pour diminuer le nombre d'accidents. Dans la même perspective d'information, une autre étude rappelle que l'alcool est un facteur d'accidents, d'autant plus graves que l'alcoolémie est élevée (ONSER, 1969a). C'est une confirmation des résultats des travaux de Borkenstein. Les gains attendus d'un seuil légal d'alcoolémie confortent les études RCB faites sur ce point[1]. Celles-ci tendent à accréditer le bien-fondé de l'instauration d'un seuil d'alcoolémie. On est ici en présence d'un usage stratégique de la recherche (Schrefler, 2010).

Cette utilisation est d'autant plus pertinente que des travaux, réalisés au cours du processus d'élaboration de la loi de 1970 instaurant un seuil d'alcoolémie, montrent la difficulté d'obtenir l'effet escompté de cette mesure sur le comportement des automobilistes. En effet, les études psychosociologiques entreprises par l'ONSER (1969-1970) déterminent que les alcoolisations correspondant au futur taux légal sont perçues comme bénignes (Biecheler-Fretel, 1985). De plus, nombre de conducteurs ignorent ou, du moins, n'ont pas conscience des risques qu'ils prennent. Étant donné la variabilité interindividuelle des effets d'une même consommation d'alcool, les automobilistes considèrent qu'il leur appartient de s'autocontrôler (ONSER, 1970, 1972).

La Commission des lois de l'Assemblée Nationale auditionne un membre de l'Académie de Médecine et le président du HCEIA qui reconnaissent l'altération des facultés des conducteurs à partir d'une alcoolémie de 0,8 g/l. Ils admettent aussi être dans l'impossibilité de fixer la quantité d'alcool à ingurgiter pour atteindre un tel seuil[2]. En conséquence, l'Assemblée Nationale institue un double taux d'alcoolémie : entre [0,8 et 1,2 g/l[il y a contravention ; à partir

[1] Pour un taux de 0,8 g/l parfaitement respecté, la réduction du nombre d'accidents serait de 5,7% ; pour un taux de 1,09 g/l parfaitement respecté, la réduction du nombre d'accidents serait de 5,3% ; ONSER, Analyse des facteurs d'accidents, 26 août 1969.

[2] M. de GRAILLY, Vice-président de la commission des lois, AN, séance du 21 avril 1970, débat parlementaire, 1195.

de 1,2 g/l, il s'agit d'un délit. Des pays étrangers ayant un double seuil servent de modèles : certains États américains, l'Irlande du Nord et la Suède (entre [0,5 et 1,5 g/l[et à partir d'1,5 g/l). Ce double seuil résulterait de l'influence du lobby des alcooliers au Parlement (Jayet, 1994). Autrement dit, on est en présence d'un usage instrumental des connaissances scientifiques (Schrefler, 2010) afin de faire prévaloir un « *political model* » (Weiss, 1979).

De multiples recherches confirment ces premières études psychosociologiques en montrant l'absence d'impact d'un seuil légal d'alcoolémie sur le comportement des conducteurs fortement alcoolisés. En revanche, la fixation d'un seuil d'alcoolémie a eu une influence positive sur les conducteurs faiblement alcoolisés. En effet, le nombre d'automobilistes dont le taux d'alcoolémie se situe entre 0,1 et 0,8 g. d'alcool par litre de sang a diminué (Biecheler-Frétel, Rémond, & Berlioz, 1974; ONSER, 1972).

Lorsque ces travaux sont entrepris, le ministère de la Justice réfléchit depuis 1973 à une éventuelle suppression de la dichotomie contravention/délit et à l'institution d'un dépistage systématique de l'alcool au volant[1] dont l'étude RCB en sécurité routière avait montré la grande rentabilité. Dans cette perspective, l'ONSER réalise en 1977 à la demande de Christian Gérondeau, dans son rôle de secrétaire du CISR, une enquête sur le taux d'alcoolémie. Celle-ci relève que 16% des conducteurs impliqués dans un accident corporel et que 37% des conducteurs ou piétons impliqués dans un accident mortel ont un taux d'alcool supérieur ou égal à 0,80 g/l (Biecheler-Fretel, 1985). Un autre volet de cette enquête montre que 62% des personnes sollicitées sont favorables aux contrôles systématiques de l'alcool au volant bien que le dépistage de

[1] Compte-rendu de la réunion interministérielle du 15 novembre 1973 à Matignon consacrée aux accidents de la circulation provoqués par l'alcoolisme, 14 janvier 1974, secrétariat général du gouvernement ; CAC, Archives du ministère de l'Intérieur 1988 0442 art.2.

l'imprégnation alcoolique ne soit pas pratiqué dans 1/3 à 2/3 des cas selon la nature des accidents[1].

Parallèlement, le CISR commande au professeur Got et à son équipe de l'hôpital de Garches une enquête nationale sur l'alcoolémie des conducteurs impliqués dans des accidents mortels de la circulation afin de nourrir la réflexion du législateur quant à l'introduction des contrôles préventifs[2]. Il s'agit aussi de vérifier les connaissances scientifiques produites[3] par l'enquête de l'ONSER en 1977. Il convient enfin de valider les résultats d'une autre enquête qui met en évidence que 38% des responsables présumés des 328 accidents mortels constatés dans la région parisienne dépassent le taux légal d'alcoolémie[4]. Or, la recherche de l'alcoolémie du responsable d'un accident n'est faite que dans 60% des cas en raison des difficultés que rencontrent les forces de police pour obtenir la réalisation de prises de sang sur des personnes décédées (Got & Thomas, 1976). Le pourcentage de 38% mis en évidence devrait donc être plus élevé en réalité. Et l'utilisation de la notion de responsabilité de l'accident permet de rapporter le risque à l'accident et non à l'ensemble des usagers impliqués. Ces résultats sont confortés par une nouvelle enquête nationale (Got, 1977b, 1978) menée sur 3 423 accidents mortels entre janvier et juin 1977. Il apparaît que dans 43% des accidents mortels, le conducteur présente une alcoolémie illégale qui, près d'une fois sur deux, dépasse 2 g/l de sang (Got, 1977a). La poursuite de cette enquête sur la fin 1977 et 1978 met en évidence les sur-risques associés à des alcoolémies dépassant

[1] Enquête effectuée sur le taux d'alcoolémie des conducteurs impliqués dans des accidents corporels de la circulation sur la demande du CISR, Septembre 1977, CAC, Archives du ministère de la Justice 1997 090 art 19.

[2] Lettre du secrétaire du CISR au ministre de la Justice sur les premiers résultats du travail du professeur Got, 6 décembre 1977 ; CAC, Archives du ministère de la Justice 1997 090 art. 19.

[3] Circulaire du garde des sceaux demandant aux parquets de collaborer à l'enquête nationale du professeur Got, septembre 1977 ; CAC, Archives du ministère de la Justice 1997 090 art.19.

[4] C'est ce travail que P. Ricard tente de contrer, son argumentation est disqualifiée par les réflexions suivantes, puis par des recherches de C. Got publiées en 1977 et 1978.

0,40 g/l : entre 0,80 et 1,20 g/l, le risque est multiplié par 8 ; il est multiplié par plus de 100 au delà de 2 g/l (Got, 1982)[1].

Ces évaluations scientifiques commandées par les pouvoirs publics sont réalisées au moment où le processus d'élaboration de la loi du 12 juillet 1978 instituant les contrôles préventifs d'alcoolémie est bien amorcé. Elles tendent à légitimer la nécessité de tels contrôles, ce qui montre un nouvel usage stratégique de la recherche et de ses résultats (Schrefler, 2010). Et les évaluations entreprises nous placent dans le cadre d'un « *problem solving model* » (Weiss, 1979).

Déjà, le député Eugène Claudius-Petit, membre du HCEIA, avait proposé en 1970 de mettre en place des contrôles préventifs sur certains axes routiers, indépendamment de toute infraction ou accident. Cette proposition trouve son origine dans une expérience, réalisée en Allemagne, qui s'est concrétisée par une diminution du nombre d'accidents durant la durée des contrôles (Mazeaud, 1970). Rejetée à l'époque au nom de la protection des libertés individuelles, cette mesure, recommandée par l'OCDE en 1978, est dans la foulée de nouveau suggérée avec le même insuccès par E. Claudius-Petit. Pourtant, le champ d'application des contrôles préventifs préconisé se limitait alors à la sortie des établissements vendant des boissons alcoolisées.

C'est donc la commission des lois du Sénat qui, à l'initiative du CISR semble-t-il, introduit les contrôles préventifs qu'elle assortit de la possibilité d'utiliser des éthylomètres. Ces appareils ont montré leur efficacité en Australie, au Canada et aux États-Unis. Mais la loi doit aussi prévoir l'utilisation de ces instruments afin qu'ils puissent être fabriqués et commercialisés en France, car il n'est pas question d'importer des éthylomètres comme l'énonce Alain Peyrefitte, ministre de la justice en 1978[2]. La procédure d'homologation va être

---

[1] Certains de ces documents et d'autres difficiles d'accès figurent sur le site de Claude Got (http://www.securite-routiere.org/usagers/alcool.htm).

[2] Il précise que « *les chercheurs et les laboratoires français ne sont pas inférieurs à d'autres. À partir du moment où nous aurons homologué un type d'appareils, nous le construirons dans les entreprises spécialisées à une cadence élevée et en nombre suffisamment important pour parvenir à un prix beaucoup plus bas que celui auquel il faut actuellement payer les appareils*

longue ; des dissensions quant à l'équivalence entre le taux d'alcool mesuré dans l'haleine et celui mesuré dans le sang opposent les experts. En effet, C. Got considère que « *cette nouvelle méthode de mesure présente l'avantage d'être indolore et facile à employer, et surtout de refléter beaucoup mieux le degré d'imprégnation alcoolique du tissu cérébral que le taux d'alcool dans le sang veineux périphérique. La teneur en alcool de l'air alvéolaire peut varier cependant selon les sujets et des corrections s'imposent* » (Got, 1978). C'est pour cette dernière raison que le directeur du laboratoire de toxicologie de la préfecture de police est très réservé quant à l'utilisation de ce type d'appareils (Lebreton, 1978). Ce dernier avis semble pourtant isolé. Et une autre étude de C. Got, corroborée par un rapport de l'Institut d'alcoologie de Bicêtre, confirme que les éthylomètres fournissent des résultats comparables à ceux obtenus au moyen d'un prélèvement sanguin[1].

*

* *

En France, la prise en compte des résultats de recherche sur l'alcool au volant par des lois s'est faite progressivement selon une politique que l'on peut qualifier de petits pas. Elle rappelle le modèle de l'incrémentalisme disjoint (Lindblom, 1959). En effet, en 1958, une première loi réprime l'alcool au volant et en 1995, un ultime décret, par les seuils légaux qu'il définit, intègre les seuils de risque accru exacts, tels qu'identifiés scientifiquement dès 1964. Entre ces deux textes, 37 années et de nombreuses mesures légales se sont intercalées. Les textes adoptés progressent vers ce but, déterminé dès 1967 par la conférence des ministres des transports européens, soit près de trente ans auparavant. Si l'on accepte l'idée que le plus important était d'intégrer le seuil déterminant de 0,8 g/l de sang, la loi de 1983 (qui qualifie de délit des alcoolémies dépassant ce

---

en provenance des États-Unis » (AN, débat parlementaire, 1° séance du 20 juin 1978, 3134).

[1] P-A. Bourson, AN, débat parlementaire, 1° séance du 20 juin 1978, 3130 et 3135.

seuil) peut être prise comme l'étape clé du processus d'intégration des résultats scientifiques. Dès lors, près de vingt ans séparent la définition scientifique de ce seuil (1964) et sa prise en compte légale à la hauteur du risque identifié (1983). Rappelons qu'au Royaume-Uni, la possibilité d'utiliser le dépistage d'alcool dans le sang, les urines ou l'air expiré est reconnue par le « *Road Traffic Act* » de 1962, sans fixer de seuil. En 1965, au vu des travaux de Borkenstein le gouvernement annonce qu'il se prépare à introduire une limite maximale d'alcool dans le sang. Et le « *Road Traffic Act* » de 1967 fixe un seuil de 0,8 g/l de sang, soit trois ans après la démonstration scientifique de son importance. Un groupe d'observateurs français fut à l'époque mandaté par le HCEIA pour étudier cette réforme britannique.

En revanche, en France, en dépit de nos engagements européens, le mimétisme institutionnel qui consisterait à suivre des directives européennes et à tendre vers l'intégration de savoirs scientifiques dans notre arsenal législatif n'est pas une opération automatique. Cette entreprise est difficile à réaliser dans des contextes hostiles, comme en atteste la longue gestation de cette opération. Ce mimétisme suppose des adaptations et des ajustements qui s'apparentent à une greffe (Mény, 1993). Une telle greffe est opérée, lentement et en plusieurs étapes, par de nombreux acteurs aux profils différents : politiques, institutionnels et scientifiques contribuent tour à tour ou conjointement à sa réalisation.

Des reconfigurations institutionnelles (création du HCEIA et du CISR, structures interministérielles aux profils différents) des opportunités (la RCB), des préoccupations (sanitaires et sécuritaires) et des choix, successivement imputables à divers acteurs politiques, s'avèrent nécessaires pour amorcer et maintenir ce mouvement. Précocement, des premiers ministres s'impliquent dans la lutte contre l'alcool au volant tels Mendès France qui s'intéresse surtout à l'alcoolisme et Pompidou qui porte le sujet au niveau européen et enfin, Chaban-Delmas qui veut intervenir sur l'accidentalité routière en général, dont l'alcool au volant. Ensuite, des députés se mobilisent, notamment Eugène Claudius-Petit qui propose les premières mesures de contrôle de l'alcool au volant, sur la base d'acquis scientifiques. Enfin, le président de la République, Giscard d'Estaing, est motivé par la lutte contre l'alcoolisme. Parmi ces acteurs politiques, on constate le peu d'intérêt que nombre de ministres en charge des Transports accordent au phénomène, à l'exception de Charles Fiterman qui signe un texte sur le contrôle de l'alcool au volant tout en affirmant simultanément que la sécurité routière n'est pas une priorité de son ministère.

Ces choix politiques aboutissent à des institutionnalisations d'acteurs collectifs, plus ou moins pérennes. Le HCEIA, précurseur dès les années 1950, remplit une fonction essentielle en relayant les acquis de recherches internationales en diverses disciplines et en promouvant des travaux français. Réunissant des scientifiques et des institutionnels, cette structure est un laboratoire d'idées qui construit une articulation entre la science, la technique et l'action publique. À l'échelle mondiale, l'OCDE joue un rôle analogue avec une puissance autrement considérable et une pérennité assurée. Outre ses synthèses scientifiques, elle fait des recommandations en matière de politiques scientifiques thématiques et identifie des méthodes probantes ou à défaut, de qualité, pour étudier le phénomène de l'alcool au volant.

Plus tardivement en France, le CISR, puis la DSCR et le PREDIT sont des promoteurs de recherche et diffusent des travaux scientifiques auprès des décideurs, en particulier gouvernementaux. Les organismes scientifiques sollicités en matière d'alcool au volant ont été principalement l'ONSER intégré par la suite à l'INRETS, puis l'INSERM et le CNRS.

Pourtant, il apparaît qu'à tous ces niveaux et aux diverses époques, ce sont surtout des volontés et des motivations individuelles qui permettent d'avancer sur ces questions. Certains hommes politiques, comme cela est relevé, mais aussi des acteurs individuels. Des médecins comme Robert Debré et Claude Got jouent un rôle crucial. Des chercheurs comme J. L'Hoste et Y. Chich portent ces problématiques…

Tous ces efforts conjugués aboutissent, quoique lentement, à ce que les lois françaises encadrant l'alcool au volant reprennent des acquis scientifiques établis depuis longtemps. La science façonne donc bien, *in fine*, ces lois et partant de là des politiques pénales de lutte contre l'alcool au volant. Plus largement, la reconnaissance de l'apport de la recherche en ces matières favorise la création de courants de recherche sur la sécurité routière et l'institutionnalisation progressive d'organes dévolus à leur gestion.

CHAPITRE 7
LA THEORIE DE LA DISSUASION POUR CHANGER LES COMPORTEMENTS DES CONDUCTEURS

Ainsi, la psychologie étudie les changements de comportement et ceux-ci sont modélisés, en reliant la pensée à l'action. Nous savons par ailleurs que le droit pénal prévoit des sanctions pour inciter les conducteurs à modifier leurs comportements. Mais que sait-on des spécificités du droit pénal en tant qu'instrument d'action ? Et que sait-on des mécanismes qui rendraient un changement de comportement effectif et durable ?

Historiquement, les mécanismes de la décision furent précisés à l'occasion de jeux d'argent ou dans des sphères spécifiques, comme la stratégie militaire. Pourtant, bien avant, la théorie de la dissuasion avait émergé dans le cadre d'une réflexion sur l'action pénale. Il apparaît que les connaissances acquises par diverses disciplines sur les choix de comportement se rejoignent et fondent deux grandes théories proches : la théorie de la décision et celle de la dissuasion. La première cherche à décrire et éventuellement à prévoir des choix de comportement ; seulement certains de ses modèles ont pour ambition de les modifier, constituant alors de potentiels guides pour l'action dont nous avons vu quelques exemples. Tandis que la seconde, plus ancienne, se révèle *a posteriori* un cas de figure spécifique de la première. Effectivement, la théorie de la dissuasion formalise les relations entre la sanction et des choix de comportement qu'il convient de modifier. La théorie de la dissuasion s'est donc construite dès l'origine comme un modèle d'action publique.

1. La théorie de la dissuasion

De nombreux penseurs émettent des hypothèses sur les modes d'action du droit sur les comportements.

Dès l'origine, la sévérité d'une peine « *exemplaire* » est considérée comme dissuasive. En 1764, influencé par Montesquieu et Rousseau, le juriste italien Beccaria veut réformer le droit et les institutions pénales conformément aux principes du siècle des Lumières (Beccaria, [1764] 1991). Selon lui, pour contenir les débordements humains, il faut susciter la crainte de la sanction sans que celle-ci soit trop sévère. Et comme les individus sont rationnels, chacun évalue les avantages et les inconvénients des actes qu'il commet. L'institution judiciaire devrait favoriser ce calcul d'utilité chez les individus, en rendant publiques les sanctions infligées, pour les inciter à ne pas commettre d'infraction. Pour cela, la peine doit être certaine, proportionnelle, et s'appliquer à tous de manière identique. Une première théorie de la dissuasion est ainsi formulée.

Sur un tout autre registre que cette approche utilitariste, Durkheim se réfère à la morale et soutient que la sanction exprime la réprobation de la norme violée. La fréquence des peines renforcerait le rejet des comportements qu'elles sanctionnent, assurant le respect des lois.

L'opposition entre ces deux perceptions des mécanismes d'action publique en matière pénale rejoint celle déjà présentée en matière de création du droit : faut-il se référer au rationnel et évoluer avec l'état de la science ou suivre les lois naturelles et la morale ?

Dans les deux cas, la communication joue un rôle crucial. En effet, celle-ci est indissociable de la théorie de la dissuasion où la publicité donnée à l'activité pénale est censée renforcer la crainte à l'endroit du système. Pour tous les courants, la peine se veut un message qui vise à persuader de respecter la loi et de ne pas commettre d'infraction (Cusson, 2010) ; des auteurs ont défendu une conception cognitive de la loi (Beccaria, [1764] 1991; Durkheim, [1923] 1963; Peyrefitte, 1981). Mais la peine exprime aussi la morale et la réprobation de l'infraction commise et jugée (Cusson, 2010).

La théorie de la dissuasion fonde donc des conceptions spécifiques sur les modes d'action du droit pénal. Elle admet que la crainte de la sanction incite les individus à ne pas commettre d'infraction. Mais sa définition de la dissuasion postule que le délinquant renonce à commettre une infraction si les risques qu'il encourt dépassent l'espérance de gains de tous ordres d'un passage à l'acte. Cet énoncé s'inscrit dans un raisonnement probabiliste issu de la théorie de la décision ; il atteste de la parenté entre cette théorie et celle de la dissuasion, dont les histoires sont liées. Les bases de la théorie de la dissuasion sont posées avant celles de la théorie de la décision. L'introduction dans la pensée juridique de raisonnements statistiques quant à la mise en œuvre du droit précède la formulation de modèles du risque en cette discipline (chapitre 5).

2. Un modèle de dissuasion appliqué aux risques routiers

Face à la grande hétérogénéité des comportements et de leurs déterminants, les pouvoirs publics sont relativement démunis lorsqu'ils ambitionnent de modifier les prises de risque sur la route ; d'autant que l'action publique recherche plus volontiers à satisfaire des principes généraux que des objectifs spécifiques. La théorie de la dissuasion propose un guide pratique pour l'action en modélisant les effets des risques d'être contrôlé et sanctionné, notamment pour des infractions routières. De portée générale, ce modèle relie l'effectivité du contrôle et de la sanction à la modification des comportements, c'est-à-dire l'efficacité de l'action pénale. Plus largement, la théorie de la décision et ses modélisations des prises de risque, proposent d'identifier une structure générale dans un foisonnement de motivations apparemment hétéroclites des comportements. Ainsi, cette théorie devient un recours providentiel pour les pouvoirs publics en quête d'actions efficaces. Et la proximité de certains modèles issus de ces deux théories renforce leurs positions respectives.

Plus spécifiquement, comment évoluent les conceptions du problème de l'alcool au volant ? Le fondement des lois sur l'alcool au volant repose sur la preuve du danger de cette association. La recherche de mesures dans le sang a commencé dans les années 1920 et a donné une base scientifique au problème de l'alcool au volant (Ross, McCleary, & Epperlein, 1981-1982). La preuve clinique, descriptive par essence, n'était alors plus considérée comme indispensable. Basée sur cette conception, une approche légale a été développée en particulier dans les pays scandinaves, dans les années 1930. Ceux-ci ont voulu que des tests sanguins recherchent et prouvent l'infraction, sans se donner les moyens pratiques de cette ambition (Ross, 1975) (chapitre 5). Plus tardivement, en Angleterre, en France et en de nombreux pays, des lois se sont basées sur les acquis de la démonstration du rôle causal de l'alcool dans les accidents, particulièrement bien établie par la recherche de Grand'Rapids (Borkenstein, 1964). De telles lois, généralement pénales, tentent d'obtenir un changement de comportement par la menace d'une sanction. Pourtant, à leurs débuts, ces lois ont rarement fait l'objet d'efforts de mise en œuvre spécifiques. D'ailleurs, en France, elles sont longtemps restées sans effet (Kletzlen, 2000, 2006). Diverses recherches et de nombreux documents judiciaires attestent de cet état de fait, comme nous le verrons (chapitres 8, 9, 10).

Outre leur antériorité, les lois scandinaves sont réputées pour leur sévérité. De plus, elles escomptent un effet important de l'impression qu'elles donnent à des conducteurs alcoolisés de la forte probabilité d'être arrêtés et condamnés sur des bases objectives (Ross et al., 1981-1982). Cette approche scandinave relève donc d'un modèle de dissuasion qui énonce qu'un traitement de l'infraction sera plus puissant s'il est certain, sévère et rapide. Malgré une base scientifique approximative, des résultats de recherches accumulés sur une longue période ont justifié une telle définition du problème fondant des lois scandinaves (Ross et al., 1981-1982). Au début des années 1960, ce savoir accumulé et la longue frustration due à l'application de lois classiques, qui se révélaient sans effet sur l'accidentalité, ont créé en de nombreux pays un contexte favorable à l'adoption de lois calquées sur le modèle scandinave : Royaume-Uni, France, Hollande, Nouvelle Zélande, Canada, Australie et plusieurs États des États-Unis. Pour être appliquées, toutes ces lois requéraient la suspicion légitime de l'alcoolisation du conducteur basée sur son comportement, sur une infraction commise ou sur l'occurrence d'un accident (Ross et al., 1981-1982).

Un modèle de dissuasion, très utilisé en matière routière (Ross, 1982), est analogue à un modèle issu de la théorie de la décision, celui du « *risque zéro* » (Näätänen & Summala, 1976) appliqué au risque de sanction et non d'accident. Ross lui-même relève la similitude, mais assume complètement de travailler dans le cadre de la dissuasion (Ross, 1982). En France, d'autres chercheurs, en particulier des psychologues, assimilent implicitement ce modèle d'action pénale à des modèles comportementaux, en particulier ceux du « *risque zéro* » (Barjonnet, 1987; Saad, 1988). Ils se réclament alors exclusivement d'un modèle du « *risque zéro* », sans doute par habitude professionnelle, peut-être aussi à des fins idéologiques, pour ne pas rattacher l'action en matière de sécurité routière à un modèle de dissuasion relevant de la criminologie (ou sociologie pénale). En effet, l'action pénale n'était pas vue d'un œil favorable par les chercheurs, en particulier ceux de l'ONSER. Un rapport fondateur de cette structure, basé sur l'étude clinique des accidents de la route, en atteste (L'Hoste, 1970). Cette recherche suit une méthode épidémiologique afin de comprendre les accidents, comme des recherches pionnières américaines l'avaient fait (Baker, 1960; Moseley, 1962) (chapitre 3). Ce travail interdisciplinaire français attribue un rôle perturbateur au contrôle pénal et à ses agents. Il existerait une forte confusion entre les fonctions de répression et de prévention ; cette ambiguïté altèrerait le comportement des agents des forces de l'ordre et des conducteurs. Cette confusion perturberait, entre autres, la vocation préventive des dépistages de l'alcoolémie par alcootest mis en œuvre à l'époque de l'enquête (1965-1968). Et les procès-verbaux ayant une finalité judiciaire ne pourraient contribuer à une approche scientifique des accidents et même des infractions. Ce rapport, rédigé par J. L'Hoste, qui deviendra un directeur emblématique d'un laboratoire de l'INRETS, servira de référence conceptuelle durable. Il disqualifie l'usage scientifique des procès-verbaux afin d'éviter tout risque de confusion entre les chercheurs et les policiers et entre leurs approches respectives des phénomènes et plus largement entre la prévention et l'action pénale. D'où la réticence ultérieure des chercheurs à se référer à un modèle de dissuasion qui véhicule une connotation pénale et la préférence accordée à un modèle du risque, de fait identique. Cependant, si les travaux des psychologues avancent sur la compréhension des comportements, peu de modifications des conduites se manifestent. C'est sans doute pour cela qu'au début des années 1980, la relative stagnation de la mortalité routière en France incite les pouvoirs publics à rechercher tous les leviers disponibles pour agir sur les comportements des conducteurs. La convergence des deux modèles est alors exploitée.

De plus, le modèle du « *risque zéro* » appliqué au contrôle, de fait un modèle de dissuasion, présente l'avantage de proposer des stratégies d'actions simples et présumées efficaces. Les évaluations réalisées ultérieurement en plusieurs pays ont prouvé l'efficacité de mises en œuvre calquées sur un modèle dissuasif (chapitres 8 et 9). Nous verrons que celui-ci s'éloigne souvent d'un modèle scandinave en ce que la lourdeur des sanctions n'est pas expressément requise. L'accroissement de la fréquence des sanctions vaut alors comme une expression de sévérité accrue, d'autant que cette fréquence favorise la détection de la récidive.

Ce modèle stipule que, pour modifier le comportement des conducteurs, il faut accroître leur perception du risque - la probabilité - d'être contrôlés et sanctionnés. Pour cela, il faut augmenter le risque d'être véritablement contrôlés donc très concrètement augmenter le nombre de contrôles, ainsi que celui des sanctions. En même temps, il faut assurer la publicité de cette action, pour qu'un maximum de conducteurs le sache et qu'un risque objectif soit intériorisé en un risque subjectif, censé modifier le comportement. Faire connaître le risque objectif est donc une étape essentielle au bon fonctionnement de ce modèle. Il connaît une fortune internationale ; il est expérimenté dans le monde anglo-saxon et en France. Des campagnes de promotion de lois et de mesures à l'encontre des risques routiers sont entreprises, elles font connaître ces nouvelles dispositions et les moyens consacrés à leur mise en œuvre. Cette méthode est employée surtout aux États-Unis, puis en Angleterre. Elle prendra toute son ampleur en Australie (chapitre 8).

Dès les années 1960, aux États-Unis, il règne dans certains États un climat favorable à l'adoption de lois plus sévères de type scandinave. Ils veulent s'écarter des lois classiques et aspirent à des formes de contrôle renouvelées. Or, la création et la mise en œuvre des lois sont perçues comme des phénomènes étroitement associés par des juristes réalistes américains. Il faut donc que des chercheurs évaluent scientifiquement les effets des mesures de sécurité routière en effectivité et en efficacité. Au même moment, des moyens techniques novateurs offrent l'opportunité de concrétiser ces exigences. En effet, de nouveaux appareils apparaissent : l'éthylomètre mesurant l'imprégnation alcoolique dans l'air expiré, ce qui facilite les mesures ; des ordinateurs qui autorisent des calculs statistiques sur de vastes corpus… Les nombreuses données collectées deviennent alors exploitables par des méthodes statistiques jusqu'alors cantonnées à de petits échantillons.

Des évaluations du modèle de dissuasion, basées sur des preuves, sont réalisées, puis répétées dans de nombreux pays dont la France ; certaines seront présentées en détail (chapitres 8 et 9). Il apparaît que lorsque des mesures sont accompagnées de campagnes communiquant sur la réalité et l'intensité de leur mise en œuvre et qu'elles sont suivies de sanctions effectives suffisamment fréquentes, des changements de comportements s'observent partout dans le monde. Ces évaluations attestent de l'efficacité de ce modèle. Ultérieurement, un travail australien montre que l'effet de publicité a encore plus d'impact s'il est relayé par des proches ayant été réellement contrôlés (Homel, 1988). Les évaluations entreprises justifient et promeuvent de telles stratégies, donnant à l'action publique une nouvelle légitimité, en ce qu'elle adopte des méthodes scientifiques : fondement démontré des mesures adoptées, expérimentation et évaluation de leurs effets…

Ainsi donc, l'efficacité du modèle fait peu de doutes. Mais, deux questions sont rapidement soulevées et resteront durablement opposables à des actions dissuasives de ce type. D'abord, les résultats obtenus ne sont-ils pas toujours éphémères, au vu des premières observations et des analyses réalisées ? Ensuite, quel est l'objectif atteint en matière d'alcool au volant ? Est-ce une simple dissociation des activités de conduire et de boire ou une véritable diminution des consommations d'alcool ? Et quel est le but souhaité, au vu de l'imbrication de ces questions - entre sécurité routière et santé publique - et des réponses qui leur sont apportées au fil du temps ? L'ampleur et la gravité des problèmes posés, la multitude d'interventions pluridisciplinaires possibles et les arbitrages politiques sollicités méritent d'être clarifiés afin d'ébaucher, peut-être, des réponses intégrées (chapitre 12).

En effet, le nombre de récidivistes dans le monde entier atteste à lui seul de la fragilité de ces interventions. Plus largement, la modification des comportements par la menace de sanction ou par la récompense - basée sur la politique de bonus-malus des assurances - n'a jamais porté de fruit durable (Pérez-Diaz, 1997a, 1997b). Seul l'engagement aurait donné quelques résultats (Delhomme, 1993). Les potentialités de cette voie ont déjà été présentées (chapitre 4). L'articulation entre l'action pénale et des actions de prévention des problèmes d'alcool au volant aux effets plus durables sera examinée plus en détail (chapitre 12).

3. Comment un modèle de dissuasion parvient-il à imprégner l'action publique en matière routière ?

La généralisation observée de ce modèle de dissuasion dans l'action publique de nombreux pays ne s'est pas faite sans rencontrer de promoteurs.

Un chercheur, H. L. Ross, se révèle particulièrement dynamique pour promouvoir la théorie de la dissuasion. Ce sociologue du droit américain a consacré une grande partie de sa carrière à étudier la sécurité routière et à développer des analyses de la mise en œuvre de lois et de mesures judiciaires afin d'en évaluer la capacité dissuasive. Il s'est déplacé en de nombreux pays, dont la France, afin d'étudier les effets des actions publiques qui se prêtent à ses analyses, principalement celles consacrées à l'alcool au volant. Il a progressivement formalisé un modèle concret d'action publique dans le cadre de la dissuasion. Et il a fait des émules dans le monde entier.

H.L. Ross commence une carrière de sociologue très classique, influencé à ses débuts par Lazarfeld. Il étudie la délinquance routière qu'il décrit comme assimilable à la délinquance en col blanc, ce qui expliquerait qu'elle fut longtemps délaissée (Ross, 1960). Dès cet article, Ross effleure brièvement l'idée de la dissuasion. Celui-ci paraît dans un numéro de « *Social Problems* » auquel E.A. Suchman, sociologue de la santé, contribue en présentant le modèle épidémiologique appliqué à des accidents par Gordon (J. E. Gordon, 1949) et des modèles comportementalistes qui s'inscrivent dans la théorie de la décision (Suchman, 1960). C'est sans doute au contact de ces chercheurs que Ross intègre le potentiel des modèles, qu'ils soient épidémiologiques, comportementaux ou du risque et leur forte parenté avec la théorie de la dissuasion. Ross contribuera considérablement à relier divers modèles et surtout à élaborer, puis à diffuser un modèle spécifique de dissuasion qui deviendra un programme d'action publique dans le monde entier. C'est aussi à cette époque que H.L. Ross s'insère dans un réseau de chercheurs très motivés par l'approche scientifique des comportements à risques, notamment sur la route. Il avait déjà collaboré avec l'équipe de Baker sur les études clinique des accidents à la fin des années 1950 (Baker, 1960; Baker & Ross, 1961).

Ross adhère à ce courant de pensée de sociologues ouverts à d'autres disciplines qui suivent des protocoles scientifiques pour rechercher des preuves de ce qu'ils avancent, à l'instar d'un épidémiologiste comme Haddon qui a repris les travaux de Gordon (W. Jr Haddon et al., 1964). Pour cela, Ross expérimente une méthode de traitement de données en sciences sociales. Celle-ci est promue par un psychologue, très connu pour ses travaux en épistémologie et en méthodologie, Donald T. Campbell. Celui-ci s'intéresse aux « *faux savoirs* » c'est-à-dire aux biais et aux préjugés qui fondent des théories erronées. Il s'intéresse particulièrement à la mise à l'épreuve des politiques publiques par l'expérimentation. Campbell défend une méthode de construction des politiques publiques qui inclut les parties prenantes - praticiens aux niveaux central et local, voire leur clientèle - et qui utilise l'expérimentation basée sur des données collectées au préalable afin de guider la prise de décision (D. T. Campbell & Stanley, 1963). Ce chercheur se situe ainsi dans la lignée des juristes réalistes américains ;

ses conceptions le rapprochent aussi des juristes scandinaves. Toutefois, Campbell ne veut pas seulement évaluer, mais aussi identifier les causalités des phénomènes, comprendre les comportements humains à l'œuvre et ainsi résoudre des problèmes sociaux. Cette approche ample et ambitieuse se situe dans un cadre que la théorie de la décision tente de formaliser.

Auprès de Campbell, Ross s'imprègne d'une pensée interdisciplinaire ouverte et acquiert une méthode qui lui permet d'évaluer d'une façon plus objective l'effet de lois. Il s'agit d'une analyse de séries temporelles interrompues qui permet de comparer des mesures d'un phénomène (par exemple, les accidents mortels) avant et après une décision afin d'en évaluer l'effet sur ce phénomène. Ces chercheurs expérimentent cette méthode sur des mesures légales concernant des excès de vitesse. L'occasion leur en est donnée le 23 décembre 1955 : le Gouverneur du Connecticut décide d'aggraver les peines prévues en suspendant pour un mois le permis de conduire de tous les condamnés pour excès de vitesse (D. T. Campbell & Ross, 1968). Le résultat n'est pas probant quant à un effet spécifique de cette mesure sur la mortalité routière. Par contre, ces auteurs considèrent que cette méthode d'analyse atteste de sa capacité à apporter des preuves quant à la validité d'hypothèses en sciences sociales et en sociologie du droit.

Fort de cette méthode développée par Campbell et Stanley au début des années 1960, Ross étudie une loi anglaise sur l'alcool au volant, le *British Road Safety Act* de 1967. La conception de cette loi reflète l'état de la science en ce qu'elle intègre explicitement les résultats des travaux de Borkenstein prouvant le rôle causal de l'alcool dans les accidents mortels, ce qui légitime son adoption ; sa promotion et sa mise en œuvre se calquent sur un modèle de dissuasion (Ross, 1973). Ross démontre l'efficacité de la mesure ; il met aussi l'accent sur le rôle joué par la communication très volontariste entreprise par les pouvoirs publics (Ross, 1973). Son évaluation met en évidence le potentiel de la théorie de la dissuasion, ce qui renforce sa propre adhésion à cette démarche. Surtout, il formalise ce en quoi cette politique anglaise peut devenir un modèle d'action publique dissuasive exportable. Le succès prouvé de la loi anglaise concrétise cette aspiration.

Ultérieurement, les nombreux travaux que Ross réalise sur des expériences menées aux États-Unis valident son modèle de dissuasion qui est repris en Europe. Par ailleurs, il montre que le modèle scandinave qui prônait des lois sévères a eu une efficacité discutable et surtout très éphémère (Ross, 1975). C'est donc un modèle dissuasif intégrant des peines peu sévères, mais fréquentes, qu'il promeut. Ses détracteurs lui reprochent, entre autres, de n'avoir pas suffisamment traité la question spécifique des effets polymorphes de la peine (Blais & Ouimet, 2005).

Dans l'ensemble, les résultats probants en termes de diminution des accidents, de la mortalité ou de la morbidité (nombre et gravité des blessés) se sont presque partout révélés temporaires (Ross et al., 1981-1982). En dépit de ses succès éphémères, ce modèle séduit les institutions qui trouvent un instrument doté d'une structure logique pour orienter l'activité de leurs services vers des objectifs déterminés, en postulant sur la rationalité de leurs agents et sur celle des conducteurs. Et Ross ne cessera de vérifier l'intérêt de ce modèle, préconisant de maintenir des actions dissuasives dans le temps, voire d'en renouveler les modalités, afin d'en prolonger les effets (Ross, 1992). Il rejoint en cela des juristes qui postulent que les peines ont un effet éducatif sur le long terme, tel Andenaes.

Ross est professeur de sociologie et pratique surtout la sociologie du droit (Université de New Mexico). Il est en contact avec de nombreux chercheurs : des sociologues de la santé et des épidémiologistes, surtout ceux de l'Université de Berkeley comme R. Room. Il entretient aussi des échanges fructueux avec J. Gusfield. Et lorsque celui-ci attaque la condamnation morale de l'alcool au volant, phénomène présenté comme ne concernant que des alcooliques invétérés, Ross participe aux discussions de ce groupe (Gusfield, 1981). Ces chercheurs en diverses disciplines ont formé ce qu'il convient d'appeler un collège invisible[1]. Ses membres confrontent leurs conceptions tout en produisant des ouvrages aux analyses divergentes. Pourtant, au fil du temps, ces auteurs tentent d'articuler leurs analyses et certaines convergences

[1] C'est un réseau informel de scientifiques dont tous les membres participent aux réflexions entreprises (Crane, 1972).

de leurs conceptions peuvent être mises en évidence. Ainsi, dans son ouvrage de 1981, Gusfield dénonce un certain discours scientifique qui sert d'alibi à une condamnation morale des alcooliques au volant. Par contre, il passe très succinctement sur les travaux incontestables de Borkenstein qui démontrent la relation causale entre l'alcool au volant et les accidents mortels et établissent la dangerosité au volant de consommations socialement acceptées (Borkenstein, 1964). Tout à sa dénonciation de campagnes moralisatrices et stigmatisantes qui ont abouti à faire adopter des lois sur l'alcool au volant, Gusfield dédaigne des travaux scientifiques fondamentaux. Sur ces bases, des échanges se poursuivent entre ces chercheurs. Et, dix ans plus tard, Gusfield nuancera fortement son approche de 1981 en préfaçant un ouvrage de Ross[1] (Ross, 1992).

Dans cette préface, Gusfield récuse - comme dans son ouvrage de 1981 - l'intérêt de situer le phénomène des accidents dans la morale, les faits de le personnaliser et de le dramatiser ainsi que d'exiger des peines très sévères. Il insiste sur le fait que sauver des vies ne requiert pas de sauver des âmes, ce qui ouvre le champ à d'autres formes d'actions qu'il convient d'envisager. Et il relève l'intérêt des travaux de Ross pour favoriser une telle évolution des conceptions. Plus précisément, il insiste sur la position de Ross qui s'intéresse aux travaux des psychologues sur les choix de comportement tout en les étendant à l'analyse des contextes. Ross rationalise l'analyse du phénomène, ce qui permet de sortir d'un paradigme exclusivement psychologique d'une société américaine individualiste ; il incite ainsi à une approche élargie et plus inventive que celle de la seule sanction.

De son côté, Ross évolue. Il met en perspective ses travaux et des idées étudiées. Il se démarque de l'approche répressive en insistant sur le respect des libertés individuelles (Ross, 1988). Il prône le recours à des peines minimales et recommande des interventions d'autres natures, qu'il s'agisse d'une réglementation de l'offre d'alcool (thématique chère aux sociologues de

[1] Ce livre de 1992 sert presque de testament scientifique à Ross qui décède en 1997.

la santé et aux épidémiologistes, en particulier R. Room) et aussi des mesures de sécurité passive (ceinture etc.).

L'apport de Ross à la sécurité routière se situe à deux niveaux. D'abord, il relie des explications du phénomène de l'alcool au volant issues de diverses approches disciplinaires : sociologiques, juridiques, psychologiques et épidémiologiques. Ensuite, il analyse des programmes d'action qui rassemblent des acquis de ces approches. Enfin, il évalue des politiques publiques qui comprennent soit une création de loi, soit une accentuation de la mise en œuvre d'une loi, avec des méthodes scientifiques influencées par l'épidémiologie et la médecine basée sur des preuves (« *evidence-based medecine* »). Compte tenu de l'importance de leur contribution, les travaux de Ross vont être examinés en détail (chapitres 8 et 9).

4. Une approche concurrente de la dissuasion : la théorie de prévention générale d'Andenaes

Les politiques publiques scandinaves en matière d'alcool au volant ont également inspiré une théorie de prévention générale (Andenaes, 1966, 1974, 1978). Celle-ci tente d'intégrer plusieurs mécanismes pénaux. La sévérité de la peine indique combien le comportement visé est préjudiciable aux autres, c'est la validation normative. La peine agit en deux temps, dissuadant à court terme et éduquant à plus long terme. L'augmentation des contrôles dissuade ; puis le maintien de cette pression entraîne un changement d'attitude, plus durable. Ainsi, les mécanismes préventifs des lois interviennent dans la durée et ils sont interdépendants, la dissuasion étant nécessaire à la validation normative. En l'espèce, le risque d'être contrôlé doit être assez élevé pour dissuader les conducteurs de boire et les condamnations assez fréquentes pour que le message véhiculé par des peines sévères imprègne la société (Blais & Beaudoin, 2007). Cette imprégnation s'obtient par des campagnes de sensibilisation et par la couverture médiatique des actions de répression. La théorie de prévention générale d'Andenaes devient ainsi une théorie générale de la peine assortie d'un processus dynamique et interactif (Blais & Beaudoin, 2007). De fait, il s'agit encore d'un modèle de dissuasion basé sur des peines sévères dont l'action autonome, normative et dissuasive, est mise en avant.

Sur la base de ces conceptions, des chercheurs réfutent les analyses de Ross qui concluent à l'inefficacité des lois contre l'alcool au volant en Scandinavie (Ross, 1975). Des mesures d'accidents associés à l'alcool avant et après l'adoption d'une loi ne peuvent, selon eux, rendre compte de l'effet dissuasif des peines, surtout sur le long terme (Andenaes, 1974, 1978; Blais & Ouimet, 2005). Ces chercheurs se proposent donc d'évaluer les effets d'une nouvelle loi canadienne. Cette loi du 24 avril 1985 sur les facultés des conducteurs affaiblies par l'alcool (CFA) accroît la sévérité des peines prévues. Au Québec, la diminution des accidents mortels associés à la CFA, entre 1980 et 2001, est étudiée en reprenant plus précisément l'essentiel des concepts de la théorie de la dissuasion afin de comprendre véritablement ses effets et leurs interactions (Blais & Beaudoin, 2007; Blais & Ouimet, 2005). Ce travail sera aussi présenté (chapitre 11).

*

* *

Trois composantes des modalités d'action du droit se dégagent, souvent combinées dans les théories observées.

D'abord, certains théoriciens du droit veulent des lois tenant compte de l'état de la science afin de leur conférer une légitimité indiscutable. Or, l'idéologie juridique réfute toute expérimentation des lois ; alors que les pratiques affichent de nombreuses expérimentations (Kletzlen, 2006; Kletzlen et al., 2005; Pérez-Diaz & Huré, 2015). Toutefois, pour les juristes, la science constitue bien un moyen de légitimer des lois. Ce qui n'a pas empêché certains acteurs de brandir le droit contre la science dans le domaine de l'alcool au volant lors de réformes importantes en 1958, en 1965, en 1970 et en 1978. Ensuite, des juristes américains accordent une importance fondamentale à la mise en œuvre du droit ; ils en attendent une efficacité pratique qu'il convient d'évaluer scientifiquement, afin de légitimer ces politiques publiques et de les améliorer. Enfin, un mouvement se concentre sur des peines très sévères comme dans le modèle scandinave ou comme dans la théorie de la prévention générale d'Andenaes. Le modèle de dissuasion prôné par Ross combine des peines légères et fréquentes. Celui d'Andenaes prévoit surtout des peines sévères, et il considère que leur fréquence contribue à l'efficacité des lois. Certains chercheurs évoluent au gré de leurs travaux, penchant pour une meilleure efficacité de peines fréquentes, mais légères ou sévères selon les cas (Cusson, 2010; Killias, 2001). L'apport d'Andenaes réside dans l'idée qu'il faut maintenir des peines sur le long terme pour en obtenir un effet éducatif. Il est rejoint en cela par Ross qui considère qu'il faut maintenir des actions dissuasives dans le temps pour changer durablement les comportements, quitte à modifier ces actions afin d'en renouveler l'efficacité.

Des politiques routières combinent différemment les types d'interventions, selon les pays et les époques. Dans un souci d'efficacité, certains gouvernements ont favorisé des évaluations de leurs politiques adoptant alors une démarche d'ordre scientifique. Divers chercheurs se sont attelés à mesurer les effets de ces politiques avec des méthodes différentes. Nous en verrons quelques exemples (chapitres 8, 9 et 11).

CHAPITRE 8
LES PRINCIPALES ÉVALUATIONS DES MODÈLES DE DISSUASION APPLIQUÉS A LA SÉCURITÉ ROUTIÈRE

Pour justifier du bien-fondé d'une politique publique, l'évaluation minutieuse des actions entreprises et de leurs effets se révèle nécessaire aux yeux de certains décideurs, déçus par l'inefficacité de nombreuses mesures. Or, des évaluations démontrent l'utilité de certaines politiques sur l'alcool et sur l'alcool au volant. Pourtant, progressivement une telle démarche est négligée en certains pays.

Aux États-Unis, durant les dernières décennies, l'évaluation des programmes de prévention a changé. Elle a longtemps porté sur l'évolution des savoirs et des attitudes, mais rarement sur le changement des comportements effectifs (Room, 1990). Il était considéré que les mesures préventives et de contrôle n'avaient aucun effet sur les comportements en matière d'alcool. En dépit de ces considérations, de premières évaluations portent sur des programmes éducatifs, sur des campagnes de communication en population générale diffusant des indicateurs pour repérer l'alcoolisme et sur des stratégies incitant les malades à se faire soigner. Ces évaluations prouvent que des politiques publiques sur l'alcool et des programmes de prévention peuvent, dans des circonstances favorables, avoir des effets majeurs sur les problèmes d'alcool. En conséquence, des mesures de contrôle de l'alcool, notamment de son accessibilité, deviennent une voie d'action en santé publique (Room, 1990).

De plus, des observations montrent que des diminutions de consommation ont des effets sur la santé dans toutes les sociétés. Ces constats ont été transformés en questions de recherche afin d'en démontrer la validité (Bruun et al., 1975). Et l'accumulation de preuves de ces effets réactualise ces questions controversées. Ainsi, la mortalité par cirrhose ou d'autres maladies associées à l'alcool est réduite par une diminution globale des consommations dans la population. De même, des phénomènes associés à l'alcool, tels la délinquance et les accidents, varient souvent avec le niveau de consommation d'une population (Mäkelä, Room, Single, Sulkunen, & Walsh, 1981). Ces constats confortent les thèses de Ledermann sans s'appuyer sur des fondements statistiques quant à une distribution log-normale. Ce qui atténue la portée des critiques pratiques formulées par Weil et les alcooliers. Quitte à ce que sur le plan théorique celles-ci soient recevables.

Lorsque l'on s'intéresse au changement, il est difficile d'identifier des relations causales. De simples observations « *avant/après* » une intervention permettent de représenter graphiquement un changement, sans pour autant démontrer incontestablement son rôle causal.

Les évaluations se basent sur des méthodes statistiques plus ou moins sophistiquées. Un premier courant de recherche, initié dans les années 1950 en Finlande, entreprend des études expérimentales. Ces travaux aboutissent à un modèle de construction de politiques publiques sur l'alcool (Room, 1986). Suivant toujours des démarches expérimentales, de nombreuses études se basent sur une comparaison « *avant/après* » de nouvelles mesures afin d'en évaluer les effets, particulièrement en Scandinavie (Room, 1984). Parmi diverses variantes, certaines sont dénommées « *expérimentations naturelles* » dans la littérature consacrée à l'alcool ou « *études d'impact législatif* » dans d'autres domaines. En particulier, l'une d'entre elles s'intéresse à l'adoption d'une loi sur l'alcool au volant (R. Hingson et al., 1987). D'autres utilisent des analyses de séries temporelles interrompues sur des lois concernant l'alcool au volant (Ross, 1982). Un second courant de recherche emploie la méthode de Box-Jenkins sur des séries temporelles afin d'analyser des réformes législatives portant sur l'alcool au volant aux États-Unis (Hilton, 1984). Un troisième courant utilise des méthodes économétriques qui offrent des perspectives intéressantes, notamment sur des séries temporelles. De tels travaux menés sur l'élasticité des prix et sur des taxes en matière de santé ont apporté des preuves de l'efficacité de ces actions sur la cirrhose et sur les accidents de la route (Cook, 1981). De nombreuses recherches économétriques démontrent les effets d'un prix minimum d'alcool sur les consommations et sur la santé (Brennan et al., 2008; Purshouse et al., 2010).

Ces évaluations des effets du contrôle de l'alcool montrent que certaines mesures peuvent changer les modalités de consommation. Leur mise en perspective établit qu'une mesure isolée a des effets modestes, tandis qu'une réforme composée de plusieurs mesures cohérentes peut obtenir un changement massif. Toutefois, il est plus facile d'évaluer les effets d'une mesure isolée que ceux d'un ensemble d'interventions, car cela complique toute démonstration scientifique de leurs effets. Il en va de même pour leur inscription dans le temps : un changement à court terme est mesurable ; à long terme, cela s'avère difficile du fait d'interactions avec d'autres évolutions non contrôlables.

Dans les années 1980, le succès de nouvelles lois sur l'alcool au volant de type « *scandinave* » et/ou basées sur la dissuasion donne à Ross l'occasion d'aller tester sa méthodes d'évaluation en de nombreux pays.

1. L'évaluation *a posteriori* des lois se met en place

Dans un cadre défini par Campbell (D. T. Campbell & Stanley, 1966) (chapitre 7), les politiques publiques doivent être mises à l'épreuve par l'expérimentation en disposant d'un groupe témoin ou d'un groupe de contrôle, configuration idéale pour établir une inférence causale. L'exigence de la constitution d'un groupe de contrôle dans l'expérimentation a émergé de la recherche en psychologie ; ce protocole est adaptable aux sciences sociales. Pourtant, la constitution de groupes de contrôle identiques « *toutes choses égales par ailleurs* » au groupe testé s'avère très difficile en sciences sociales où même le voisin de palier d'un individu ne lui ressemble pas forcément. À défaut de groupe de contrôle, des données collectées avant et après une réforme peuvent en identifier des effets, à condition d'examiner systématiquement les explications alternatives plausibles et de pouvoir en écarter les éventuels effets perturbateurs sur les résultats observés (D. T. Campbell &

Stanley, 1963). Rappelons qu'un matériel descriptif associé à des démonstrations statistiques renseigne sur les conditions d'effectivité d'une réforme. Les travaux de Campbell vont irriguer toutes les sciences sociales et l'épidémiologie, d'autant qu'il s'est érigé en fervent adepte de l'interdisciplinarité, sans laquelle il n'envisage pas d'innovation possible. Il avait, entre autres, déjà éprouvé une méthode expérimentale sur des contentieux routiers (B. J. Campbell, 1958).

Nous l'avons vu, Ross s'est formé aux côtés de Campbell à l'occasion de l'examen d'une réforme de 1955 concernant les excès de vitesse dans le Connecticut (D. T. Campbell & Ross, 1968). Pour cette recherche, aucun groupe de contrôle n'est disponible ; il reste à procéder à une analyse quasi-expérimentale sur des séries temporelles interrompues. L'objectif de cette méthode est d'examiner des données collectées avant et après un événement, en l'espèce une aggravation des sanctions en matière d'excès de vitesse. À l'origine, avant 1955, une recrudescence des accidents mortels avait été mise en évidence dans le Connecticut. Pour endiguer ce phénomène, le Gouverneur décide de contrôler la mise en œuvre des lois sur la vitesse, déjà identifiée comme un facteur causal majeur d'accident. Il apparaît alors que la moitié des excès de vitesse ne sont pas poursuivis. En conséquence, ce Gouverneur décide d'inciter les juges à poursuivre systématiquement ces infractions et à ce que tout condamné ait son permis de conduire suspendu pour un mois minimum. L'incitation en question est de fait une menace, celle de diminuer les appointements de ces juges en cas de résistance. Une forte décroissance de la mortalité routière est observée l'année suivante ; de faible durée, cette amélioration est suivie d'une détérioration de moindre ampleur. Pourtant, l'analyse des données ne met pas en évidence de relation causale entre l'intensité accrue de la mise en œuvre de la loi et la diminution de la mortalité observée. Selon nous, celle-ci pourrait avoir d'autres causes, par exemple une prudence accrue chez les conducteurs étendue à d'autres facteurs que la vitesse, phénomène temporaire souvent observé lorsqu'une question de sécurité routière est soulevée publiquement et commentée par les médias. En outre, il apparaît lors de cette recherche qu'une réponse légale trop sévère au regard de son contexte culturel n'est pas appliquée à la hauteur attendue par les policiers et les magistrats. En dépit de l'incapacité de ce travail à démontrer une relation causale dans le cas étudié, son intérêt est d'éprouver un nouvel outil pour les sciences sociales. Celui-ci permet d'étudier un événement et de documenter ses effets de la façon la plus méthodique possible. Une telle démarche donne de la profondeur au travail en sciences sociales et permet de valider ou non une interprétation par rapport à d'autres (D. T. Campbell & Ross, 1968).

2. L'évaluation de l'effet du *British Road Safety Act* de 1967

Ross et son équipe évaluent les effets de l'adoption du *British Road Safety Act* de 1967 en 1971-1972 (Ross, 1973). Ce travail est financé par le *Council on Law-Related Studies, The American Bar Foundation* (association de juristes) et la *National Science Foundation*, administrée par D.T. Campbell lui-même.

Le *British Road Safety Act* de 1967 utilise des tests scientifiques de repérage de l'alcoolisation des conducteurs pour identifier et définir l'infraction de conduite en état alcoolique (Ross, 1973). La Suède l'avait déjà fait en 1934 et d'autres pays lui avaient emboîté le pas sans jamais évaluer la mise en œuvre de ces dispositions, ni leurs effets. Au Royaume-Uni, cette législation de 1967 semble avoir été à l'origine d'une très forte décrue des accidents, ce qui intéresse des juristes et des sociologues américains. D'autant que ce pays est plus proche des États-Unis, par sa culture et par le droit en vigueur, que d'autres pays européens. L'objectif de ce travail est d'évaluer les effets du *British Road Safety Act* de 1967 afin de contribuer à la littérature sur l'efficacité du contrôle de la circulation routière (Ross, 1973).

Le *British Road Safety Act* de 1962 avait déjà introduit des tests chimiques pour mesurer l'alcool dans le sang, mais ces tests facultatifs étaient peu utilisés et dépourvus de seuils de référence pour évaluer l'importance des dosages effectués (Ross, 1973). Cette législation qui prévoyait des sanctions lourdes était peu appliquée, excepté dans les cas les plus graves.

En effet, les jurys populaires s'opposaient à cette loi trop sévère et éprouvaient de la sympathie à l'égard des buveurs en général, sentiment qui se maintenait lorsque ceux-ci conduisaient. Pour ces raisons, les sanctions étaient incertaines et rares, ce qui décourageait les policiers d'appliquer la loi (Ross, 1973).

Pourtant dès 1962, le gouvernement britannique a de bonnes raisons de croire que l'alcool est bien un facteur causal d'accident, en se basant sur les recherches réalisées depuis les années 1930 par des épidémiologistes (Ross, 1973). De plus, des travaux de psychologues identifient des altérations des capacités de conduite dès de petites quantités d'alcool (Drew, Coquhuon, & Long, 1959; Kjell & Goldberg, 1950). Mais c'est surtout la recherche de *Grand-Rapids* qui va être déterminante, offrant l'argumentation nécessaire pour revenir à la charge sur le plan législatif. Elle apporte la preuve du rôle causal de l'alcool dans les accidents et dans la mortalité routière ; de plus, elle fournit des seuils précis d'alcoolémies dangereuses (Borkenstein, 1964). Ce travail fait l'objet d'une analyse critique par un expert du *British Road Research Laboratory* ; son résumé assorti de commentaires favorables est largement diffusé dans les cercles gouvernementaux. En 1965, la *British Medical Association* rend compte de cette recherche en précisant qu'il y a désormais une preuve scientifique qui légitime l'incrimination de l'alcool au volant assortie de seuils légaux d'alcoolémie qui correspondent aux sur-risques mis en évidence. Cette association militait déjà pour que le gouvernement rende les tests obligatoires et adopte des seuils légaux d'alcoolémie ; elle trouve là une base scientifique à ses revendications (Ross, 1973).

En dépit des preuves scientifiques apportées, cette législation n'est pas adoptée sans de vigoureux débats, en particulier sur les conditions d'exercice du contrôle (Ross, 1973). Deux modalités d'interpellation sont en concurrence : soit arrêter les conducteurs au hasard (c'est-à-dire un contrôle aléatoire, dénommé «*préventif*» lorsqu'il sera adopté en France, en 1978) ; soit se baser sur un comportement anormal, sur la commission d'une infraction ou sur l'implication dans un accident. Nous retrouvons là un débat analogue à celui mené en Scandinavie dans les années 1930. La première option a les faveurs du gouvernement qui veut appliquer son modèle de dissuasion. Il argumente en soutenant qu'un conducteur sera moins stigmatisé s'il est contrôlé au hasard que du fait d'un comportement qui incite à croire qu'il a bu ou parce qu'il a commis une infraction. Dans cette démarche, le gouvernement est soutenu par les associations de tempérance et se heurte aux associations de défense des automobilistes, au lobby des alcooliers, aux forces de police et à une majorité de la presse populaire. Ces opposants soutiennent surtout que la police serait incapable d'appliquer les contrôles aléatoires en nombre suffisant pour atteindre l'effet dissuasif attendu et que, compte tenu des moyens consacrés et de la faible production en tests positifs qui en résulterait, ces contrôles aléatoires entraîneraient un gâchis. De plus, une telle loi contreviendrait inutilement aux principes du droit anglais (Ross, 1973).

Ces débats sont interrompus du fait de la dissolution du parlement, suite aux élections de 1966 (Ross, 1973). Lorsque le parlement réexamine le texte, le gouvernement a entériné sa défaite et abandonné l'option des contrôles aléatoires. D'autres sujets de débats corolaires sont ainsi écartés : une éventuelle détérioration des relations entre la police et la population qui résulterait des contrôles aléatoires ; la sévérité des sanctions pour des cas limites[1] ; le problème des conducteurs dont le travail nécessite un véhicule ; le risque de harceler des buveurs « *sociaux* » près des bars ; et surtout des erreurs de mesure dues aux tests chimiques, question justifiée qui ressortira plus tard et qui demeurera longtemps d'actualité[2].

Le texte de loi britannique du 11 mai 1967 est mis en œuvre le 9 octobre 1967. Entre ces deux dates, le gouvernement entreprend une campagne de communication massive pour informer le public de ses obligations dans le cadre de la nouvelle loi. Des moyens conséquents sont consacrés à cette campagne et une plaquette expliquant la loi est très largement distribuée. De plus, l'écho médiatique consacré à l'adoption de cette loi et à ses dispositions fournit une visibilité gratuite à cette nouvelle

[1] Il s'agit de l'éternelle question de ceux qui dépassent de justesse le seuil inférieur d'une limite légale ou du premier recalé à un concours.
[2] Depuis 2012, de meilleurs tests sont mis au point.

politique. Des enquêtes d'opinion en population générale, commandées par le ministère des Transports en 1967 et 1968, indiquent que cette publicité a atteint sa cible (Ross, 1973).

Ainsi, formellement, le *British Road Safety Act* de 1967 redéfinit l'infraction de conduite en état alcoolique en disposant d'une preuve scientifique établie et de seuils légaux d'alcoolémie. Le gouvernement utilise cette légitimation scientifique pour faire adopter la loi. De fait, la finalité de cette politique publique est de modifier la perception de la population quant à la probabilité qu'un conducteur alcoolisé soit contrôlé et sanctionné. Il s'agit donc d'un programme basé sur un modèle de dissuasion classique (Ross, 1973).

Dès sa mise en œuvre, cette loi a des effets sensibles sur les accidents et sur la mortalité routière (Ross, 1973). Les commentaires sur le succès obtenu sont toutefois prématurés au gré des scientifiques. En effet, il ne suffit pas de constater la cooccurrence de deux phénomènes pour conclure à une relation causale. Il faut de plus éliminer toutes les explications alternatives. Seul un travail approfondi fournit des bases d'analyse susceptibles d'éliminer les menaces quant à la validité des interprétations théoriques (D. T. Campbell & Stanley, 1963). Rappelons que de telles recherches spécifiques permettent d'éliminer des explications concurrentes avant de conclure à une relation cause-effet entre une nouvelle mesure et son effet intrinsèque, appréciable sur des séries temporelles.

Des évaluations des effets des campagnes de communication et de la loi elle-même sont réalisées. Il apparaît que la loi est bien connue dans ses aspects essentiels et que dès sa mise en œuvre, l'accidentalité et la mortalité routières diminuent nettement. Indifférents à ces résultats, des opposants considèrent que les principes du droit anglais ont été violés (Ross, 1973).

Les analyses scientifiques des données collectées prouvent que le déclin des accidents, des tués et des blessés graves après la mise en œuvre de la loi est très significatif, mais que cet effet important n'est que temporaire (Ross, 1973). Aucune explication concurrente (économique, météorologique etc.) ne peut être retenue. La communication seule ne peut expliquer cette diminution. C'est donc bien la conjonction de la publicité et de la loi qui produit un tel effet. Cette évaluation valide donc le modèle de dissuasion employé. Les peines prévues ne sont pas plus lourdes qu'auparavant, mais la publicité accroît la perception subjective de la sûreté de la peine. De plus, l'analyse de l'haleine est perçue comme scientifique, ce qui lui confère un statut incontestable. La diminution ultérieure de l'effet dissuasif pourrait s'expliquer par le fait que la croyance subjective en la certitude de la sanction était dépourvue d'une base objective suffisante (Ross, 1973). En effet, assez rapidement, l'expérience personnelle des conducteurs leur montre que la probabilité de contrôle a peu augmenté, en tous cas beaucoup moins que ce qu'ils croyaient au début de la mise en œuvre de cette loi. Pour réamorcer un effet dissuasif, Ross suggère de passer à un mode de contrôle aléatoire, afin d'accroître la probabilité objective d'être contrôlé. Selon lui, c'est bien dans les pratiques d'application des lois qu'il faut puiser pour renouveler leur efficacité (Ross, 1973).

Sur une plus longue période, les analyses des séries temporelles démontrent que la loi de 1967 a vraisemblablement produit une diminution des accidents (Ross, 1973). La fraction des conducteurs alcoolisés décédés a fortement décru ainsi que leur degré d'alcoolisation. Ce phénomène ne s'explique que par un changement du comportement des conducteurs en matière d'alcool au volant. Pourtant, la consommation d'alcool n'a baissé que lors des trois premiers mois suivant l'adoption de cette loi avant de revenir à son niveau antérieur et les conducteurs n'ont pas moins circulé (en km parcourus). La seule explication réside donc dans une dissociation accrue des activités de boire et de conduire (Ross, 1973).

Ces analyses prouvent que la loi peut changer les comportements en façonnant de nouvelles habitudes rationnelles et respectueuses des normes légales (Ross, 1973). L'effet dissuasif est réel. Mais ses modes d'action demeurent complexes. Il arrive que des peines dérisoires modifient grandement les comportements et que de lourdes peines demeurent sans effet (Ross, 1973). Par contre, il est prouvé que la certitude de la sanction a un effet dissuasif. L'analyse de la littérature suggère qu'il est nécessaire et suffisant pour dissuader d'accroître la crédibilité, c'est-à-dire la perception subjective de la certitude de la sanction. Et cette perception est très probablement influencée par l'accroissement objectif de la certitude de la punition. Mais la rumeur ou la publicité pourraient influencer cette perception en l'absence de changement objectif. Tout comme un changement objectif peu visible échouerait à modifier les perceptions (Ross, 1973). L'énoncé de la dissuasion en ces termes rejoint l'expression usuelle des relations entre les risques objectifs et subjectifs des modèles du risque élaborés par des psychologues. Ross analyse les données de la mise en œuvre du *Road Safety Act* de 1967, preuves scientifiques à l'appui, ce qui lui permet de ratifier une formulation plus élaborée du modèle de dissuasion classique.

Un éditorial de Ross synthétise ses vues (Ross, 1988). La politique britannique de dissuasion est à la pointe des efforts mondiaux des vingt années précédentes. Des lois basées sur la preuve scientifique des risques associés à une infraction sont adoptées et la certitude de la sanction est accrue. Des changements proviennent aussi de l'évolution des techniques de mise en œuvre. Ces politiques ont des effets dissuasifs à court terme qui ne se maintiennent pas à long terme. La recherche d'effets durables par la dissuasion pourrait alors se révéler trop coûteuse en termes de libertés individuelles[1]. En conséquence, d'autres idées développées au Royaume-Uni pourraient s'avérer moins onéreuses et plus judicieuses (Ross, 1988). Celles-ci consisteraient à diminuer l'accessibilité à l'alcool, augmenter les alternatives à la conduite automobile par l'offre de transports publics, améliorer la sécurité passive dans les véhicules (équipement de sécurité divers, comme la ceinture de sécurité…) (Ross, 1988). Sur ces questions, le Royaume-Uni a eu un rôle précurseur, notamment en matière de ceinture de sécurité. Ces mesures devraient aussi tenter de couper le lien causal entre l'alcool au volant et les blessures ou les décès en simplifiant la tâche de conduite (tracé et signalisation des routes…) et en supprimant les dangers de l'environnement (obstacles fixes comme des arbres ou des murs…) (Ross, 1988). Formulé autrement, il s'agit de conceptions relevant du modèle épidémiologique repris dans

[1] Suite à l'ouvrage de Gusfield en 1981, la polémique fait rage dans divers cercles ainsi que dans le collège invisible évoqué au chapitre 6.

le triangle de Haddon et développé dans la matrice du même nom. Plus largement, les politiques de sécurité routière de l'avenir devraient s'inspirer de l'exemple britannique plus que du modèle scandinave associé à des peines sévères.

3. L'évaluation du modèle des lois scandinaves

Ross revient aux sources des lois scandinaves qui prévoient des peines très sévères en matière d'alcool au volant (Ross, 1975). Anciennes, ces lois étaient tenues pour efficaces. Pourtant, il existait peu de preuves de cet effet dissuasif présumé. Ross va évaluer scientifiquement l'effet de ces lois avec la méthode déjà éprouvée à plusieurs reprises. Son travail porte sur des lois adoptées en Suède, en Norvège, en Finlande et au Danemark. Il procède à des analyses de séries temporelles interrompues sur des données disponibles, collectées *a posteriori*. L'analyse est ici plus difficile parce que ces lois sont anciennes et que les données utilisées n'ont pas été collectées à cette intention. Toutefois, il estime que ces données sont suffisantes pour repérer un éventuel effet notable (Ross, 1975).

En Suède, de 1941 à 1957, aucun effet dissuasif de nombreux changements législatifs ne peut être mis en évidence. Il en va de même en Norvège, pour des lois de 1936 et de 1959. Dans ces pays scandinaves, c'est surtout la sévérité de la peine adoptée qui est censée modifier les comportements. Pourtant, aucune association statistique entre ces changements législatifs et la fréquence des conduites en état d'ébriété (1934-1957) n'est constatée (Ross, 1975). En Finlande, aucune amélioration de l'accidentalité n'est attribuable à des lois d'une sévérité pourtant exemplaire (Ross, 1975). Ross conclut qu'aucun effet dissuasif notable n'est scientifiquement prouvé, ni ne peut être imputé aux lois scandinaves. Pour autant, il reconnaît que la mauvaise qualité des données collectées *a posteriori* n'autorise pas non plus à exclure complètement l'hypothèse d'un effet modeste (Ross, 1975). Ross conclut tout de même à l'absence d'effet dissuasif du modèle scandinave et se range à l'avis de Haddon qui le qualifiait de « *mythe* » (W.Jr. Haddon, 1970). Cette démonstration de Ross est contestée par certains chercheurs du fait des méthodes employées qui ne distinguent pas les effets de la sévérité de ceux de l'effectivité des peines (Nadeau & Poupart, 2000).

4. Distinguer les effets de la sévérité et de l'effectivité des peines

Certains auteurs insistent sur la nécessité de dissocier l'effet de la sévérité de la peine de celui de son degré d'application, c'est-à-dire son effectivité (Bonnie, 1981). L'intensité d'application de la loi permet de convaincre les citoyens qu'ils ont une probabilité non négligeable d'être appréhendés et punis afin qu'ils n'enfreignent pas la loi (Nadeau & Poupart, 2000). Au Canada, l'adoption de la loi établissant un seuil légal à 0,8 g/l de sang en 1969 a entraîné une diminution de la conduite en état d'ébriété et des accidents liés à l'alcool durant l'année qui suivit. Puis ces infractions regagnèrent le même niveau de fréquence qu'avant la loi. Ross constate la même chose en Angleterre et en Allemagne (Fondation Canadienne des Toxicomanies, 1983; Ross, 1973). Il y a un consensus pour attribuer cette modification momentanée des comportements à la publicité entourant la mise en vigueur de nouvelles lois plus sévères (Nadeau & Poupart, 2000). En effet, sous la menace de contrôle et de sanction, la perception subjective du public se modifie ; dès que les médias cessent de décrire et d'expliquer les nouvelles dispositions de la loi, les citoyens reviennent à leurs perceptions antérieures d'une faible probabilité de contrôle et reprennent leurs comportements à risques.

Ce serait donc bien l'effectivité des lois, plus que leur sévérité qui modifierait les comportements.

Pourtant, l'ambiguïté des rôles respectifs de la sévérité et de la fréquence des peines est régulièrement soulevée. Une comparaison sur les effets de deux nouvelles lois plus sévères à l'encontre de l'alcool au volant est réalisée dans deux États voisins des États-Unis. L'une, dans le Maine s'adresse à tous les conducteurs en état d'ébriété ; l'autre, dans le Massachusetts concerne des récidivistes et des conducteurs impliqués dans des accidents mortels. Des enquêtes d'opinion, avant et après la mise en vigueur de ces lois sont réalisées dans ces deux États. Dans le Maine, où le taux de condamnations observé est plus important, la population estime que la probabilité de contrôle-sanction est plus élevée après l'entrée en vigueur de la loi de 1982. Dans le Massachusetts où la population visée par la loi est de fait plus restreinte, l'accroissement du taux de condamnations est plus modeste ; la probabilité de contrôle-sanction est alors estimée faible. Durant les deux années suivantes, les conducteurs du Maine affirment plus souvent que ceux du Massachusetts qu'ils ont pris la décision de ne pas conduire parce qu'ils avaient trop bu. Et cette modification de comportement concerne plus particulièrement un groupe de conducteurs à risques de moins de vingt-cinq ans (Hingson, 1984). En conséquence, il est admis que les attitudes des conducteurs sont modifiées surtout par l'effectivité de la loi, plus que par la sévérité de la sanction. Et qu'une aggravation des sanctions, sans campagne de sensibilisation et sans mesures de contrôle efficaces risque de n'avoir que d'éphémères effets (Nadeau & Poupart, 2000).

Plus largement, quelles que soient les délinquances, il n'y a guère de corrélation entre la sévérité des peines et la commission des infractions, sans que la qualité des travaux effectués rende de tels résultats irréfutables. De même, des enquêtes longitudinales décèlent très peu d'effet dissuasif de la peine sur le nombre de délits commis ensuite (Killias, 2001).

5. **Un modèle de dissuasion qui essaime**

Un travail récent s'attache à confronter cette théorie de la dissuasion aux résultats de recherches empiriques des quarante dernières années (Cusson, 2010). Cusson rappelle que la menace de sanction produit plus d'effet sur la route qu'ailleurs parce que les contrôles routiers sont visibles, que des campagnes de lutte contre la vitesse ou l'alcool au volant font augmenter la probabilité de sanction et que des campagnes publicitaires fournissent un écho à ces contrôles. Il a d'ailleurs été montré que des contrôles sans publicité et que de la publicité sans contrôle ont beaucoup moins d'impact que la combinaison des deux. Ainsi aux Pays-Bas, où la police a triplé les contrôles d'alcoolémie sans publicité, la fréquence des accidents n'a pas bougé (Killias, 2001). Et lorsqu'en 1967 l'Angleterre, puis la France en 1978, annoncent l'entrée en vigueur d'une loi par des campagnes publicitaires, les accidents baissent. Mais entre trois et six mois après, l'effet de ces campagnes s'estompe et les accidents remontent au niveau antérieur. Cela parce que les conducteurs ont surestimé le risque d'être contrôlés alors qu'il était en réalité très faible. Dès qu'ils ont constaté que les contrôles n'étaient pas aussi fréquents qu'ils le craignaient, ils ont repris leurs habitudes antérieures (Killias, 2001). Il faudrait donc qu'une forte probabilité d'être contrôlé perdure dans le temps. Nous verrons que, suivant un tel modèle de dissuasion, un contrôle-sanction automatisé des excès de vitesse est adopté en France en 2002. Cette réforme bénéficie d'un intense écho médiatique et l'accroissement important du nombre de sanctions initie une forte baisse de mortalité (chapitre 11). Un autre effet du maintien dans le temps d'un contrôle-sanction important peut être attendu : les valeurs et les normes des conducteurs changent et des infractions routières visées par ces contrôles sont peu à peu jugées répréhensibles (Killias, 2001). En cela, cet auteur rejoint les conceptions d'Andenaes sur les effets de la peine (chapitre 7).

Les politiques britanniques ont été reprises dans de nombreux pays sans produire d'effet aussi spectaculaire (Ross, 1988). Au Canada, le *Criminal Law Amendment Act* de 1969 n'autorise pas des contrôles aussi extensifs, il n'est pas accompagné d'autant de publicité et il est peu appliqué. Néanmoins, des évaluations identifient des réductions de l'accidentalité à court terme. Il en va de même en Allemagne (1974), en France (1978) et ailleurs. Mais aucun effet ne se révèle durable sur le long terme (Ross, 1988).

Seule l'expérience australienne entraîne des effets importants et persistants (Cashmore, 1985; Homel, 1988). Pourtant, nous verrons - comme Ross le souligne - que de telles mesures sont difficiles à exporter du fait de leur peu de respect des libertés individuelles. Une autre expérience, canadienne celle-ci, s'impose de mesurer d'autres concepts de la théorie de la dissuasion négligés par Ross, afin d'en préciser les effets.

Ces expériences australienne et canadienne méritent une description plus détaillée.

En Australie, dans l'État de Nouvelle Galles du Sud, une loi sur le contrôle de l'alcool au volant est adoptée par des amendements au « *Motor Traffic Act* », le 17 décembre 1982. Elle suit le modèle scandinave, comme des lois déjà en vigueur dans l'État de Victoria. Elle est adoptée grâce aux succès mis en évidence par Ross au Royaume-Uni (Ross, 1975, 1982). Le contrôle s'effectue au hasard sur le flot des conducteurs dont l'air expiré est testé. Si le test est positif, une mesure précise est réalisée (Cashmore, 1985). Cette loi est analogue à celle du contrôle préventif d'alcoolémie adoptée en France en 1978. Leur différence tient à leurs politiques de mise en œuvre, modérée en France et très volontariste en Nouvelle Galles du Sud, accompagnée d'une intense campagne médiatique. De plus, cette loi australienne « *per se* » est assortie d'autres mesures qui portent manifestement atteinte aux libertés individuelles, au delà des débats que soulève la loi sur le contrôle préventif. En effet, des compétences en matière d'investigation sur des piétons quant à leurs consommations d'alcool ou de drogues sont attribuées aux forces de l'ordre qui utilisent des brigades canines à cet effet. De plus, les médecins sont susceptibles de poursuites pénales s'ils ne détectent pas l'alcoolémie des blessés. Il s'agit là d'intrusions dans les libertés individuelles que des pays comme les États-Unis et le Royaume-Uni ne peuvent accepter (Cashmore, 1985).

En Nouvelle Galles du Sud, le modèle de dissuasion développé par Ross est appliqué très radicalement. La campagne de presse est considérable : au moins un article par jour pendant les premiers mois. L'adhésion à une telle mesure passe de 66% en 1979 à 90% en 1983. Le nombre de contrôles est très élevé : deux ans après l'application de la loi, 30% des conducteurs ont déjà été testés et 65% connaissaient quelqu'un l'ayant été. Cette donnée est importante, car il sera montré qu'il existe une forte relation entre la perception de la probabilité d'être arrêté et le fait qu'une connaissance l'ait été (Homel, 1988). L'effet de cette mesure serait une diminution de 30% des conducteurs alcoolisés entre 1982 et 1983 (Cashmore, 1985). En 1983, les nombres de tués et de blessés diminuent nettement. En 1984, ces effectifs remontent mais restent significativement inférieurs à ce qu'ils étaient avant l'adoption de cette loi. Celle-ci aurait donc eu un effet dissuasif. Selon l'évaluation de Homel, la politique de contrôles préventifs de l'alcoolémie est bien l'agent causal de la diminution des accidents (Homel, 1988).

Au Canada, une loi du 24 avril 1985 sur les facultés des conducteurs affaiblies par l'alcool (CFA) accroît la sévérité des peines prévues. Des chercheurs se proposent d'en évaluer les effets sur la diminution des accidents mortels associés à la CFA entre 1980 et 2001, au Québec. Pour évaluer ces effets dans le cadre de la théorie de la dissuasion, les précédents travaux de Ross et d'autres sont considérés comme insuffisants (Andenaes, 1974, 1978; Blais & Ouimet, 2005). Selon ces auteurs, il faut reprendre les concepts de la théorie de la dissuasion et les mesurer précisément afin de comprendre véritablement les effets d'une loi. Ces concepts sont l'augmentation des probabilités d'être verbalisé et incarcéré - donc la sévérité de la peine - ainsi que l'intensité des campagnes médiatiques suivant l'entrée en vigueur de la loi représentée par un indicateur. Afin de préciser l'effet des interventions légales, des indicateurs concernent la proportion de jeunes conducteurs (16 à 24 ans) parmi les usagers, la consommation de litres de bière par habitant (c'est la consommation usuelle des accidentés) et le taux de chômage. Les objectifs sont d'évaluer sur les taux annuels d'accidents mortels les effets des probabilités d'être arrêté pour CFA et d'être incarcéré ainsi que les effets des campagnes médiatiques ; puis, d'estimer le nombre d'accidents mortels évités par la répression de la CFA.

Les séries chronologiques ainsi produites risquent d'entraîner des autocorrélations qui sont contrôlées par la méthode « *auto-regressive, intergrated, moving-average* » (ARIMA) (MacCleary & Hay, 1980). Ensuite, des analyses multivariées permettent de comparer le pouvoir explicatif des actions légales à d'autres facteurs.

Les résultats de ces analyses montrent que la proportion d'accidents mortels associés à la CFA parmi l'ensemble des accidents mortels diminue du fait de l'augmentation de la probabilité d'être verbalisé, de celle d'être incarcéré et grâce à des campagnes médiatiques (Blais & Ouimet, 2005). Autre corolaire, il apparaît que de tels programmes doivent être maintenus dans le temps pour améliorer leurs résultats. Cette méthode d'évaluation précise le rôle des différentes modalités d'interventions dans les effets observés sur l'accidentalité routière. Elle s'intéresse aux actions des forces de l'ordre (leur fréquence) et des tribunaux (la sévérité des peines). Elle rassemble aussi des éléments sur les campagnes de communication. Plus précis, mais plus complexe à réaliser que des évaluations effectuées par Ross, ce travail confirme l'efficacité du modèle de dissuasion.

*
* *

Quelles que soient les méthodes d'évaluation, celles-ci montrent des diminutions des accidents, des tués et des blessés graves après la mise en œuvre effective de lois assorties d'une publicité conséquente. Mais cet effet, aussi important soit-il, se révèle généralement éphémère.

Plusieurs exemples parmi les nombreuses évaluations réalisées par Ross donnent à voir des étapes cruciales d'un mouvement qu'il a contribué à renouveler et à développer. Pour obtenir des effets durables, il faut maintenir dans le temps des contrôles et des sanctions très accentués et rappeler régulièrement leur existence par divers moyens de communication. Plus tard, ces démarches sont délaissées y compris par leur promoteur. Celui-ci est ébranlé par les succès éphémères des réformes qu'il a étudiées et par la contestation des moyens coercitifs régnant dans la société des années 1980-1990, surtout dans le milieu universitaire qui l'entoure.

Des recherches ultérieures reprennent peu les travaux de Ross, pourtant tout à fait exceptionnels par leurs qualités scientifique et démonstrative. Cela tiendrait justement à ces qualités qui impliquent des exigences méthodologiques élevées. Peu de recherches en ce domaine seront capables de satisfaire ces critères, comme cela a été relevé au sujet d'autres travaux quantitatifs en sociologie (Gibbs, 1975). En conséquence, les travaux de Blais et Ouimet, encore plus exigeants quant aux données collectées et utilisant des méthodes sophistiquées risquent *a fortiori* de ne pas faire école.

CHAPITRE 9
L'ÉVALUATION DES LOIS DE 1970 ET 1978 EN FRANCE

La première loi française à s'écarter du modèle classique est celle de 1965 qui autorise la mesure de l'alcool dans l'air expiré. Celle de 1970 ancre cette nouvelle tendance en adoptant un seuil d'alcoolémie. Dès lors, les lois françaises s'inscrivent dans le modèle scandinave sans pour autant obtenir de succès. En effet, les risques routiers s'accroissent régulièrement de 1960 à 1972, avant de connaître une très nette diminution dès 1973, puis de stagner au même niveau assez rapidement. D'où l'accentuation du contrôle de l'alcool au volant qui devient aléatoire avec la loi de 1978 (Ross et al., 1981-1982). Cette loi participe d'un processus évolutif initié par l'incrimination de l'alcool au volant en 1958. La France est alors le seul pays latin à adopter une loi de type scandinave (Ross et al., 1981-1982). Le fait est d'autant plus marquant qu'à cette époque en France, la consommation par tête reste encore la plus élevée au monde. Un modèle de dissuasion appliqué dans un tel contexte peut produire des effets importants, mais il peut aussi être contré par la culture nationale en matière de consommation.

La loi de 1978 est la première en Europe à instaurer un contrôle préventif qui ne se base sur aucune suspicion préalable de l'alcoolisation du conducteur. Il s'agit de contrôles réalisés en dressant un barrage routier qui vérifie l'alcoolémie de conducteurs pris au hasard. Ces barrages sont réalisés selon un plan de contrôle spécifique qui définit les lieux et les heures où celui-ci a lieu ; l'efficacité de l'opération est donc largement tributaire de ce plan. La probabilité qu'un conducteur alcoolisé échappe à de tels contrôles est donc, en théorie, moindre que dans les autres pays (Ross et al., 1981-1982).

En France, l'absence de statistiques sur le rôle de l'alcool dans les accidents constitue un obstacle politique majeur (Ross et al., 1981-1982). Pour remédier à cela, une première recherche est réalisée en région parisienne (Got & Thomas, 1976). Une alcoolémie illégale est mise en évidence chez 38% des conducteurs présumés responsables d'un accident mortel. Ce travail, étendu au niveau national fournit un résultat similaire. L'opinion publique se révèle favorable aux tests appliqués au hasard (quatre sondages IFOP sont réalisés de 1975 à 1978). Des oppositions, au nom de la protection des libertés individuelles, sont soutenues et relayées par les lobbies des alcooliers et des constructeurs. Une campagne de presse agitée du fait de ces vigoureuses oppositions permet de faire connaître cette loi par 97% des Français dont 66% savent quel est le seuil légal. En 1979, la population est favorable à cette loi à environ 80% (Ross et al., 1981-1982).

Le modèle de dissuasion de Ross permet d'étudier l'efficacité d'une nouvelle loi, ce qui représente une réelle opportunité pour des institutions avides de preuves. Nous l'avons vu, la théorie de la dissuasion modélise le risque d'être contrôlé et sanctionné pour des infractions routières et propose un guide pour l'action. De portée générale, ce modèle relie l'effectivité du contrôle à la modification des comportements, c'est-à-dire à son efficacité.

1. L'effet des lois de 1970 et 1978 sur la sobriété au volant

Entre 1969 et 1970, une recherche évalue l'évolution des comportements avant et après l'adoption de la loi de 1970. Cette recherche compare la distribution des alcoolémies d'échantillons de conducteurs durant ces deux périodes ; elle estime aussi l'accroissement du risque d'accident corporel lié à l'absorption d'alcool. Elle utilise la méthode de Borkenstein et compare deux échantillons, l'un de conducteurs accidentés, l'autre de conducteurs sur route considérés comme comparables qui tient lieu d'échantillon témoin. Ce travail a aussi le mérite de fournir de premières statistiques fiables et détaillées sur le phénomène (Biecheler-Frétel et al., 1974). L'effet de la loi de 1970 se serait fait sentir sur de « *petits buveurs* » (0,1 à 0,8 g/l de sang en 1969) qui entrent dès 1970 dans le groupe des conducteurs sobres avec des alcoolémies

< 0,1 g/l de sang. Cet effet se manifeste surtout sur les conducteurs de l'après-midi. Par contre, la loi n'a pas d'impact sur la catégorie des conducteurs nettement alcoolisés (alcoolémie > 0,8 g/l de sang). Ainsi, l'effet observé ne permet pas d'augurer une diminution des conduites en état alcooliques, surtout pour les plus élevées qui relèvent d'autres mécanismes, notamment des addictions. Les résultats concernant le sur-risque accidentel des conducteurs alcoolisés sont analogues à ceux de Borkenstein. L'étude relève l'intérêt qu'il y aurait à connaître l'efficacité des méthodes pour faire diminuer l'alcoolisation des conducteurs : prévention, répression ou réhabilitation. La création de la loi de 1967 en Angleterre est mentionnée, mais aucune référence n'est faite aux travaux de Ross, certes parus après la réalisation de cette enquête mais juste avant sa publication (Ross, 1973). Les contacts entre les deux équipes ne sont donc pas encore établis.

Ensuite, une analyse des effets de la loi de 1978 est réalisée. L'alcoolisation d'échantillons de conducteurs avant et après l'adoption de cette loi montre que toutes les tranches d'alcoolémie ont baissé, notamment celles des conducteurs dont la mesure dépasse les 0,8 g/l au profit d'alcoolémies modérées inférieures à ce taux (De Buhan & Filou, 1979). La crainte d'être contrôlé au hasard plutôt qu'à l'occasion d'une infraction semble donc jouer. L'accroissement du risque d'être contrôlé serait perçu et aurait un rôle dissuasif. Mais certains groupes de conducteurs réagissent différemment. Tous sont sobres le matin et ceux qui circulent l'après-midi respectent mieux la loi que les autres. Chez ceux qui circulent le soir ou la nuit, l'alcoolémie modérée diminue dans l'ensemble. Par contre, l'alcoolémie illégale augmente, en particulier chez des jeunes durant les nuits de fins de semaines, et aussi chez des conducteurs de 45 à 65 ans, le soir ou la nuit.

Cette analyse est particulièrement intéressante en ce qu'elle illustre qu'un effet global peut cacher des disparités chez des conducteurs qui réagissent de manières diverses face à la loi. Certains expriment, par leur comportement, leur opposition à cette nouvelle loi, d'après ces chercheurs.

L'analyse des alcoolémies avant et après la loi de 1978 met en évidence des applications contrastées de la loi selon les types de conducteurs, même lorsque l'effet global de la loi est positif (Biecheler & Lassare, 1984), comme l'avait fait la précédente recherche (De Buhan & Filou, 1979). On retrouve surtout des conducteurs âgés de 45 à 64 ans dont l'implication dans des accidents diminue moins nettement que chez les autres conducteurs ; parmi ceux-ci, un groupe affiche des alcoolémies illégales plus fréquentes. Il est présumé que la sur-accidentalité probable de ce dernier groupe est compensée par la sobriété accrue des autres conducteurs de cette tranche d'âge.

Dans l'ensemble, il apparaît qu'un effet global de la loi est positif à court terme, tandis que certains conducteurs résistent.

2. Évaluer l'effet dissuasif des contrôles aléatoires

Une seconde recherche tente d'identifier l'effet de la loi de 1978 sur les accidents et sur la mortalité. Des séries chronologiques d'accidents et de décès de 1974 à 1978 sont étudiés par la méthode de Box et Jenkins afin de mesurer l'écart significatif des mesures réelles de ces phénomènes à leurs valeurs prévisibles si aucune intervention n'avait eu lieu. L'effet de la loi peut donc être mesuré sur les effectifs d'accidents et de décès (Lassare & Tan, 1982). Un effet positif a été mesuré sur ces deux critères, il est particulièrement sensible sur la mortalité routière. Mais cet effet diminue progressivement, disparaissant presque après 9 mois.

Pour tester plus précisément l'effet de contrôles plus fréquents, indépendamment même du changement de loi, des chercheurs de l'ONSER tentent en 1981 une expérience destinée à mesurer les effets d'un accroissement du nombre de contrôles associé à une campagne de communication (Duval, Lassarre, & L'Hoste, 1982). Il s'agit bien de mesurer les effets potentiels d'un modèle de dissuasion, tel que celui prôné par Ross. Ce travail étudie la relation entre une fréquence accrue des contrôles et la répartition des alcoolémies observées chez les conducteurs. Cette expérience s'est déroulée durant 4 mois et ne semble pas avoir eu d'effet. Outre l'incrimination d'un plan d'expérience qui n'a pu être réalisé dans de bonnes conditions, la faible efficacité du dépistage par alcootest est mise en évidence. Durant cette expérience, les forces de l'ordre réalisent des contrôles préventifs par alcootests ; des chercheurs effectuent sur chaque individu une mesure de vérification par éthylomètre, appareil plus précis. La comparaison des mesures effectuées montre que 85% des conducteurs alcoolisés illégalement ne sont pas détectés par l'alcootest. En dépit de cette absence de fiabilité démontrée, l'alcootest continuera à être utilisé pendant des décennies.

Le succès de cette loi fut proclamé officiellement, sans que la preuve en soit apportée. En effet, l'analyse des données collectées ne permettait pas d'envisager de causes alternatives aux effets de cette mesure, alors que cette méthode suppose de se donner les moyens de le faire. Pour cette raison, Ross et son équipe offrirent d'évaluer les effets de la loi avec une analyse de séries temporelles interrompues (Ross et al., 1981-1982).

Les résultats de cette équipe sont contrastés. L'effet positif de la loi dure moins de 9 mois pour les blessures et environ un an en matière de mortalité. Ce dernier impact est très net au nord de la France et peu significatif au sud. Il importe de distinguer quel est le véritable mécanisme dissuasif de la loi : porte-t-il sur une réduction de la consommation d'alcool ou sur une limitation de la conduite ? Aucun de ces effets n'est mis en évidence. L'hypothèse d'une dissociation de ces deux activités est avancée, comme Ross l'avait énoncé lors de ses analyses de l'effet du *British Road Safety Act* de 1967 (Ross, 1973).

Comment expliquer l'effet très éphémère de cette loi ? L'annonce d'une loi sévère, surtout du fait des suspensions du permis de conduire qu'elle prévoit, incite les conducteurs à dissocier la consommation d'alcool de la conduite (Ross et al., 1981-1982). Mais les contrôles sont rares, peu productifs en infractions constatées et les magistrats peu enclins à condamner. Les forces de l'ordre ne considèrent pas qu'il s'agisse d'une vraie délinquance : malgré des infractions constatées, ils abandonnent souvent les poursuites de façon illégale. C'est un mécanisme bien identifié, dénommé « *indulgence* » qui sert, entre autres à faire prévaloir les conceptions des forces de l'ordre sur des décisions - même législatives - auxquelles ils n'adhèrent pas (Pérez-Diaz, 1994, 1998). Déjà en Janvier 1979, 61% des français pensent que les contrôles sont assez, voire très rares. La population perçoit que la menace ne se réalise pas à la hauteur des craintes suscitées. Il lui paraît inutile de se conformer aux prescriptions de la loi (Ross et al., 1981-1982).

Sur la base de ces éléments, Ross voit ses conceptions sur le modèle de dissuasion confortées. L'effet dissuasif est basé sur la perception, elle-même étant influencée par l'expérience concrète de la population (Ross et al., 1981-1982). L'effet dissuasif dépend de la publicité sur les mesures et aussi de leur mise en œuvre effective. C'est l'intensité de l'application de la loi qui accroît la perception subjective du risque d'être contrôlé. Si la perception de ce risque s'appuie sur des bases irréalistes - le risque objectif est faible - l'intégration d'une nouvelle norme ne se réalise pas (Ross et al., 1981-1982). Cet énoncé du modèle de dissuasion de Ross renvoie à un modèle du risque zéro. Celui-ci décrit à l'identique les mécanismes d'action de la menace dissuasive sur le comportement des conducteurs.

Reprenant ses analyses sur les politiques britanniques, Ross énonce que le *Road Safety Act* de 1967 était conçu comme une importation du modèle scandinave tout en étant plus radical d'une certaine manière par une mise en œuvre volontariste (Ross, 1988). En effet, ces lois contraignaient des conducteurs à subir une alcoolémie en l'absence de preuve de leur alcoolisation, par exemple en cas d'infraction mineure, ce qui revient à s'approcher d'un contrôle au hasard. Ross pense que l'essoufflement de cette politique vient de ce que la probabilité de sanction ne s'est pas accrue à la hauteur de ce que la population imaginait. Et celle-ci prit conscience de ce que ses craintes étaient exagérées. Un nouvel épisode de dissuasion accrue par des contrôles fréquents vérifie ces hypothèses (Ross, 1977). Au Royaume-Uni, l'unique preuve de l'alcoolisation du conducteur venait d'une prise de sang ; c'est seulement en 1981 que l'alcoolémie dans l'air expiré est autorisée comme preuve devant les tribunaux ; sa mise en œuvre date de 1983 (Ross, 1988). Ce type de preuve accroît l'efficacité des poursuites et la certitude de la sanction. La mise en œuvre de cette loi n'a été efficace qu'un moment, durant ce qui fut dénommé la « *croisade de Noël* » (Ross, 1987).

*

*   *

La compréhension et la gestion du problème de l'alcool au volant ont changé grâce aux résultats et aux démonstrations qui relient la quantité d'alcool dans le sang, le comportement des conducteurs et l'accident. Sur la base de ces preuves, le contrôle de ces infractions se trouve légitimé en même temps que des modèles de dissuasion, eux-mêmes éprouvés, au Royaume Uni et ailleurs. La France cherche à son tour à améliorer les lois qui encadrent les interventions sur le problème de l'alcool au volant. Après une nouvelle loi en 1970 dont les effets sont peu sensibles, en 1978 une seconde loi tente d'étendre considérablement le champ du contrôle. Le principal effet attendu de cette dernière loi réside dans le fait que les contrôles soient aléatoires, et donc craints par tous, ce qui devrait inciter l'ensemble des conducteurs à modifier leur comportement.

Comme diverses recherches montrent que les effets des lois diminuent rapidement, l'hypothèse est faite que cet effet éphémère est lié à la faiblesse de leur application. Lors de l'adoption d'une loi, la faible probabilité objective que les conducteurs attribuent aux contrôles serait remplacée par une probabilité subjective élevée. Puis, ce risque objectif d'être contrôlé ne se vérifiant pas, la probabilité subjective et donc les comportements reviennent au point de départ. Selon ces hypothèses, le fait que l'effet de la loi de 1970 soit peu sensible proviendrait de ce que cette loi n'implique pas de mise en œuvre accrue. Par contre, en 1978, la fréquence de l'application est perçue comme allant de soi, puisque chaque conducteur peut être contrôlé. L'effet de cette croyance se fait donc sentir dans un premier temps ; puis assez rapidement, les conducteurs perçoivent que les contrôles aléatoires accroissent peu la probabilité d'être verbalisés. Ils cessent alors de craindre la sanction et retrouvent leurs anciennes habitudes.

D'après les résultats obtenus durant plusieurs décennies, Ross en vient à penser que la lutte contre l'accidentalité routière peut se passer de tels moyens punitifs et portant atteinte aux libertés individuelles. Il considère que d'autres modes d'action sont à étudier. En particulier, il faudrait rechercher des mesures institutionnelles diversifiées. Pour Ross, l'avenir de la sécurité routière réside en une analyse coût-bénéfice qui prenne aussi en compte les libertés individuelles et des solutions combinées entre politiques dissuasives et mesures institutionnelles (Ross, 1988). Il considère que le modèle de l'avenir devrait plus s'inspirer des politiques publiques britanniques que des politiques répressives scandinaves ou australiennes (Ross, 1988).

CHAPITRE 10
LE ROLE DES SCIENCES DANS L'ACTION PUBLIQUE RÉVÉLÉ PAR DES ARCHIVES INSTITUTIONNELLES

Les archives des institutions rassemblent des documents qui leur ont servi à concevoir leurs projets et leurs actions. Avant d'arriver aux Archives Nationales, ces dossiers transitent par l'ensemble des instances concernées afin que celles-ci procèdent à l'élimination des documents sensibles. Malgré cet écrémage, les documents restants éclairent efficacement des volontés, des stratégies et des méthodes des acteurs institutionnels. L'analyse de ces dossiers permet aussi de resituer les contextes des décisions prises, tant lors de la création des lois que lors de leurs mises en œuvre. Parfois, des coupures de presse sont intégrées à ces dossiers, de ce fait nous recherchons quel rôle leur attribuer.

Nous rendons compte d'archives du ministère de l'Intérieur se référant aux lois sur l'alcool au volant de 1960 à 1980[1].

1. Les lois de 1965 et 1968

Dès 1960, S. Tara, médecin du travail et Secrétaire Général du Comité National de défense contre l'alcoolisme (CNDCA), organisme qui succède à la Ligue contre l'alcoolisme, étudie les performances des différents appareils de mesure de l'alcool dans l'air expiré (Tara, 1960). En conclusion, il suggère de rendre obligatoire le dépistage de l'alcool dans l'air expiré d'abord pour les accidents corporels, puis lors d'accidents matériels ainsi qu'à l'occasion d'infractions au Code de la Route, comme en Allemagne. Selon lui, la certitude d'être contrôlés dissuadera les conducteurs de commettre

[1] Fontainebleau, Archives Ministère Intérieur, 1988 0442 art.3.

des infractions et le nombre des accidents diminuera. En quelques mots, le projet de politiques de sécurité routière fondées sur un modèle de dissuasion est clairement énoncé par un acteur qui n'appartient pas à la sphère juridique. Cet article illustre combien, très précocement, des acteurs motivés, issus de domaines éloignés de la sphère du contrôle, ont parfaitement intégré la portée stratégique d'une concrétisation de la théorie de la dissuasion. Plus tard, de tels acteurs sauront s'appuyer sur la force probante des exemples étrangers en cette matière.

Plusieurs années après, le 24 juin 1968, une note du ministre de la Justice, signée P. Arpaillange, directeur des Affaires Criminelles et des Grâces, concerne l'application de la loi du 18 mai 1965 modifiant l'article L. I du Code de la Route afin d'autoriser le dépistage de l'alcool dans l'air expiré. Cette note est adressée aux procureurs généraux et, pour information, aux premiers présidents de chambre des Cours d'Appel, aux présidents, vice-présidents et juges d'instruction, ainsi qu'aux magistrats du ministère public (N° 66. F. 358). Cette note présente la loi de 1965 comme devant assurer « *une répression effective du délit de conduite d'un véhicule sous l'empire d'un état alcoolique* ». Ces termes entérinent implicitement l'ineffectivité de la loi de 1958. De plus, cette note continue en ces termes : « *Or, il ne semble pas que cette réforme législative ait considérablement modifié l'usage antérieur d'après lequel n'étaient guère réprimés, en pratique, que les faits de conduite en état d'ivresse manifeste* ». Ainsi, en 1968, la loi de 1965 n'est pas plus appliquée que la précédente[1]. Cette ineffectivité est attribuée, outre l'insuffisance du nombre d'alcootests disponibles, à « *l'attitude des parquets et des juridictions qui répugneraient, les premiers à poursuivre, les seconds à condamner les conducteurs dont il a pu être établi qu'ils avaient une certaine dose d'alcool dans le sang mais qui ne présentaient pas au moment des faits les troubles de comportement caractéristiques de l'ivresse. Il en résulte des décisions de classement, de non-lieu et de relaxe peu justifiées*

[1] Le ministère de la Justice collecte des remontées d'information des tribunaux qui le renseignent, entre autres, sur le niveau d'application des lois et sur les difficultés rencontrées.

et aussi une disparité assez grande, entre les différents ressorts, quant aux taux d'alcoolémie pouvant servir de base à des poursuites ou à des condamnations ».

Après ce constat, le ministre déplore ce refus des magistrats d'appliquer la loi, attribué à une réticence à reconnaître des effets non manifestes de l'alcool. Pour lutter contre ce refus, il s'appuie sur les résultats de la recherche de Grand Rapids qui « *ont établi qu'à partir d'un taux de 0,8 g/l de sang, le risque moyen d'être impliqué dans un accident était pratiquement doublé. Il n'est pas question ici de véritable ivresse, mais du fait scientifiquement et médicalement prouvé qu'au-dessus de ce niveau d'alcoolémie, la capacité de conduire est sérieusement altérée* ». Le ministre insiste donc sur les fondements scientifiques des lois réprimant l'alcool au volant.

Il rappelle également que divers pays européens ont adopté un taux légal d'alcoolémie, notamment la Grande-Bretagne en 1967, et que ce taux a souvent été fixé à 0,8 g/l de sang, « *conformément au vœu émis à cet égard lors de la conférence des ministres des Transports qui s'est réunie à Hambourg le 1er juin 1967* ». Il précise que c'est « *dans le souci d'harmoniser sur ce point la législation française avec celle de nos partenaires européens et pour trouver un remède à l'accroissement désastreux des accidents de la circulation routière qu'est examinée actuellement, par le Haut Comité d'Étude et d'Information sur l'Alcoolisme, la possibilité d'adopter en France un taux légal d'alcoolémie* ». En conséquence, le ministre - qui précise que la Justice est associée au travail du HCEIA - demande que les parquets l'informent de l'application actuelle de la loi et lui fournissent des éléments sur l'utilité d'instaurer un taux légal d'alcoolémie dont le niveau reste à fixer. Dans l'immédiat, il demande aux parquets d'engager des poursuites contre tout conducteur dont l'alcoolémie excèderait 1 g/l de sang et de donner des instructions de contrôle allant dans ce sens aux forces de l'ordre. L'opération est présentée comme une expérience dont les résultats seront examinés.

Derrière une vocation pédagogique, le ton général de cette note est celui d'un rappel à l'ordre dont la sévérité est à peine voilée par les usages policés du monde judiciaire.

Certes, les magistrats sont consultés sur le seuil d'alcoolémie qu'il conviendrait d'adopter. Mais le ministre insiste sur l'importance des travaux réalisés, sur leur légitimité scientifique incontestée et sur l'écho que les pays européens et les instances communautaires leur ont donné. Ces précisions situent la consultation entreprise à sa juste place qui s'avère marginale, voire de simple courtoisie. Il s'agit bel et bien d'une consigne ferme et d'un usage stratégique des connaissances scientifiques.

Quelques mois après, le ministre de la Justice engage les parquets à poursuivre systématiquement les infractions dès une alcoolémie de 1 g/l de sang afin d'obtenir un effet dissuasif et préventif maximal (Circulaire du 14 mars 1969). Quelques jours après, le 24 mars 1969, une seconde circulaire du ministère de la Justice invite les parquets « *à tenir le plus largement compte, dans l'appréciation des opportunités de poursuites comme dans leurs réquisitions d'audience, de la position prise le 4 mars 1969 par l'Académie de Médecine qui s'est prononcée pour un taux de 0,8 g/l de sang* ».

Quatre mois plus tard, le 21 juillet 1969, le ministre de l'Intérieur donne aux préfets des instructions basées sur ces circulaires du Ministre de la Justice (n°66 F 358 des 14 et 24 mars 1969). Il insiste sur le fait que ces instructions ont été établies conjointement avec les ministères de la Justice, des Affaires Sociales et des Armées. Il précise aussi que ces circulaires judiciaires donnent aux agents des forces de l'ordre la faculté d'imposer un alcootest lors d'accidents ou d'infractions ; et qu'il faut utiliser ces tests au maximum des occasions légales. De même faut-il se détourner systématiquement de toute « *indulgence* » ; terme d'apparence anodine qui désigne en réalité une pratique illégale d'abandon de poursuites fréquemment utilisée par les forces de l'ordre (Pérez-Diaz, 1994).

2. Les institutions et la loi de 1970

La loi du 9 juillet 1970 fixe des seuils d'alcoolémie. Elle prévoit aussi d'articuler des interventions des sphères de la santé avec celle du pénal. À la marge, elle implique aussi le secteur des auto-écoles. En effet, un article de cette loi prévoit que les épreuves pour obtenir le permis de conduire contiennent une interrogation sur les effets de l'absorption d'alcool ou d'autres substances qui modifient le comportement des conducteurs. L'objectif est bien de fournir aux conducteurs débutants des connaissances basées sur des fondements scientifiques. Persuader les conducteurs du bien-fondé de la loi devrait permettre que ceux-ci, ainsi que leurs entourages, s'impliquent dans son application.

2.1. Les sphères de la santé

La Direction Départementale de l'Action Sanitaire et Sociale rédige le 28 septembre 1972 une circulaire signée du ministre de la Santé Publique qui concerne l'application de la loi de 1970. Elle s'adresse aux préfets, aux médecins inspecteurs régionaux de la santé et aux médecins inspecteurs départementaux de la santé. Afin de mieux appliquer cette loi, il convient de mettre en place des structures aptes à répondre à des besoins accrus et capables d'effectuer des prises en charge pluridisciplinaires, notamment psychologique, des malades ainsi détectés. Il faut envisager la création de services de désintoxication alcoolique dans les hôpitaux, de services de postcure et procéder à la réactivation de commissions médicales, prévues par la loi du 15 avril 1954 et tombées en désuétude. Il précise : « *Mais j'insiste sur le fait qu'en ce domaine, il convient de donner la priorité aux mesures de prévention et non de laisser nombre de personnes mal informées se dégrader au cours des années* ». Pour cette raison, le ministre rappelle sa note DGS/1252/MS 1 du 23 novembre 1970 qui préconise la création de consultations d'hygiène alimentaire, futures Consultations d'Hygiène Alimentaire et d'Alcoologie (CHAA), afin de procéder à un dépistage précoce et de traiter en ambulatoire des buveurs excessifs (Thiry-Bour, 1996). En conséquence, il faut aussi prévoir un enseignement en alcoologie dans les facultés de médecine (circulaires des Ministères de la Santé et de l'Éducation Nationale du 15 juillet 1971 et circulaire du Ministère de la Santé du 29 juillet 1971) (Thiry-Bour, 1996). Le ministre rappelle l'impérieuse nécessité d'appliquer ces textes strictement et de les diffuser dans le corps médical par l'intermédiaire de l'Ordre des Médecins afin que les médecins « *collaborent à l'action entreprise qui doit, en même temps, améliorer la sécurité routière et renforcer la lutte contre l'alcoolisme* ». Ainsi, outre de nombreuses répercutions institutionnelles et structurelles de cette loi sur le système de santé, celle-ci offre une double occasion d'intervenir sur la santé de la population : sur la route et en matière d'alcoolisme. Transparaît aussi le souhait d'une jonction des politiques judiciaire et de santé publique. Une annexe (n°3) sur la prophylaxie de l'alcoolisme précise : « *En raison de l'application de la loi du 9 juillet 1970, et des mesures de sécurité qu'elle implique, pourra être entreprise une action de large envergure visant à réduire les ravages de l'alcoolisme* ».

Plus tard, une circulaire (73/79 du 18 avril 1973) conjointe des ministères des Transports et de la Santé s'adresse aux préfets et aux médecins inspecteurs départementaux de la santé. Après un bref bilan statistique qui montre que seulement 60% des conducteurs concernés sont déférés devant les commissions de suspension administratives du permis de conduire, ils s'interrogent sur l'efficacité des mesures répressives et dissuasives prévues. Ces ministères s'intéressent donc à la piste des soins. Pour cela, ils veulent mettre sur pied une expérience de traitement et de suivi des candidats au permis de conduire et de conducteurs contrôlés « *éthyliques* ».

Remarquons que les objectifs de la feuille de route institutionnelle élaborée à cette époque ne sont pas encore pleinement réalisés en 2017.

2.2. Les sphères pénales

En 1973, le Comité des Ministres Européens adopte une Recommandation sur la Répression des infractions routières commises lors de la conduite d'un véhicule à moteur sous l'influence de l'alcool (Rés. (73) 7). Celle-ci stipule, entre autres, que « *L'efficacité des mesures destinées à combattre la conduite sous l'influence de l'alcool d'un véhicule à moteur dépend de la certitude d'encourir une poursuite et de la rapidité de celle-ci. En conséquence, il conviendrait d'intensifier la surveillance de la circulation routière et d'établir, en tenant compte des garanties légales, une procédure pénale aussi adaptée et simplifiée que possible* ». Le modèle de dissuasion est bien intégré et amène à conseiller une réforme des procédures judiciaires des pays membres.

Le 23 mai 1973, une circulaire du Ministre de la Justice aux Premiers Présidents et aux Procureurs Généraux sur le taux légal d'alcoolémie évoque des difficultés d'interprétation des seuils légaux. Il rappelle le taux d'alcoolémie de 0,8 g/l de sang préconisé par le Conseil de l'Europe dans une Recommandation du 18 avril 1973, vœu déjà exprimé par le Conseil des Ministres européens des Transports à Hambourg, le 14 juin 1967. Il ajoute que le projet de loi français fut élaboré sur la base de ce vœu. En conséquence, le ministre demande à être informé de toute interprétation différente de celle énoncée dans la circulaire. Il s'agit d'un véritable rappel à l'ordre et, outre l'autorité du ministre, celle des instances européennes est invoquée.

Le 15 janvier 1974, un compte-rendu de la réunion interministérielle du 15 novembre 1973 consacrée aux « *accidents de la circulation provoqués par l'alcoolisme* » relate deux demandes du Professeur Robert Debré. Il s'agit de développer les procédures de suspension immédiates du permis de conduire ainsi que la publicité de ces mesures. Les ministères de l'Intérieur et de la Justice expriment des réserves sur la première, mais se disent prêts à suivre la seconde. En réalité, la demande vise à suivre un modèle de dissuasion (fréquence accrue des sanctions et publicité de la chose). En n'envisageant de n'en suivre qu'une, c'est l'ensemble du modèle qui est déséquilibré et qui risque de perdre de son efficacité, sauf en escomptant un effet propre de la menace de sanction, plus souvent postulé par les théoriciens comme Andenaes, que véritablement démontré.

Les actualités de l'ONSER du 7 mars 1978 relatent une enquête de 1977, sous le titre « *Aucun progrès des conducteurs en matière de sobriété au volant* ». Ses résultats, comparés à une enquête de 1969 permettent d'avancer que l'alcoolisation au volant n'a pas changé entre ces deux dates et que la sensibilisation aux dangers de « *l'alcool au volant* » n'a pas été suffisante. « *On constate qu'un dixième des conducteurs trop alcoolisés ont pris le volant au plus une demi-heure après la prise de boisson. Cela suggère qu'un important travail d'explication et de démonstration reste à faire pour inciter les usagers à une plus grande modération...* »

Devant le HCEIA, Le Colonel Lagache, Secrétaire Général adjoint du Comité Interministériel de la Sécurité Routière, entérine l'échec de la loi de 1970, trop difficile à mettre en œuvre (Colonel Lagache, 1977). La capacité d'opérer des contrôles aléatoires est alors présentée comme une solution pour rendre la loi plus efficace. En 1977, un texte est effectivement en discussion devant le parlement et ce n'est pas la première fois qu'un tel projet est envisagé. En 1970 une proposition avait été examinée et écartée, la Cour de Cassation l'ayant jugée impossible à adopter dans le cadre du Code pénal de l'époque. En 1973, le ministère de l'Intérieur s'oppose à une nouvelle proposition de ce type : outre le risque d'arbitraire d'une telle mesure, le coût de sa mise en œuvre en appareils et en personnels serait très élevé et sa rentabilité incertaine[1].

À l'Assemblée Nationale, en juin 1977, de nombreux orateurs ont mis l'accent sur la nécessité d'informer les conducteurs. Le Colonel Lagache rappelle que depuis la création de la DISR, de grandes campagnes nationales sont réalisées chaque année (Colonel Lagache, 1977). Il s'agit désormais de s'appuyer sur les médecins et sur les entreprises industrielles pour sensibiliser le public au problème de l'alcool au volant. L'exemple de l'Australie qui a réalisé cela avec succès sur les ceintures de sécurité est évoqué.

3. Les institutions et la loi de 1978

Le 17 juillet 1978, une circulaire (n°1159-7-A) est adressée par le Garde des Sceaux Alain Peyrefitte aux procureurs de la République en vue de l'application de la loi du 12 juillet 1978. « *Compte-tenu de l'aspect novateur du dépistage préventif et de ses effets positifs sur la sécurité routière, il est souhaitable que des opérations de contrôle soient effectuées au moins une fois*

---

[1] Cf Note du ministère de l'Intérieur au Secrétariat général du gouvernement (SGG) concernant l'examen du Rapport Debré en réunion interministérielle du 15 novembre 1973.

par mois dans chaque département. » De même, les contrôles doivent être annoncés dans la presse locale « *afin de ne pas surprendre brutalement les automobilistes par cette nouvelle pratique des dépistages préventifs, tout en les sensibilisant aux dangers de l'alcool au volant* ». Les infracteurs doivent être condamnés le plus vite possible et une vérification de l'application de la loi doit intervenir avant fin octobre. Le modèle de dissuasion, tel qu'il est prôné par Ross, guide le projet d'action publique énoncé par cette circulaire. De fréquents contrôles sont assortis de campagnes de publicité et d'une communication sur l'alcool au volant.

Le 1er août 1978, une circulaire interministérielle commune aux ministères de la Justice, de la Santé, de l'Intérieur et de la Défense s'adresse aux préfets et aux procureurs. Elle développe une argumentation analogue, plus détaillée, qui précise qu'il convient de réduire « *les accidents de la route dont une forte proportion est indiscutablement imputable à la conduite d'un véhicule après absorption excessive de boissons alcoolisées* ».

La médiatisation à entreprendre est minutieusement décrite.

Au niveau local, l'objectif est stratégique. Il faut « *donner une large publicité aux premières opérations, en annonçant leurs dates et en précisant les conditions de leur déroulement dans le cadre de communiqués, conférences de presse, messages radiophoniques ou télévisés.* »

Au plan national, l'argumentation est pédagogique. Il convient « *d'éclairer l'opinion sur l'accroissement considérable des risques d'accident* » qu'implique la conduite en état alcoolique. « *À cette occasion, les nouvelles dispositions législatives seront commentées et mises en relief les incidences que leur application aura à l'encontre des conducteurs qui, malgré les recommandations et les incitations dont ils seront l'objet, persisteraient à ne pas réduire spontanément leur consommation d'alcool avant de prendre le volant* ».

Cette campagne doit durer tout l'été et s'intensifier au cours de l'automne. Cette circulaire précise encore que « *L'efficacité attendue de ces contrôles et donc leur rôle préventif devraient être d'autant mieux atteints que leur choix se calquera plus étroitement sur l'analyse des accidents liés à la consommation d'alcool* ». Or, ces accidents sont particulièrement graves et fréquents la nuit, plus encore avant l'aube. Une vérification de l'application de la loi est ici encore annoncée.

Une communication du Garde des Sceaux au Conseil des ministres du 13 septembre 1978 donne un premier bilan de la loi du 12 juillet 1978. L'objectif est de «*faire prendre conscience aux français des risques considérables causés par la conduite de véhicules sous l'empire d'un état alcoolique*» «*dans un souci pédagogique*». L'application des consignes de médiatisation des opérations est examinée. Ce premier bilan permet au ministre de conclure au succès de l'entreprise de sensibilisation de l'opinion dont il reste à «*tirer des enseignements statistiques et scientifiques sur l'alcoolisme au volant*». A. Peyrefitte déclare que la presse fait état de «*réactions défavorables de détaillants de boissons, restaurateurs et viticulteurs. Je pense que leurs craintes sont excessives... En toute hypothèse, elles ne pourront être exactement appréciées qu'après un certain temps d'application de la loi nouvelle.*»

Durant sa communication, le ministre de la Justice rend compte de l'application du modèle de dissuasion lors de la réforme anglaise de 1967, tel que Ross l'a formalisé : accentuation des contrôles, communication pour les annoncer, les expliquer et attester de leur fréquence. Il expose qu'il applique ainsi un modèle validé et promu par des scientifiques. Il énonce aussi clairement que des connaissances scientifiques sont à attendre de l'évaluation entreprise et qu'il attend des tribunaux qu'ils appliquent fermement les textes. En somme, la politique pénale appliquée est issue de la recherche et les résultats de sa mise en œuvre doivent faire avancer la science. L'imbrication entre les domaines de la science et des politiques publiques est ici flagrante, portée par les hautes sphères de l'État. La rationalité politique vient toutefois nuancer l'avenir de la primauté scientifique de cette politique publique : la crainte de rétroactions dans les sphères économique et de l'emploi est exprimée, mais tenue à distance tant que de tels effets ne sont pas prouvés. Des difficultés futures pointent déjà. Et les lobbies industriels et économiques, pris au dépourvu par des actions institutionnelles déterminées et coordonnées s'organiseront rapidement pour les contrer (chapitre 2).

Remarquons que le ministre utilise en avant-première l'argumentation qui figurera dans le rapport établissant le bilan de trois mois d'application de la loi, daté du 14 novembre 1978. Ce rapport émane des services internes du Ministère de la Justice, sans qu'aucun auteur ou service spécifique n'apparaisse. Il développe tous les points évoqués par le ministre sur le plan de communication et souligne l'importance de ce plan dans la bonne réception des contrôles effectués. Il précise que les automobilistes demandent même un surcroît d'information sur les dangers de l'alcool. Le relais pédagogique assuré par les forces de l'ordre et par les procureurs aurait donc largement contribué au succès des opérations. Des statistiques vérifient ce succès. Entre le 11 mai et le 31 juillet, 46% des conducteurs, 56% des adolescents et 50% des maires de communes de 20 000 habitants sont favorables à la loi, d'après un sondage de la Prévention Routière. Un sondage IFOP réalisé entre le 21 et le 28 août 1978 fait apparaître que 66% des français sont favorables aux nouvelles dispositions. Un autre sondage atteste que fin août, 97% des français connaissent les nouvelles dispositions législatives. Les rapporteurs considèrent que cette évolution est favorisée par la campagne de communication menée. Par ailleurs, l'accident est le risque le plus redouté de la vie moderne pour 77% des français et toutes les mesures prises pour l'éviter sont généralement appréciées (Sondage SOFRES, publié dans la *Lettre de la Sécurité Routière*, septembre 1978).

Ce rapport fait état d'une forte diminution des conducteurs alcoolisés depuis l'adoption de la loi, compte tenu des données antérieures sur la question, ainsi que d'une forte diminution des accidents. En l'état, il leur paraît difficile de se prononcer sur un effet de la loi ; mais ces auteurs font l'hypothèse d'une modification du comportement des conducteurs, sensibilisés à la question de l'alcool. Ils s'interrogent cependant sur la pérennité de cette évolution, exprimant la difficulté qu'il y aurait à maintenir une pression médiatique d'une part, de l'autre à effectuer des contrôles aussi nombreux que durant les trois mois d'évaluation de la loi. De fait, ceux-ci dépassent même le nombre suggéré par la circulaire du Garde des Sceaux du 19 juillet 1978 qui est de un par mois et par département.

Les auteurs de ce rapport interne à la Justice énoncent alors clairement que de telles conditions - pression médiatique et fréquence des contrôles - s'avèrent nécessaires au maintien d'une modification des comportements. Ils sont donc parfaitement au fait des travaux scientifiques, alors assez récents, sur ce modèle de dissuasion et veulent en faire respecter les étapes afin d'obtenir des résultats positifs.

Un an après, le secrétariat général du Comité Interministériel de la Sécurité Routière fait réaliser des sondages concernant « *la crédibilité des contrôles opérés auprès des automobilistes* » (Lettre du secrétaire, C. Gérondeau au Cabinet du Garde des Sceaux, le 8 novembre 1979). Seulement 27% des enquêtés considèrent que le risque d'être soumis à un dépistage d'alcoolisation est important. L'effet dissuasif s'atténue donc lorsque le risque perçu d'être contrôlé est insuffisant. Or, la crédibilité résulte autant de la fréquence que du volume de ces contrôles. C. Gérondeau demande donc au ministre de réfléchir à une modification des modalités de contrôle afin d'améliorer leur crédibilité, sans pour autant les multiplier.

Le fait que des articles de journaux soient archivés avec les autres documents institutionnels, dans un même dossier, illustre l'importance que les acteurs institutionnels de la sécurité routière accordent à ces « *voix* » médiatiques.

Dans *Le Monde*, 3 novembre 1978, p27, M.C. Robert fait un bilan de la situation quatre mois après l'adoption de la loi de 1978. La journaliste attribue l'adoption de la loi à la recherche de C. Got de 1975 qui établit que 38% des présumés responsables d'accidents mortels avaient une alcoolémie supérieure à 0,8 g/l de sang ; analyse confirmée par la suivante sur un échantillon plus important (Biecheler, 1977). Il est remarqué que cette loi est dissuasive (diminution des contrôles positifs) et que l'avantage de l'éthylomètre est de pouvoir sanctionner immédiatement par une procédure de flagrant délit. Pourtant la loi se heurte à deux types de polémiques : juridiques et statistiques. D'abord, de très nombreuses opérations de dépistage ont été engagées avant qu'un décret du Conseil d'État n'en détermine les conditions d'application. Ensuite, un expert auprès des tribunaux critique les statistiques du professeur Got, arguant qu'ils ne portent pas sur tous les impliqués dans un accident, présumant de la responsabilité d'un des conducteurs[1]. L'ONSER réalise une recherche qui tient compte de ces critiques. Ses résultats sont moins spectaculaires que ceux de C. Got, mais ils vont dans le même sens. En outre, cette recherche établit que 3,4% des conducteurs conduisent avec une alcoolémie supérieure à 0,8 g/l de sang et que ces conducteurs sont beaucoup plus fréquemment que les autres impliqués dans des accidents. M.C. Robert conclut qu'une loi ne peut être appliquée sans un minimum de consensus chez les automobilistes et que celui-ci « *aurait été plus facile à obtenir si les statistiques avaient été plus précises, mieux établies...* ». Et si la multifactorialité des accidents était mieux reconnue ; par exemple, selon elle, il faudrait tenir compte du mauvais état du réseau ou de la signalisation routière.

Cet article est particulièrement intéressant en ce qu'il rappelle des règles scientifiques bien établies en statistiques (bon échantillonnage, hypothèses précises et prise en compte de la multifactorialité du phénomène). Il insiste sur un prérequis : il faut rechercher un consensus dans la population pour faire appliquer une loi sans trop de difficultés. C'est ce qu'avaient déjà énoncé des théoriciens du droit, de Hart à Andenaes. Le sous-titre de cet article résume leur position : « *Rien ne sert de contrôler les automobilistes, il faut aussi les convaincre* ».

La *Revue de la Sécurité Routière*, N°27, de septembre 1980 offre une tribune au Garde des sceaux, Alain Peyrefitte où il répond à une virulente critique des résultats de la loi du 12 juillet 1978 sur le dépistage de l'alcoolémie au volant. Cette critique, intitulée « *Sécurité routière, d'autres impostures* » est parue dans *Le Quotidien* du 17 juin 1980. A. Peyrefitte rappelle que le nombre de victimes s'est accru, malgré cette loi, du fait de l'accroissement du parc des deux roues motorisées et de leur accidentalité très élevée en 1979. Il ne s'agit donc pas de conclure à l'échec de cette loi. Et si l'année 1978 avait été particulièrement bonne, c'était pour beaucoup grâce à la vigoureuse campagne d'information

[1] Or, C. Got précisera qu'il utilise la notion de responsabilité car celle-ci permet de rapporter le risque à l'accident et non à l'ensemble des usagers impliqués.

« *Boire ou conduire* ». En 1979, on parle moins de cette loi, ce qui diminue son effet dissuasif. Le ministre de la Justice apporte aussi des réponses d'ordre scientifique à des critiques sur les statistiques et sur les appareils de mesure.

Cet article le montre bien : le débat se focalise sur l'efficacité de la loi en attaquant certains de ses fondements scientifiques, en particulier statistiques, ainsi que la fiabilité des appareils de mesure. La réponse porte sur la politique publique adoptée, fidèle à un modèle de dissuasion, d'une part ; et d'autre part, sur des justifications scientifiques et techniques. Cette réponse, émanant du Garde des Sceaux lui-même, illustre combien des fondements scientifiques légitiment la loi et la politique pénale adoptée, tant aux yeux des institutions que de la population.

Dans cette même revue, Jean Bernard fait part des conclusions du rapport du 22 juillet 1980 émanant du groupe de travail sur l'alcoolisme du HCEIA qu'il préside. Sur cinq propositions essentielles, la première est d'avoir recours aux moyens juridiques. Il s'agit en particulier de modifier le recueil des statistiques d'accident par la police et la gendarmerie ; d'évaluer la qualité d'application des textes législatifs et réglementaires ; d'intensifier l'application de la loi du 12 juillet 1978 ; de modifier la composition des commissions médicales administratives ; de procéder à une recherche de responsabilité par dépistage de l'alcoolémie en rendant ce résultat obligatoire sur tout constat d'accident…

Ce petit article montre l'implication des experts de santé publique dans les questions de sécurité routière et surtout l'importance qu'ils accordent au système de contrôle pour intervenir sur l'alcoolisme par le biais de la sécurité routière. De même, l'enjeu majeur de la collecte des statistiques est pointé, ainsi que la nécessité d'évaluer précisément la mise en œuvre des lois. Il va même jusqu'à proposer une politique pénale et des réformes procédurales. Le système pénal apparaît bien alors comme un instrument privilégié d'une politique de santé publique.

*

*   *

Les archives ministérielles confirment l'ineffectivité des lois de 1958, de 1965 et de 1970. Elles exposent aussi les difficultés rencontrées lors de la mise en œuvre de lois sur l'alcool au volant.

De 1958 à 1978, les réticences des magistrats à appliquer ces lois sont manifestes. Progressivement, la Chancellerie intègre les avancées scientifiques qui fondent ces textes et tente de les faire passer dans les juridictions, allant jusqu'à donner des directives très fermes.

De son côté, le ministère de la Santé compte beaucoup sur ces lois pour intervenir sur les problèmes d'alcool. Une circulaire définit même un programme détaillé de l'articulation des soins avec le contrôle pénal (§2.1, Circulaire du ministère de la santé de 1972). Ce programme n'est pas encore pleinement réalisé de nos jours, tous les buveurs incriminés ne bénéficiant pas des soins actuellement existants, fussent-ils brefs (Commission des lois Assemblée Nationale, 2009; Pérez-Diaz & Huré, 2015).

La loi de 1978 est censée remédier aux échecs antérieurs en instaurant un contrôle aléatoire de l'alcoolémie. L'accent est mis, dans les documents étudiés, sur la nécessité d'appliquer un modèle de dissuasion. Le ministre de la Justice lui-même fait explicitement référence au modèle scientifique éprouvé qui façonne cette réforme. De même, de nouveaux résultats scientifiques sont attendus de l'analyse de la mise en œuvre de cette loi. En résumé, le ministre assume le fait que la science fait avancer la loi et que l'application de celle-ci doit apporter de nouvelles connaissances.

Nous avons observé des réticences et les lenteurs entravant l'adoption de la loi de 1970 reprenant des résultats scientifiques établis dès 1964. De même, la loi de 1978 qui tente de rendre efficace la lutte contre l'alcool au volant rencontre des atermoiements. Il semble que plusieurs phénomènes se combinent pour expliquer cet état de fait. D'abord - parmi l'ensemble de la population, comme parmi les acteurs du pénal et de certains services de soins - le déni de l'alcool est répandu, comme cela est mis en évidence dans la société américaine (chapitre 2). Ajoutons que, pour les mêmes raisons, peu de services de soins spécialisés en alcoologie existent à cette époque. Ensuite, les magistrats souhaitent garder la maîtrise du traitement des contentieux qui leur sont confiés, comme cela est montré en de nombreuses occasions (Kletzlen, 1995, 2000, 2006). Alors que la sphère de la santé voudrait voir ses objectifs de soins pris en compte par celle du judiciaire. Enfin, des pressions des alcooliers sont mises en évidence, en France comme ailleurs, notamment aux États-Unis (chapitre 2). Ceux-ci multiplient les actions jusqu'à soutenir des courants de recherche favorables à leurs intérêts.

L'ensemble de ces phénomènes explique pourquoi la lutte contre l'alcool au volant est une entreprise laborieuse et pourquoi elle demeure encore peu efficace, comme le souligne un rapport récent (Cour des Comptes, 2016). Alors que les acteurs du pénal et de la santé savent depuis longtemps ce qu'il faudrait faire pour que les problèmes d'alcool, au volant comme ailleurs, soient beaucoup plus souvent pris en charge avec des résultats plus efficaces.

CHAPITRE 11
APPROCHES RÉCENTES

En fin de carrière, Ross fait la synthèse de ses analyses et de leurs limites. Il s'éloigne un peu du modèle de dissuasion qui l'a tant intéressé. Il considère ce mode d'intervention comme un moyen transitoire de poser les problèmes de l'alcool au volant et il tente de les aborder différemment. Pourtant, vingt ans après, en France, une réforme du contrôle-sanction des excès de vitesse remet ce modèle en scène avec un succès incontestable. Par ailleurs, d'autres chercheurs critiquent les approches de Ross en insistant sur le peu d'attention qu'il a accordée aux effets intrinsèques de la peine.

1. Ross revient sur ses travaux et incite à d'autres approches

Ross reprend ses travaux, tant empiriques et expérimentaux que théoriques (Ross, 1992). Il relève que le lien causal entre l'alcool et l'accidentalité routière est démontré et communément admis, mais que le risque associé à de faibles consommations n'est pas encore perçu à son importance réelle, qui est proportionnellement élevé. Il considère que les lois de sécurité routière permettent de tester des modèles de dissuasion qui constituent une des formulations de la loi de l'offre et de la demande en économie. La recherche en économie a d'ailleurs testé avec succès de tels modèles (Ross, 1992).

Selon cet auteur, il est bien clair que la principale construction d'un problème social est politique, même si des statistiques et les sciences interviennent pour le définir, voire pour suggérer des réponses qui seront *in fine* essentiellement politiques. De plus, le problème de l'alcool au volant s'inscrit dans de vastes questions qui relèvent outre de la sécurité routière, de la santé publique et de la délinquance (Ross, 1992). Il préconise de parler de la dangerosité du comportement plus que de déviance ou d'irresponsabilité ; ce qui amène à planifier des démarches de prévention. Or, il considère qu'à la base, la loi pénale sanctionne un comportement que la morale réprouve ; alors que celle-ci n'est pas conçue pour réprouver un comportement dangereux (Ross, 1992). C'est le grand problème auquel se heurte le droit moderne, du fait de l'évolution de la société, de sa mécanisation et de sa technicisation croissante. L'irruption du risque dans le droit pénal en bouleverse progressivement tous les fondements[1]. Mais, selon Ross, ce sera probablement autour de la question de la liberté individuelle que le problème s'exprimera de la façon la plus aiguë et surtout la plus durable. Ce en quoi l'avenir lui a donné amplement raison. Des lobbies protègent leurs intérêts en animant des associations qui défendent des libertés individuelles telles que conduire vite, boire sans entraves…

Ross rappelle que le principe de la rétribution est le fondement de la loi pénale, car il légitime la peine. Ce principe entraîne la détermination d'une peine proportionnelle à la gravité du comportement[2]. Si en matière d'alcool au volant, l'intervention pénale se justifie plus par le risque causé que par la culpabilité, il faut que le risque soit calculable. D'autant que le risque objectif d'accident est rare. D'où la complexité de l'intervention pénale en ce domaine et l'importance de définir et de mesurer scientifiquement un risque pour l'alcool au volant.

Des discours d'indignation morale autour de l'ivrogne au volant ont été relevés tant aux États-Unis (Gusfield, 1981) qu'en France (Kletzlen, 1993, 2000). Il apparaît que ces efforts de construction de l'alcool au volant comme catégorie d'intervention publique étaient un préalable pour susciter l'action pénale avant que des démonstrations scientifiques établissant le rôle causal de l'alcool dans les accidents ne soient réalisées et surtout acceptées. Le risque devient alors une question pénale légitime, voire centrale, comme le Nouveau

[1] En France, le Nouveau Code Pénal de 1992, mis en œuvre en 1994, intègre cette sensibilité en faisant sa priorité de la protection de l'intégrité physique des individus (Poncela & Lascoumes, 1998)

[2] La rétribution se substitue à la notion de « *punition* », référence morale que le droit pénal s'efforce d'écarter au profit d'une approche rationnelle de la sanction.

Code Pénal français l'illustre. Ultérieurement, le degré de culpabilité est progressivement établi autour du degré d'alcoolisation. Comme d'autres facteurs peuvent intervenir, Ross estime que la peine devrait en tenir compte, selon le principe de rétribution. La légitimation du *quantum* des peines en la matière n'a alors plus rien de simple.

Une autre fonction du pénal est de tenter d'éviter la récidive, notamment par la dissuasion. Auquel cas, l'éducation et la thérapie peuvent contribuer à l'effet recherché et compléter la sanction ; le principe de rétribution justifiant cela. Un autre mode d'action réside dans l'incapacitation, en l'espèce le retrait ou la suspension du permis de conduire (Ross, 1992). De telles peines ont un effet dissuasif, surtout lorsqu'elles émanent de l'administration parce qu'elles sont rapprochées dans le temps de l'infraction. Les peines trop sévères, en particulier l'emprisonnement n'ont pas d'effet sur les accidents, ni sur les comportements (Cusson, 2010; Killias, 1991; Ross, 1992).

La théorie de la dissuasion repose sur un principe de base qui est la perception, issu de la psychologie. Or la perception d'une menace peut être influencée par la rapidité, la certitude et la sévérité de la punition. De plus, la communication - qui sert de caisse de résonnance à l'action pénale - influe sur la perception.

De nombreuses expériences de contrôles avec des barrages de police selon un modèle de dissuasion ont été réalisées, en particulier aux États-Unis, leurs effets sur l'accidentalité furent positifs mais modestes (Ross, 1992). D'abord, les contrôles ne seront jamais suffisamment nombreux pour concerner l'importante population des conducteurs alcoolisés. Ensuite, un des principaux problèmes vient de ce que la punition tente de faire décroître la motivation des conducteurs à boire avant de conduire, tandis que leurs motivations sont multiples, donc difficiles à atteindre. C'est le cas de conducteurs très ancrés dans leurs consommations d'alcool ou dans des modes de vie spécifiques, qui ne sont pas dissuadés par l'existence de contrôles d'alcoolémie ou même par des condamnations. Il faudrait donc s'attacher à comprendre la diversité des causes sociales de l'alcoolisation au volant afin de concevoir des politiques de lutte contre ce phénomène (Ross, 1992).

Face à de telles complexités des comportements, Ross adhère aux idées de Haddon. La meilleure protection contre les accidents consiste à adopter des politiques de lutte contre chacune des étapes d'un accident (Ross, 1992). Il convient notamment, en amont des chocs, de lutter contre les conditions matérielles de leur production, liées aux véhicules et aux infrastructures (W. Jr. Haddon, 1972). Il faudrait aussi intervenir sur les liens entre la déficience et l'erreur, en simplifiant la tâche de conduite ; entre l'erreur et l'accident, en améliorant l'environnement de la conduite ; entre l'accident et les blessures, par l'accroissement de la protection du conducteur et des passagers et aussi par la conception et les équipements du véhicule. Il est aussi nécessaire de diminuer le lien entre blessures et décès, en accélérant les interventions après l'accident. Ainsi, Ross développe des idées et recense des expériences de politiques qui suivent les quatre domaines d'intervention que préconise Haddon. Ces réflexions montrent, qu'en fin de carrière, Ross s'éloigne de ses préconisations antérieures d'usage de la répression afin de modifier durablement les comportements. Il considère dès lors que la dissuasion est surtout un moyen pour susciter une prise de conscience des risques routiers, première phase vers la modification des comportements. Il s'agirait d'une étape transitoire qu'il convient de dépasser, en s'adjoignant d'autres moyens d'action (Ross, 1992).

2. L'évaluation du système de contrôle-sanction conduit à son automatisation en matière de vitesse

Nous allons décrire pourquoi et comment un modèle de dissuasion appliqué en France donne des résultats importants et durables, grâce au contrôle-sanction automatisé de la vitesse.

L'analyse du fonctionnement du système de contrôle-sanction des contraventions routières, dont les excès de vitesse, a permis de poser de premiers diagnostics (Pérez-Diaz, 1998). Près d'un tiers des contraventions n'était pas poursuivi du fait d'une pratique illégale d'abandons de poursuites, « *l'indulgence* » (Pérez-Diaz, 1994). Des solutions institutionnelles traditionnelles furent adoptées, des circulaires prohibant cette pratique. Mais sa profonde insertion dans les usages des acteurs du système laissait mal augurer d'une simple interdiction (Pérez-Diaz, 1994). Et aucune amélioration en matière de sécurité ne fut obtenue.

Le Commissariat du Plan nous demanda de réfléchir à une solution plus efficace tant sur le fonctionnement du système que sur la mortalité routière à l'occasion de l'évaluation de ce système. Nous proposâmes de refaire les mêmes analyses que dans la précédente recherche, étendues à plusieurs sites afin de voir si les problèmes identifiés, dont « *l'indulgence* », persistaient à l'identique. Les analyses précédentes incitaient à faire participer à cette évaluation les acteurs de la mise en œuvre, tant au niveau central que local (Pérez-Diaz, 1994). Nos analyses montraient que l'inscription des problèmes routiers dans un contexte pluridisciplinaire imposait de réunir des compétences de scientifiques de nombreuses disciplines (Pérez-Diaz, 1998). Ce qui fut fait dans le plan d'évaluation.

L'enquête réalisée dans le cadre de l'évaluation prouva dès ses premiers résultats en 2001 que non seulement « *l'indulgence* » perdurait au même niveau qu'en 1988[1] et concernait l'ensemble de l'hexagone, mais aussi que les capacités réduites d'activité du système de contrôle-sanction rendaient toute intervention sur les excès de vitesse inopérante (Instance d'évaluation présidée par Michel Ternier, 2003). En l'espèce, les circulaires puis la loi visant à interdire « *l'indulgence* » n'avaient pas eu d'effet. De plus, le système pénal tel qu'il fonctionnait ne pouvait pas intervenir à un niveau d'effectivité suffisant pour être efficace sur les excès de vitesse, infractions aux effets les plus fréquemment meurtriers.

L'objectif de réduire la mortalité en sanctionnant massivement les excès de vitesse par un contrôle automatique était défini depuis longtemps (Commission de la sécurité routière, 1989). Mais les questions de l'acceptabilité par la population et celle du changement de pratiques des acteurs du système tant en ce qui concernait la suppression

[1] Date de collecte des données de la recherche initiale (Pérez-Diaz, 1994, 1998; Pérez-Diaz & Lombard, 1992).

de « *l'indulgence* » que l'adoption d'un contrôle automatique restaient entières.

À la recherche de solutions aux problèmes rencontrés, nous nous sommes inspirés très librement de conceptions développées par « *l'école de Palo Alto* ». Le problème posé était celui de l'inefficacité du système de contrôle-sanction pour modifier les comportements des conducteurs et donc réduire les accidents. Dans un système, si un grand nombre d'individus ne se comporte pas de la façon souhaitée, les moyens de régulation habituels ne peuvent modifier les comportements. Il faut alors changer cette société plus profondément en modifiant des règles de base, comme le préconisent les thérapies brèves issues de « *l'école de Palo Alto* ». L'automatisation du système de contrôle-sanction fut alors envisagée comme le changement de règles qui pouvait modifier la situation. De plus, une telle transformation du système reposait sur un modèle de dissuasion qui avait fait ses preuves.

Changer une institution implique plusieurs opérations. Il faut préciser le problème selon la perspective des acteurs du système, définir l'objectif visé, identifier quels acteurs un tel objectif peut perturber et envisager comment proposer une solution acceptable par tous les protagonistes.

Le problème était donc posé ; il ne pouvait être résolu sans un changement qui affecte le système lui-même. Seul un changement radical du système pénal, laissant toute sa place à la mise en œuvre d'un modèle de dissuasion permettrait d'atteindre cet objectif. La solution serait d'augmenter considérablement le niveau d'activité du système pénal pour contrôler et sanctionner la vitesse illégale. Cela afin d'augmenter le risque objectif d'être contrôlé et sanctionné et de le transformer en risque subjectif par une médiatisation importante. Pour cela, il fallait adopter un système de contrôle-sanction automatisé par radars. Or, une telle réforme entraîne un changement fondamental qui fait sortir la vitesse du système de contrôle en usage. Une telle réforme allait à l'encontre de certains principes du droit, en particulier celui de l'individualisation de la peine. Pourtant, ce principe était surtout appliqué de façon collective plus qu'individuelle sur ces contentieux de masse (Pérez-Diaz, 1998). De plus, des intérêts, souvent plus fantasmés que réels, de certains acteurs du système s'y opposaient. En effet, ces divers agents étaient très attachés à l'autonomie de leurs pouvoirs décisionnels (Pérez-Diaz, 1994, 1998). Il fallut dénouer des blocages en présentant les faits observés. L'exposé de nombreuses expérimentations réussies à l'étranger et même en France[1] acheva de convaincre ces protagonistes. Puis, afin d'obtenir leur adhésion, il fallut proposer aux acteurs institutionnels - au niveau central comme à l'échelon local - une formule de changement où leurs intérêts à accepter la réforme étaient mis en évidence. La réforme fut adoptée en 2002, avant même que la Commission d'évaluation n'ait rendu son rapport (Instance d'évaluation présidée par Michel Ternier, 2003). En effet, J. Chirac désigna la sécurité routière comme « *grande cause nationale* » au lendemain de son élection. Il fut ensuite convaincu par une telle réforme, déjà évaluée comme efficace en de nombreux pays. De plus, le travail de l'Instance d'évaluation, concerté avec les principaux acteurs institutionnels, la rendait acceptable.

La diminution rapide de la mortalité routière, avant toute mise en œuvre de la réforme[2] illustre l'efficacité du dispositif. En dix ans, la mortalité a diminué de moitié. Outre l'effet de ce modèle de dissuasion, l'existence du permis à points qui fonctionne comme un casier judiciaire automatisé a certainement accru l'efficacité du dispositif et surtout assuré la pérennité de ses effets. Diverses analyses expliquent l'efficacité de ce dispositif (Got, 2005).

3. Un modèle complexe proposé par Blais et Beaudoin

La théorie de la dissuasion est à l'origine de multiples modèles conceptuels, discutés dans les années 1960-1970, notamment autour des lois scandinaves sur l'alcool au volant (Andenaes, 1974, 1978; Ross, 1973, 1975). Andenaes reproche à Ross d'affirmer que ces lois n'étaient pas responsables de

---

[1] Les expérimentations du modèle de dissuasion que nous avons déjà présentées.

[2] Nous avons vu que nombre d'individus se conforment à de nouvelles normes dès leur annonce, avant même leur adoption.

la baisse de la mortalité routière en Suède en s'appuyant sur une analyse de séries chronologiques interrompues. Alors qu'une telle analyse s'avère trop simple pour approcher des mécanismes pénaux complexes (Blais & Beaudoin, 2007).

Les modèles de dissuasion simples comme celui de Ross auraient délaissé, entre autres mécanismes pénaux, les notions de validation normative et de sensibilisation (Blais & Beaudoin, 2007). La validation normative est l'effet produit par l'instauration d'une peine, car celle-ci induit un changement d'attitude face à un comportement (Durkheim, 1930). Et, à terme, cette norme intègrerait un système de valeur (Mead, 1934). Andenaes propose donc une théorie de prévention générale qui tienne compte de ces mécanismes (Andenaes, 1974, 1978). Les peines produisent des effets dissuasifs à court terme tandis qu'en prolongeant la répression sur une longue période, intervient un changement d'attitude. La peine a donc, à long terme, un effet éducatif. De plus, Andenaes postule qu'il faut adopter des peines sévères, idée très anciennement controversée (Beccaria, [1764] 1991). Pourtant, l'absence d'effet de la sévérité des sanctions est encore validée par l'expérience canadienne, lorsque des peines aggravées n'ont pas induit de changement dans la mortalité et la morbidité attribuables à l'alcool durant la décennie 1970-1980 (Donelson & Beirness, 1985). La théorie de la prévention générale pose l'interdépendance des mécanismes pénaux, puisque la dissuasion est nécessaire à la validation normative. Le risque d'arrestation doit alors être suffisamment certain et fréquent pour dissuader (Blais & Ouimet, 2005).

Plus récemment, un nouveau modèle de dissuasion, basé sur des conceptions différentes de celles de Ross, est proposé (Blais & Beaudoin, 2007). Il intègre plusieurs mécanismes normatifs tels la dissuasion spéciale et générale, la sensibilisation et la validation normative afin d'expliquer la diminution des accidents où un conducteur alcoolisé est impliqué. Ce modèle actualise la théorie de la prévention générale d'Andenaes (Andenaes, 1966, 1974) ; il soutient que les mécanismes pénaux sont interdépendants, et en particulier que la dissuasion est nécessaire à la validation normative. Pour ce faire, ces auteurs (Blais & Beaudoin, 2007) relativisent les interprétations de résultats d'évaluations positives quant à la diminution des accidents suite à l'introduction d'une loi (Gusfield, 1981; Ross, 1992). Ces interprétations expliquent le pouvoir dissuasif des lois par leur efficacité. Pourtant, selon ces auteurs (Blais & Beaudoin, 2007), une telle explication reposerait sur un axiome. Car ces travaux validant l'interprétation de l'efficacité des lois se concentrent sur l'effet de l'introduction d'une mesure plus que sur l'effet de la mesure elle-même (Blais & Ouimet, 2005; J. Cohen, 1984). Ce serait donc le changement qui produirait l'effet observé par Ross, plus que le contenu de la mesure.

Les modèles usuels de dissuasion générale relient les taux d'arrestation, les perceptions de ce risque et les choix de comportement. De très nombreux travaux confortent de tels modèles. Pourtant, selon Blais et Beaudoin, la comparaison d'un « *avant* » à un « *après* » une nouvelle mesure pénale ne rend pas compte de l'effet dissuasif de la peine (J. Cohen, 1984), car interviennent aussi des mécanismes comme la validation normative, la connaissance de la loi, la neutralisation, l'habituation et la stigmatisation (Andenaes, 1974; Blais & Ouimet, 2005). Les données collectées à de telles fins permettent mal d'apprécier l'effet dissuasif de la peine. Donc leurs analyses statistiques documentent plus l'impact des peines sur la criminalité qu'elles n'en évaluent les effets dissuasifs, manifestes à plus long terme (Greenberg & Kessler, 1982). Mais les recherches qui pourraient établir un lien causal seraient très complexes à réaliser (Blais & Beaudoin, 2007).

Les effets de certains mécanismes de la peine ont été négligés dans les précédents modèles de dissuasion (Blais & Beaudoin, 2007). En particulier, les expériences directes et indirectes de punition ou d'impunité produisent des effets sur les passages à l'acte (Stafford & Warr, 1993). Rappelons qu'une expérience même indirecte a eu des effets en Australie : des conducteurs modifient leur comportement si un proche ou une connaissance a été contrôlé ou sanctionné (Homel, 1988). En France, cette dimension doit être intégrée pour comprendre les effets de la mise en œuvre du modèle de Ross sur les excès de vitesse, ceux-ci dépassant largement le volume des sanctions effectives (Pérez-Diaz, 2003b).

De plus, l'effet des peines peut prendre beaucoup de temps, ainsi certains auteurs pensent que les valeurs que l'on veut inculquer à l'aide de peines se manifestent parfois à la génération suivante (Andenaes, 1966, 1974, 1978; Mead, 1934; Walker & Argyle, 1964). Des représentations de la gravité des infractions routières comparées à celles d'autres infractions commises ont évolué dans le temps : la gravité perçue des premières s'est nettement accentuée (Ocqueteau & Pérez-Diaz, 1989; Pérez-Diaz, 1998). Ce qui implique que les politiques pénales doivent être maintenues dans le temps pour que le message soit clair et unidirectionnel (Blais & Beaudoin, 2007).

Selon Andenaes, une théorie est incomplète si elle met l'accent sur un seul mécanisme pénal, car elle ne peut pas expliquer adéquatement les comportements des individus (Blais & Beaudoin, 2007). Plus que d'expliquer ces comportements - ce qui de fait ne lui est pas demandé - c'est l'impossibilité d'intervenir sur l'ensemble des comportements dans toutes leurs diversités qui doit être relevée (Pérez-Diaz, 1997b, 2003b).

Malgré la pertinence de ces critiques conceptuelles, le succès du modèle de dissuasion de Ross est indéniable. Son acceptation par les diverses professions - et disciplines - repose sur la forte analogie entre les théories de la dissuasion et de la décision (Pérez-Diaz, 2003b). En outre, son succès relève de son extrême simplicité qui en fait un modèle d'action compréhensible, acceptable et relativement facile à mettre en œuvre, une fois l'ensemble des décideurs politiques, institutionnels et professionnels convaincus de son efficacité potentielle (Instance d'évaluation présidée par Michel Ternier, 2003; Pérez-Diaz, 2003a). Selon les comportements visés, la question du coût induit par cette mise en œuvre ne peut être évacuée. En particulier, le contrôle-sanction automatisé fut accepté du fait de l'équilibre financier du dispositif présenté[1]. Certes, son adoption s'est rapidement révélée lucrative ; ce n'était pourtant pas un objectif pour les pouvoirs publics

[1] L'adhésion des pouvoirs publics au CSA proposée par l'équipe d'évaluation était conditionnée au fait que cela ne leur coûte rien. L'équipe démontra le faible investissement requis par l'opération au regard des bénéfices escomptables en termes de vies épargnées, de traitement simplifié du contentieux et d'amendes recouvrées. La mesure fut retenue.

qui voulaient simplement éviter toute dépense supplémentaire. Cette réforme s'est révélée efficace en diminuant les nombres de morts et de blessés sur les routes et de fait rentable socialement et économiquement, puisqu'elle a réduit la mortalité et la morbidité dont les coûts sont élevés.

Dans la même dynamique, les travaux d'Andenaes suggèrent de maintenir l'action dans le temps, comme cela avait été relevé d'après la confrontation de travaux en diverses disciplines (Pérez-Diaz, 2003b) et durant l'évaluation du système de contrôle-sanction (Pérez-Diaz, 2003a). D'ailleurs, il apparaît que l'effet dissuasif disparaît rapidement quand des actions répressives prennent fin (Blais & Ouimet, 2005; Ross, 1982).

L'intérêt des campagnes de sensibilisation est énoncé (Ross, 1982), leur combinaison avec des activités de renforcement leur confèrerait un réel effet préventif (Homel, 1988; Ross, 1992).

Suite aux réflexions d'Andenaes et aux critiques des modèles antérieurs, une matrice permet de présenter une nouvelle théorie générale de la peine appliquée à la conduite en état alcoolique (Blais & Beaudoin, 2007). Même si une étape d'action dissuasive est nécessaire, son effet risque d'être éphémère ; il faut donc rechercher la validation normative, plus durable. Pour cela, il convient de maintenir une action en plusieurs phases inscrites dans un *continuum* temporel. Il faut aussi mener des actions d'ordres divers auprès des acteurs institutionnels et des conducteurs. Il s'agit d'instaurer un processus dynamique qui tienne compte de l'interdépendance des mécanismes pénaux (Blais & Beaudoin, 2007). Valider un tel modèle s'avère difficile, mais nécessaire pour acquérir un statut scientifique. Il faudrait s'appuyer sur la recherche d'inférences causales (Shadish, Cook, & Campbell, 2002). La méthode la plus efficace, car la moins contestable scientifiquement, serait calquée sur des recherches en matière de santé ; notamment une approche étudiant les interventions efficaces sur des cancers (Folkman, 1996; Greenwald & Cullen, 1984). Il s'agit d'établir un programme de recherche en plusieurs phases (Shadish et al., 2002). Une ou plusieurs cohortes composées de participants sélectionnés seraient à suivre sur plusieurs années, en tenant compte des paradigmes dominants dans les politiques de sécurité routière et des changements législatifs (Blais &

Beaudoin, 2007; Ross, 1992). Il faudrait documenter les attitudes, les comportements routiers et les historiques de collisions afin de mesurer chaque situation avant une nouvelle intervention. La réédition de cette enquête après chaque nouvelle mesure permettrait d'identifier son impact sur les comportements auto-révélés et les attitudes des individus (Blais & Beaudoin, 2007; D. T. Campbell & Stanley, 1966).

*

* *

Les résultats éphémères des politiques basées sur un modèle de dissuasion ont suffisamment ébranlé Ross pour qu'il propose des modalités d'action complémentaires sur l'insécurité routière et sur l'alcool au volant. Remarquons que nombre de ses propositions, incitées ou relayées par d'autres chercheurs, font encore partie de programmes de sécurité routière.

Relevons qu'un modèle de dissuasion classique, assorti d'une publicité médiatique très importante, utilisé en matière de vitesse en France a remporté un succès considérable dans un pays qui était alors tenu pour réfractaire à toute mesure de sécurité routière. Au point qu'il occupait un des derniers rangs des pays européens du fait de sa mortalité routière élevée. Cette réforme réhabilite le modèle de dissuasion, sans doute parce qu'elle entraîne des sanctions fréquentes, rapides et certaines du fait de l'automatisation du système et aussi parce que ces sanctions sont combinées au permis à points qui leur confère une inscription dans la durée, forme de validation normative.

Partant d'une critique du modèle utilisé par Ross, Blais et Ouimet confortent l'efficacité d'une politique de dissuasion, insistant sur l'importance d'un maintien dans le temps d'une telle action et sur l'effet de la peine. Le modèle de Blais et Baudoin reprend ces apports en suggérant de nouvelles pistes de recherche qui prendraient en compte l'extrême complexité des phénomènes étudiés.

Nonobstant, retenons qu'une politique de sécurité routière en matière de vitesse intégrant un modèle de dissuasion a déjà fait ses preuves en France.

CHAPITRE 12
PERSPECTIVES

Afin de mieux comprendre les liens qu'entretiennent les sciences et l'action publique, nous avons tenté de les approcher au travers de la création et de la mise en œuvre de lois sur l'alcool au volant. Nous avons vu que ces lois, outre leur objectif direct de réduire les risques sur la route, furent aussi conçues par certains acteurs comme un moyen d'intervention sur les problèmes d'alcool en général. Et qu'à des périodes de frilosité politique sur les questions d'alcool, de telles lois sont devenues un des rares moyens d'action sur ces problèmes, en France comme ailleurs. Nous avons aussi vu que des politiques pénales suivant des modèles scientifiques rendaient effectives et efficaces des lois qui ne l'étaient guère en l'absence de mises en œuvre spécifiques.

Pour comprendre pourquoi il est difficile d'intervenir sur les problèmes de l'alcool, en général ou au volant, il a fallu présenter quelques aspects des politiques de santé publiques et de leurs contextes, en particulier durant la seconde moitié du XXème siècle.

En France, depuis les années 1990, un dispositif unifié de lutte contre les drogues licites et illicites élabore un plan antidrogue et de prévention des dépendances. Au début du XXIème siècle, des dispositifs prennent en charge des problèmes induits par l'alcool tandis que des acteurs institutionnels et des associations sont investis de missions spécifiques. Le dispositif de prise en charge des malades de l'alcool, assez élaboré, semble pertinent mais insuffisamment développé. Par contre, le dispositif général s'occupe encore peu des consommations excessives au regard de l'intensité du problème. En résumé, ces dispositifs s'intéressent pour l'essentiel aux comportements d'alcoolisation importante déjà bien installés, plus qu'aux gros buveurs débutants, pourtant plus faciles à soigner. La seule exception concerne l'alcoolisation massive et rapide prisée par des jeunes (le « *binge drinking* »).

Les risques de l'alcool au volant sont scientifiquement déterminés par les travaux de Borkenstein en 1964. Pourtant, les lois françaises en la matière n'intègrent ces connaissances qu'en 1970 ; celles-ci sont mieux prises en compte en 1983 mais elles ne sont reprises intégralement qu'en 1995. Depuis, peu de changements sont intervenus, malgré la reconnaissance de l'imbrication des problèmes de santé publique et d'alcool au volant. Nous savons qu'une procédure d'obligation de soins est utilisée pour des conducteurs, jamais à la hauteur des besoins. Et surtout, ces soins concernent essentiellement des malades de l'alcool déjà très ancrés dans leurs problèmes, et donc plus difficiles à soigner. Pourtant, depuis 2007, une nouvelle loi facilite l'accès aux soins en matière d'alcool en amont du jugement par une mesure d'injonction thérapeutique. Nous verrons que cette loi ouvre de réelles opportunités pour lutter contre les problèmes d'alcool, en particulier pour des délinquants gros buveurs débutants, jamais pris en charge par le système de soins.

De plus, très récemment, la Cour des Comptes dresse un sévère bilan de la lutte contre les consommations nocives d'alcool (Cour des Comptes, 2016). Cette Cour constate l'absence de consensus entre les acteurs, en particulier des scientifiques qui s'accordent difficilement sur le coût sanitaire et social des consommations, sur la définition de consommations modérées et sur des résultats de recherches cliniques et épidémiologiques. Les magistrats de la Cour des Comptes notent que l'action publique peine à modifier les comportements car l'État ne s'en est pas donné les moyens en n'agissant qu'imparfaitement sur les différents leviers disponibles. Et en particulier, le dépistage de l'alcool au volant régresse et les sanctions restent peu dissuasives (amendes) ou difficiles à mettre en œuvre (suspensions de permis). De plus, la police de l'ivresse publique s'avère coûteuse et aucune mesure d'accompagnement n'est prévue pour orienter les personnes vers une démarche de soins. L'enseignement et la recherche dans le domaine de l'alcool ne constituent pas des priorités. En outre, la coordination des acteurs publics est inaboutie, le pilotage interministériel flou et la gouvernance partagée source d'incohérences. En conséquence, la Cour propose des orientations et des mesures. Il faudrait notamment rénover et renforcer l'impact de leviers existants : accroître la fiscalité ; mieux réglementer la distribution, le lobbying et la publicité ; développer le contrôle et les sanctions de la conduite en état d'alcoolisation. Plus précisément, une recommandation vise à accroître la probabilité des contrôles et des sanctions immédiates en utilisant un appareil portatif de mesure de l'alcoolémie, en augmentant le montant des amendes forfaitaires et en étendant le champs des contraventions immédiates jusqu'à une alcoolémie de 1,2 g/l de sang.

Ce rapport de la Cour des Comptes illustre l'importance accordée au contrôle de la route comme instrument de lutte contre les consommations nocives d'alcool.

Par ailleurs, nous avons vu combien le Royaume-Uni a été précurseur en matière de lois sur l'alcool au volant. Il semble donc intéressant de présenter certaines tentatives actuelles pour intervenir sur ces problèmes au Royaume-Uni et les difficultés qu'elles rencontrent. Des tentatives sont effectuées par le gouvernement anglais pour fixer un prix minimum par unité d'alcool. L'Écosse a même adopté une loi en ce sens. Et pourtant, l'Union Européenne tente de bloquer ces réformes ; en conséquence, des résistances s'amorcent. Il faudra observer si la sortie du Royaume-Uni de l'Union Européenne incitera un gouvernement britannique à reprendre ses efforts.

Plus largement, observons l'attention actuellement portée aux apports potentiels des sciences en matière de sécurité routière. Récemment, sur la base d'un bilan de l'état de la sécurité routière en 2013 et suite à d'une injonction de l'Union Européenne, le Comité des experts du Conseil national de la sécurité routière (CNSR) a fait des propositions afin de diviser par deux le nombre des personnes tuées ou blessées gravement d'ici 2020. Ces propositions sont basées sur l'état de la science qui établit en particulier le rôle de la vitesse dans la mortalité routière (Joksch, 1993). Une diminution de 1% de la vitesse moyenne permet de diminuer de 4% le nombre d'accidents mortels[1] (Nilsson, 2004). Une méta-analyse conforte et précise ces résultats où, sur des routes hors agglomération et sur autoroutes, une diminution de 1% de la vitesse moyenne diminue de 4,6% le nombre de personnes tuées (Elvik, 2009).

La mesure qui permettrait de réduire de façon significative la mortalité serait donc une diminution de la vitesse autorisée sur des routes secondaires dépourvues d'une séparation centrale, axes les plus accidentogènes ; celle-ci passerait de 90 km/h à 80 km/h (Comité des experts du Conseil National de la Sécurité Routière, 2013). En dépit de démonstrations scientifiques bien établies, cette mesure n'a pas été reprise par le gouvernement qui accepte seulement de procéder à une expérimentation nationale sur des tronçons dont la longueur cumulée est inférieure à 100 km. Une telle expérimentation ne peut vraisemblablement apporter aucune preuve de l'intérêt d'une diminution des excès de vitesse car les statistiques d'accidentalité risquent de présenter des variations trop faibles pour être significatives.

D'autres mesures proposées par le Comité des experts du CNSR concernent l'alcool au volant. Nous allons les présenter plus en détail ; remarquons toutefois qu'elles ne sont toujours pas mises en œuvre en 2016.

1. Des mesures efficaces proposées contre l'alcool au volant

En 2014, au moins un des conducteurs dépasse le taux d'alcool légal lors de 705 accidents mortels enregistrés ; ceux-ci ont causé la mort de 779 personnes. Cette année-là, la part de l'alcool dans des accidents mortels est de l'ordre de 30%.

Parmi ces accidents mortels avec alcool, 67% des personnes tuées sont les conducteurs alcoolisés et 17% sont des passagers

[1] Cette relation est valable pour de faibles variations de la vitesse moyenne, le modèle exact de Nilsson utilise bien la variation en proportion de la vitesse, mais elle élève à la puissance 4 le résultat. Si l'on passe de 91 à 79 km/h (variation de la vitesse moyenne hors agglomération entre 2002 et 2010), la réduction de la vitesse est de 13,2%. La multiplication par 4 produirait une réduction de la mortalité de 52,8%, alors que le calcul exact avec la formule de Nilsson indique une valeur un peu plus basse $13{,}2^4 = 0{,}58$, soit une réduction de la mortalité de 42%.

de ces conducteurs. Les 18-24 ans représentent 23% des tués en présence d'alcool, les 25-44 ans sont 44%. Ainsi, les jeunes ne constituent qu'une partie du problème de l'alcool au volant.

La part de l'alcool dans les accidents mortels reste à environ 30% depuis plus de trente ans. Pourtant, le nombre d'accidents de ce type baisse grâce aux effets de la politique de sécurité routière, notamment en matière de vitesse. Les vitesses excessives et moyennes diminuent. Les conducteurs alcoolisés aussi roulent moins vite, par peur d'être verbalisés et de perdre des points ; leurs erreurs de conduite portent donc moins à conséquences. Il serait pourtant souhaitable d'impulser des mesures qui puissent atteindre spécifiquement le facteur alcool afin, d'une part d'amplifier le phénomène préventif des accidents, d'autre part pour des raisons de santé publique liées à la consommation d'alcool (Comité des experts du Conseil National de la Sécurité Routière, 2013). Au préalable, il faudrait améliorer les plans de contrôle de l'alcool au volant.

Par ailleurs, la récidive des infractions en matière d'alcool est fréquente, entraînant de nombreuses conduites sans permis pendant les phases de suspension. Ces faits illustrent l'échec des mesures prises jusqu'à présent. Il devient alors nécessaire de prendre des décisions qui tentent de restreindre la récidive. Pour cela, le Comité des experts a proposé de mieux repérer l'alcool au volant, d'identifier les problèmes d'alcool des conducteurs et de les orienter, soit vers des thérapies brèves (Conseils ou Interventions), soit vers des soins en alcoologie, éventuellement associés à une mesure imposant un éthylotest anti-démarrage. Les propositions du Comité des experts sont présentées *infra*.

1.1. Le ciblage des contrôles aléatoires préventifs

L'efficacité des contrôles aléatoires préventifs serait améliorée par une optimisation des plans de contrôle, en intervenant aux heures sensibles (après les repas, la nuit, le week-end) où il y a le plus d'accidents et d'infractions liés à l'alcool, et près des lieux stratégiques (bars, restaurants, boîtes de nuit...).

L'abondance des procès-verbaux générés entraînerait un surcroît de matière à traiter pour le système pénal, qui n'en a pas la capacité actuellement. Il faudrait donc réguler cet afflux de deux manières : adapter le nombre de contrôles à un volume traitable avant d'organiser un traitement plus rapide et plus efficient des procédures par le recours à un classement sans suite assorti d'une mesure de soins adaptée au problème de chaque conducteur. Le classement suspend la sanction pour inciter le conducteur à se soigner par une injonction thérapeutique ; s'il ne le fait pas, la procédure reprend. Dès la mise en place de ce circuit et en fonction de son rendement, les contrôles d'alcoolémie pourraient être plus fréquents puisque le système pénal serait en mesure de les traiter en nombre.

Rationaliser les contrôles de l'alcool au volant permettrait de mieux cibler les conducteurs à risques et, ce faisant, de les dissuader de conduire en ayant bu parce que leur risque d'être contrôlé serait accru. Il faudrait coupler cette stratégie avec une campagne de communication à ce sujet. Il s'agit donc d'une application du modèle de dissuasion déjà présenté.

1.2. Les soins brefs

Repérer et soigner les problèmes d'alcool des auteurs d'une conduite sous l'influence de l'alcool permet d'intervenir avant que des habitudes d'alcoolisation ne s'ancrent dans les comportements de nombre d'entre eux. En effet, chez une majorité des conducteurs impliqués dans un accident mortel avec une alcoolémie illégale, celle-ci est très supérieure au seuil légal (la moitié présente même un taux supérieur à 1.5 g/l en 2014, comme les années précédentes), ce qui indique un problème avec l'alcool déjà constitué. Et la plupart des auteurs de délits dépassent les 1g/l, attestant d'un usage important et habituel d'alcool.

Le dispositif judiciaire actuel comprend des soins associés à la peine et une mesures alternative où un classement sans suite est proposé, sous la condition de suivre une injonction thérapeutique. Or, cette dernière mesure est peu utilisée, excepté pour des infractions en matière de stupéfiants, sans doute faute de disposer de structures aptes à prendre en charge de tels soins en matière d'alcool. Pourtant, des soins simples, rapides, efficaces et peu coûteux sont d'ores et déjà disponibles, ce sont les Conseils brefs et les Interventions brèves.

Diverses thérapies sont proposées selon l'intensité du problème identifié. Une première étape, commune à toutes les formules d'intervention, consiste à amener le patient à prendre conscience de son problème afin qu'il dépasse le déni habituel en la matière. Ensuite, la formule d'intervention la plus légère est le Conseil bref qui cherche à faciliter le changement en engageant le patient par une décision prise en commun avec le thérapeute. Si le patient choisit un objectif de consommation faible et s'il est d'accord pour l'atteindre, une étape cruciale est franchie. Selon les expérimentations réalisées, le Conseil bref peut durer de 5 à 60 mn, en une seule séance. Si le problème est plus important, quelques séances d'Interventions brèves sont requises, d'une durée restreinte (15 à 20 mn, avec moins de 10 séances) (W. Miller & Wilbourne, 2002). Il s'agit toujours de faire choisir au patient un objectif de changement, mais il faut aussi l'encourager à agir et l'aider à trouver une manière de le faire. Si celui-ci est prêt à l'action, il faut mettre l'accent conjointement sur l'objectif choisi et sur l'engagement d'y parvenir.

Quand le cas est plus grave, il faut recourir à des soins spécialisés en alcoologie. Et, le cas échéant, imposer un éthylotest anti-démarrage.

Ces interventions, d'ordre préventif, permettraient que les personnes soient prises en charge avant que leurs problèmes ne soient trop graves. Leurs difficultés relèvent d'ordres divers : alcool, santé, social, familial et professionnel... Actuellement, les obligations de soins concernent des conducteurs dont la vie est déjà très dégradée. Les personnes suivies dans ce cadre bénéficient d'améliorations sensibles de leurs multiples problèmes (Pérez-Diaz & Huré, 2015). Le nombre de personnes aidées par des soins brefs pourrait être conséquent et entrainer des bénéfices en matière de sécurité routière et de santé publique pour un coût très modéré.

1.3. L'éthylotest anti-démarrage

L'éthylotest anti-démarrage (EAD) est un dispositif qui conditionne le démarrage du véhicule ainsi équipé à un test repérant toute alcoolémie qui dépasse le taux légal. Des véhicules d'entreprises de transports en sont équipés depuis 2009. À partir de 2011, l'obligation d'équiper son véhicule d'un EAD constitue une sanction judiciaire. Elle peut aussi être prononcée comme peine complémentaire ou dans le cadre d'une composition pénale. Sa mise en œuvre est encore entravée par des retards dans les agréments des centres installateurs, dans l'investissement des fabricants en France et dans l'implication des associations de sécurité routière ou d'alcoologie dans la gestion des programmes. Si ces difficultés venaient à être surmontées, des extensions proposées de l'EAD pourraient être adoptées (Comité des experts du Conseil National de la Sécurité Routière, 2013).

Il serait ainsi utile de l'employer pour les conducteurs novices et les jeunes conducteurs (dont on connaît le sur-risque accidentel et dont on sait qu'à alcoolémie égale ils ont un risque accidentel plus élevé que les conducteurs expérimentés et adultes) ; en échange, on pourrait leur proposer une réduction de leur prime d'assurance. Cette mesure permettrait aussi de lutter contre la conduite sans permis après une infraction.

Il faudrait l'imposer aux conducteurs de transports de matières dangereuses : ce n'est pas un gros enjeu de mortalité, mais, symboliquement, il serait illogique de l'imposer aux transports scolaires et pas aux matières dangereuses.

Il conviendrait aussi de l'utiliser comme mesure alternative ou de composition pénale aux conducteurs détectés avec une alcoolémie au delà de 0,8 g/l avec un accompagnement médico-psychologique.

Pour les sujets multirécidivistes alcoolo-dépendants, il est nécessaire d'associer obligatoirement l'EAD à un suivi médical rigoureux (bilans réguliers, marqueurs biologiques, thérapies, etc.).

1.4. Efficacité estimée des mesures proposées

Les trois mesures proposées ont fait l'objet de nombreuses évaluations dans la littérature internationale et leur efficacité est validée. Une partie de la mortalité liée à l'alcool peut être diminuée par la conjonction de ces trois mesures.

Des évaluations des soins brefs ont été présentées. Il en ressort qu'un impact significatif est mis en évidence (Guerra, 2013; W. Miller & Wilbourne, 2002).

Les évaluations des programmes d'EAD montrent la diminution de la récidive si les conducteurs sont accompagnés d'un suivi médico-psychologique (Assailly et al., 2012).

En dehors du problème du coût de l'EAD, on peut considérer que ces mesures seraient plutôt bien acceptées car l'infraction alcool est perçue très négativement par les conducteurs.

2. L'exemple du Royaume-Uni

Le contexte politique et institutionnel est très particulier au Royaume-Uni, car un lien très fort s'est établi entre ces pouvoirs et les sciences. En effet, dans un pays où la planification telle que pouvait la concevoir le Commissariat du Plan en France n'était pas envisagée, d'autres liens entre les sciences et les institutions se sont créés.

2.1. Un dispositif institutionnel puissant

En 1993, le « *White paper on science and technology* » incite le gouvernement à changer son approche des sciences et de la technologie afin de restaurer la compétitivité de l'industrie et de la recherche. Un organisme devrait établir l'état des savoirs prouvés et promouvoir leur usage en tous domaines ainsi que planifier les actions gouvernementales qui en résulteraient. En conséquence, en 2007, le « *Government Office for Science* » (GOS) est créé au sein du « *Department of Business, Innovation and Skills* » (DBIS). Il est composé de conseillers scientifiques indépendants et dirigé par le

« *Government's Chief Scientific Advisor* » (GCSA) qui dépend du premier ministre et du cabinet. Le GOS établit un état des savoirs, car d'après le directeur du DBIS : « *la science a sa juste place au cœur d'un bon gouvernement de politiques basées sur des preuves (« evidence based »)* ». Ce dispositif institutionnalise les relations entre la recherche, les experts et le gouvernement anglais. Le gouvernement et ses ministres sont liés au GCSA par un ensemble de règles : le « *Government's Principles of Scientific Advice* ». Le principe essentiel est que tout ministre qui ne tient pas compte de l'état des savoirs scientifiques prouvés (« *evidence based* ») bénéfiques à « *l'intérêt public* » doit expliquer ses raisons de ne pas le faire. Dans un premier temps, ce ministre les présente au GCSA ; s'il persiste,
il doit les exposer publiquement. Et donc assumer pleinement ses choix.

2.2. Les tentatives pour fixer un prix minimum de l'unité d'alcool en Angleterre et au pays de Galles

La fixation d'un prix minimum par unité d'alcool est impopulaire, car elle est censée « *punir la majorité* » ; elle est considérée comme inégalitaire, car elle affecte les catégories modestes. Cette opinion est soutenue par les alcooliers et leur association « *Drinkaware. Responsibility Deal* ». De plus, ceux-ci rendent les individus uniques responsables de leurs modes de consommation. Or, tabler sur la responsabilité individuelle revient à s'en remettre au libre arbitre de personnes mues par la recherche de leur liberté individuelle en dehors de tout accompagnement institutionnel. Les alcooliers jouent sur cette ambiguïté lorsqu'ils font appel à la responsabilité et à la liberté individuelle. Ainsi, la complexité de ces notions est utilisée à des fins stratégiques. En effet, la responsabilité individuelle est mise en avant lorsqu'il est question de choisir un comportement ou d'en changer. Pourtant, ne compter que sur cette dimension rend les évolutions très lentes, voire impossibles. La démarche de vouloir responsabiliser des consommateurs est connue pour son inefficacité (Babor et al., 2010; Bailey et al., 2011). Il est donc nécessaire que les pouvoirs publics interviennent pour empêcher ou pour favoriser et encourager des comportements et leurs changements. Lorsque l'action publique veut solliciter la responsabilité individuelle, elle doit le faire à l'aide de programmes spécifiques.

En 2009, le gouvernement britannique veut lutter contre des dépenses de santé considérables attribuées à des consommations nocives d'alcool. De plus, il veut intervenir sur les beuveries des jeunes. Car si la consommation totale baisse, les nuisances de ce produit s'accroissent. En effet, 30% de la population achète 80% de l'alcool (Booth et al., 2008), et ceux-ci le consomment (Purshouse et al., 2010). Le Royaume-Uni et les pays du nord de l'Europe sont en tête des problèmes de beuverie en Europe avec 80% des consommations en dehors des repas ; en ces pays, on boit pour être ivre. Les mineurs et les femmes deviennent des groupes à problème (Ian Gilmore, « *European Alcohol and Health Forum Science Group* », Armagh, 26 janvier 2012).

Le « *Government's Chief Officer* », Donaldson propose un prix minimum de 50p/unité, basé sur des preuves. Cette proposition est appuyée par le « *Health Select Commitee* » de la Chambre des Communes. Gordon Brown, premier ministre travailliste, refuse ; alors qu'il est prouvé que c'est le meilleur moyen d'intervenir sur les consommations excessives et sur les beuveries.

Le « *Government's Principles of Scientific Advice* » impose à G. Brown d'expliquer publiquement son refus. Il invoque l'inégalité de la mesure et dit recourir à d'autres moyens qu'il prétend « *efficaces* » et qui se résument à responsabiliser les consommateurs, intervention connue pour son inefficacité.

En 2010-2011, des oppositions institutionnelles et associatives se mettent en place. Le ministère de la santé demande un rapport qui confirme l'efficacité des politiques des prix et la faible efficacité des actions sur la responsabilité individuelle (NHS, 2010). L'ONG « *Alcohol Concern* » fait un rapport sur les politiques de prix et de vente de l'alcool (Shenker, Sorensen, & Davis, 2009) et demande à l'Université de Bangor d'établir un état de la science pour le pays de Galles qui se révèle d'une portée très générale (Bailey et al., 2011). Il en ressort que le prix de l'alcool est le déterminant clé des quantités consommées, surtout par les gros buveurs. Ces résultats sont repris par des recommandation du ministère de la Santé (NHS, 2010)

En 2011, un gouvernement de coalition est constitué. Le « *Home Office* » annonce une taxe douanière qui induit un prix minimum de 21p/unité pour la bière et 28p/u pour les alcools forts. Or, pour être efficace, des recherches montrent qu'il faut que ce prix soit au moins de 40p/u (Brennan et al., 2008; Purshouse et al., 2010). Cette mesure, insuffisante au regard de l'état des savoirs, est critiquée par un rapport de la Chambre des Lords (Science and Technology Select Commitee, 2011). Celle-ci souhaite que le ministre respecte réellement le dispositif, ce qui suppose de suivre l'état de la science. Cette décision, manifestement insuffisante, du gouvernement de coalition cherchait-elle à contenter tout le monde ou était-ce une stratégie pour montrer qu'il n'y a pas d'autre choix que de se conformer à la preuve scientifique ?

En 2012, Cameron annonce un prix minimum à 40p/u. Cette mesure est applaudie par les institutionnels et suscite des doutes chez les ONG qui considèrent que ce prix doit être d'au moins 50p/u pour avoir un effet sensible. Elle est critiquée par les alcooliers qui mettent en avant les lois anti-trust de l'Union Européenne. En effet, depuis 2004, le Traité de Fonctionnement de l'Union Européenne comprend des lois anti-trust (Art. 101 et 102) opposables à une augmentation des prix, car celle-ci entrave la libre concurrence. Du fait de ces lois, la tentative de réforme s'enlise en 2013.

Pourtant, les commandes de recherche sur cette question ne faiblissent pas, d'autant que l'université de Sheffield a mis au point un modèle qui étudie les politiques publiques axées sur le prix de l'alcool : le « *Sheffield Alcool Policy Model* ». Dans sa version 2.5, ce modèle permet d'estimer qu'à 45p/u, les gros buveurs consomment nettement moins et que les décès dans cette population diminuent très sensiblement tandis qu'avec une augmentation à 40p/u cet effet serait bien moindre (Brennan, Meng, Holmes, Hill-McManus, & Meier, 2014). Dans sa version 2.6, ce modèle montre que les buveurs modérés seraient peu affectés par une augmentation de 45p/u, mais que les gros consommateurs diminueraient nettement les quantités absorbées. Et les personnes aux niveaux socioéconomiques les plus modestes bénéficieraient de gains considérables en termes de santé (mesurée en « *quality-adjusted life-years* ») (Holmes et al., 2014). Ces nombreux résultats scientifiques imprègnent progressivement les conceptions en dépit de l'actuel échec de cette réforme. Ils fixent aussi le niveau minimum d'augmentation des prix pour obtenir des effets en matière de réduction des risques.

2.3. L'exemple de l'Ecosse

Pour les mêmes raisons que l'Angleterre, l'Écosse adopte dès 2012 une loi qui fixe un prix minimum par unité d'alcool. Les prix des boissons, en particulier ceux des alcools forts, augmenteraient alors suffisamment pour restreindre les consommations des plus gros buveurs, comme des recherches l'ont prouvé (Brennan et al., 2008; Purshouse et al., 2010). Le législateur écossais considère en effet que des mesures fiscales ne suffiraient pas à atteindre le même niveau de dissuasion.

Les alcooliers contestent cette loi en justice et aboutissent devant la Cour de justice de l'Union Européenne qui leur donne raison du fait des dispositions des lois anti-trust en 2015. Cette Cour estime que des mesures fiscales suffiraient. En dépit de cette décision, la Cour suprême écossaise pourrait malgré tout estimer ce dispositif légal, auquel cas la loi fixant un prix minimum pour l'alcool serait adoptée. Ce jugement est encore en cours.

Un règlement similaire existe déjà au Canada et l'Irlande et le Danemark sont intéressés par une régulation du prix de l'alcool. L'Angleterre et le Pays de Galles pourraient alors s'engouffrer dans la brèche.

*

* *

Les sciences proposent actuellement de véritables moyens pour intervenir efficacement sur les problèmes d'alcool, au volant ou en général. En France, divers dispositifs institutionnels existent déjà pour rendre leur mise en œuvre rapide. Il ne manque donc qu'une volonté politique pour parvenir à diminuer de façon significative la mortalité et la morbidité liées à l'alcool. En Europe, le Royaume-Uni donne un exemple intéressant, comme il l'a fait il y a quelques décennies pour l'alcool au volant. Cette fois-ci les Britanniques, forts d'une recherche très développée en la matière, tentent d'intervenir sur les consommations d'alcool par une augmentation nette du prix de l'unité d'alcool. Pour obtenir des effets notables en santé publique, il faudrait que cette augmentation soit conséquente. L'intervention des alcooliers auprès de la cour Européenne s'explique d'autant mieux que l'on sait que ce sont les gros buveurs qui assurent l'essentiel de leurs recettes. Mais quelques pays ne veulent pas en rester à l'échec imposé par la cour Européenne, motivés par leur volonté de lutter contre les beuveries des jeunes, voire très jeunes, européens.

La santé publique, la sécurité routière et les victimes de violences pourraient trouver avantage à des interventions combinées sur les prix de l'alcool et sur les choix de comportement des gros buveurs débutants grâce à des soins brefs.

CONCLUSION

Un des objectifs de ce travail était d'établir l'intérêt qu'il y a eu et qu'il y aura à fonder des politiques publiques de sécurité routière sur la science. L'analyse de diverses réformes, en particulier celles fondées sur des lois en matière d'alcool au volant illustre la nécessité du recours à la science pour plusieurs raisons.

Premièrement, la recherche a montré que des facteurs de risques proviennent des infrastructures, des véhicules et des conducteurs. Nous nous sommes focalisés ici sur la question des comportements individuels risqués. Les lois de sécurité routière se distinguent par l'interdiction de comportements qui induisent des risques pour la vie et pour l'intégrité physique. L'identification des facteurs causaux de ces risques relève alors par définition de recherches scientifiques. C'est la démonstration de l'existence de ces facteurs et de l'importance de leurs conséquences sur la mortalité et la morbidité qui légitime la création de lois et de règlements en la matière.

Deuxièmement, les recherches montrent rapidement qu'il ne suffit pas d'interdire pour modifier de tels comportements. Des courants de recherche très vivaces mettent cette difficulté en évidence et proposent des méthodes d'action publique pour remédier à l'insuffisance du simple énoncé d'une interdiction. De son côté, la psychologie dispose de divers types d'intervention pour modifier les comportements qui ne remportent pas tous des succès très significatifs. Toutefois, des modélisations de la décision décrivent les choix de comportement, proposant de grandes lignes d'intervention sur les déterminants de ces choix. Utilisant des concepts analogues, la théorie de la dissuasion prend une importance considérable dans les sociétés modernes. En effet, elle propose de structurer l'action de l'institution pénale de façon à peser sur les décisions individuelles par une menace de sanctions fréquentes et certaines, assorties d'une importante publicité. Celle-ci assure la connaissance et la prise en compte des mesures pénales par les individus. Diverses évaluations s'avèrent indispensables, prouvant l'efficacité de certaines de ces réformes. Les techniques actuelles donnent les moyens nécessaires à ces entreprises. Il en découle qu'une telle activité devrait accompagner toute réforme, qu'il s'agisse d'une nouvelle loi ou de l'accentuation de l'application d'une loi existante.

Plus précisément, la dissuasion comprend trois phases essentielles. D'abord, il s'agit de faire connaître la réforme envisagée au plus grand nombre d'individus, par tous les canaux accessibles. Ensuite, il faut assurer une mise en œuvre fréquente de contrôles et de sanctions pour que la population perçoive concrètement ce changement, l'intègre et modifie ses comportements. Enfin, il faut assurer une publicité intense et maintenue dans le temps de cette mise en œuvre accrue. Plus tard, il conviendra de renouveler ces opérations, au besoin en modifiant quelques éléments de la réforme précédente, de façon à maintenir vivace la crainte d'être sanctionné. Certains juristes voudraient ajouter à cela la prise en compte d'un effet de la peine elle-même ; celle-ci devant être maintenue durablement dans le temps pour produire ses pleins effets. Une controverse se poursuit sur la sévérité de la peine, même si l'effet intrinsèque de son durcissement est rarement démontré. Par contre, un effet spécifique du dispositif français en matière de vitesse se dégage clairement. L'usage de peines légères, mais fréquentes, est renforcé par l'existence du permis à points qui assure la durabilité et l'accroissement progressif de la menace de sanctions sur le permis de conduire. Or, cette peine est très redoutée des conducteurs.

Le phénomène de l'alcool au volant, on l'a vu, ne peut être conçu indépendamment de la problématique de l'alcool en général. En effet, des recherches sur l'alcool au volant montrent qu'une grande partie des conducteurs alcoolisés ont un problème d'alcool ; et qu'il est particulièrement difficile d'agir sur ces personnes. Il devient alors nécessaire de tenir compte de cette composante et d'intervenir sur les deux problèmes à la fois. Divers moyens assez efficaces se dégagent au fil du temps.

Il faut agir sur l'accessibilité de l'alcool, concrètement en rendant plus difficile sa consommation, tant par des règles qui en limitent l'achat que par la réduction de l'accès aux débits de boisson, en diminuant leur nombre, en agissant sur leur localisation et en contraignant leurs heures d'ouverture. Pourtant, ces modes d'action sont souvent négligés, voire contrés ou contournés. Il reste alors un autre moyen très efficace mais controversé : l'augmentation du prix de l'unité d'alcool pur. Si le prix est suffisamment élevé, les consommations diminuent et leurs conséquences sanitaires se réduisent, comme nous l'avons vu.

Afin de modifier les comportements des conducteurs alcoolisés, la sanction s'avère insuffisante au vu de l'importance de la récidive qui se maintient depuis de longues années autours de 15%. Or, des travaux scientifiques justifieraient d'imposer des actions qui modifient durablement les usages excessifs d'alcool. Divers types de soins, en particulier les moins coûteux - Conseils brefs et Interventions brèves - ont fait preuve de leur efficacité. Utilisés massivement en amont du jugement, de tels soins complèteraient efficacement l'arsenal dissuasif. Concrètement, pour de gros buveurs débutants identifiables par des alcoolémies dépassant 1 g/l de sang, il pourrait prendre la forme d'une injonction thérapeutique prévue par loi. Par ailleurs, les obligations de soins associées à des peines devraient être plus nombreuses pour des buveurs d'habitude, déjà ancrés dans leurs multiples problèmes. Ce qui impliquerait d'abord d'accroître les effectifs des services pénitentiaires d'insertion et de probation (SPIP). Ces mesures pourraient même changer radicalement les données des problèmes d'alcool, tant au volant que dans la vie courante. Le système pénal gagnerait donc à s'ouvrir en pratique sur le système de soin.

Ainsi, le dispositif français actuel apparaît comme potentiellement performant, mais de nombreuses insuffisances sont relevées par la Cour des Comptes en 2016. Outre les mesures proposées par cette instance, diverses propositions issues des recherches exposées ici pourraient être prises en considération. Il faudrait avant tout éviter toutes décisions ou communications contradictoires et approximatives qui décrédibilisent les institutions et le bien fondé de leurs actions. Ensuite, il conviendrait de stimuler l'efficacité du système par des réformes ou des accentuations des contrôles de façon régulière, en suivant le modèle de dissuasion dont la pertinence est mise en évidence. Et surtout, les contrôles devraient toujours être suivis des sanctions prévues et les retraits de points du permis de conduire être effectifs, ce qui n'est pas le cas actuellement (Le Gallou & Colin, 2012) ainsi que Claude Got le souligne sur son site où ce rapport confidentiel est accessible (www.securite-routiere.org).

Les travaux étudiés montrent que les lois interviennent pour modifier les comportements mais qu'elles tiennent leur légitimité et leur efficacité de leurs fondements scientifiques. Il est mis en évidence qu'une loi bien faite ne suffit pas. Il faut qu'elle soit accompagnée d'une politique de dissuasion avec des peines fréquentes et certaines, assorties d'une publicité accentuée.

Si cette recette seule est utilisée, les effets de ces interventions risquent d'être éphémères ; il est aussi nécessaire de renouveler les formes d'actions pour réamorcer leurs impacts. Par exemple, il faut augmenter la détection par radars, utiliser massivement des soins brefs et augmenter les obligations de soins, utiliser des éthylotests anti-démarrage plus largement… Pour vivifier une telle politique, il importe donc de multiplier les réformes ; mais cela rend difficile leurs évaluations. Toutefois, il est possible de considérer que des preuves de l'efficacité de chacune de ces interventions ont déjà été apportées. Seul leur résultat global, avec une diminution importante et durable de la mortalité et de la morbidité, apportera la preuve de leur efficacité.

Au delà de lois de sécurité routières effectives, intervenir sur le prix de l'alcool s'avère une mesure particulièrement efficace. Et plus largement, intervenir par des soins brefs sur toutes sortes de comportements incriminés associés à l'alcool en dehors de la conduite routière permettrait de réduire les risques, à conditions de développer très fortement ce système de prise en charge.

La France dispose donc d'un dispositif de dissuasion en matière de risques routiers, complété par le permis à points, ce qui le rend potentiellement efficace. En effet, cette menace complémentaire agit sur le long terme, offrant la validation normative qui manquait au modèle de dissuasion d'origine. L'ouverture juridique et judiciaire du système pénal vers le système de soins s'est accrue grâce au recours à l'injonction thérapeutique en matière d'alcool. Son utilisation effective complèterait le dispositif afin d'obtenir des effets plus durables. Cela à condition de mettre en place des soins brefs, ce qui n'est pas encore fait.

Bien établi scientifiquement et validé, ce dispositif pourrait apporter tous ses effets si les pouvoirs politiques et administratifs acceptaient de le réaliser. D'abord par une politique pénale ferme sur le long terme qui ne subisse pas d'aléas conjoncturels, entre atermoiements et mesures contradictoires. Ensuite, avec une véritable communication institutionnelle qui défende les connaissances et les principes de base de la sécurité routière contre des campagnes de désinformation portées par des individus et des associations bien souvent soutenus par des lobbies. Enfin, il faudrait que les politiques revoient les apports recensés par l'histoire institutionnelle. En particulier, des calculs économiques devraient mettre en perspective des bénéfices générés par de grandes industries face aux coûts publics de l'accidentalité routière et de l'alcool. Actuellement, l'immédiateté des bénéfices opposée à des gains de santé publique à plus long terme occulte la réalité du préjudice porté à la population. Et bien sûr, l'emploi est toujours un argument qui supplante celui des coûts publics. Pourtant, des dommages sociaux considérables existent déjà et d'autres sont en gestation. En particulier, l'alcoolisation des très jeunes fait peser une menace sur l'avenir de nos sociétés, au point que des pays soucieux de ces problèmes tentent d'intervenir, s'opposant aux normes européennes sur la libre concurrence. À l'inverse, en France, des amendements à la loi Évin laissent présager une évolution défavorable des consommations d'alcool, alors que peu de voix s'élèvent pour mettre en garde les pouvoirs publics et surtout la société civile sur la gravité des problèmes à venir. Le tout économique en période de crise durable peut se comprendre. Mais faut-il l'accepter ?

Nous disposons de moyens pour intervenir efficacement sur les risques routiers et sur les problèmes posés par l'alcool. Et les expériences passées ont montré qu'une population bien informée des problèmes et des solutions efficaces se montre très généralement favorable à de telles réformes. Prendre prétexte de l'impopularité supposée de telles mesures pour ne pas agir efficacement s'avère alors un mauvais calcul. Pourtant, nous l'avons vu, des réformes bien expliquées emportent l'adhésion, surtout lorsqu'il s'agit de protéger la vie et l'intégrité physique des individus. Quelle serait la logique d'imposer à la population le respect des normes du Nouveau Code Pénal qui érige en valeur fondamentale cette protection si les gouvernements s'abstenaient sciemment d'intervenir efficacement sur de tels problèmes ?

BIBLIOGRAPHIE

Abraham, C., & Thedie, J. (1960). Le prix d'une vie humaine dans les décisions économiques. *Revue Française de Recherche Opérationnelle, 16*.

Amselek, P. (1997). La part de la science dans les activités des juristes. *Recueil Dalloz, 43*, 337-342.

Amselek, P. (2006). Les fonctions normatives ou catégories modales. *Philosophiques, 33*(2), 391-412.

Andenaes, J. (1966). The general preventive effects of punishment. *University of Pensilvania Law Review, 114*, 949-983.

Andenaes, J. (1974). *Punishment and deterrence*. Ann Arbor: University of Michigan Press.

Andenaes, J. (1978). The effects of Scandinavia's drinking and driving laws : facts and hypothesis. In R. Hauge (Ed.), *Drinking and driving in Sacandinavia*. New-York: Columbia University Press.

Anderson, P., & Baumberg, B. (2006). *L'alcool en Europe. Une approche de santé publique. Rapport à la Commission Européenne.* Retrieved from Londres: Institute of Alcohol Studies

Anderson, P., Gual, A., Colom, J., & INCa (trad.). (2008). *Alcool et médecine générale. Recommandations cliniques pour le repérage précoce et les interventions brèves*. Retrieved from Paris:INCA

Assailly, J. (1997). *Les jeunes et le risque*. Paris: Vigot.

Assailly, J. (2009). *La psychologie du risque. De la mise en danger de soi*. Paris: Lavoisier.

Assailly, J., Facy, F., Chatenet, F., Weber, L., Martineau, H., Billard, A., . . . Maugendre, M. (2012). *Rapport d'étude*. Retrieved from Marne-La-Vallée:

Aubert, V. (1952). White Colar Crime and Social Structure. *American Journal of Sociology, 58*(Nov.), 263-271.

Babor, T., Caetano, R., Casswell, S., Edwards, G., Giebrecht, N., Graham, K., . . . Rossow, I. (2010). *Alcohol No Ordinary Commodity Research and public policy*. New York: Oxford University Press.

Bailey, J., Poole, R., Zinovieff, F., Robinson, C. A., Parry, O., Tocque, K., & Kennedy, L. (2011). *Achieving Positive Change in the Drinking Culture of Wales*. Retrieved from Bangor: Bangor University

Baker, J. S. (1960). *Cases studies of Traffic Accidents : Selected Reports* Retrieved from Evanston Illinois:Traffic Institute Northwestern University

Baker, J. S., & Ross, H. L. (1961). Concepts and classification of traffic accident causes (part 1). *International Road Safety and Traffic Review, 9*(31), 11-18.

Barjonnet, P. E. (Ed.) (1987). *Le risque routier : du phénomène à son image sociale et à sa gestion. Compte rendu de la journée spécialisée du 11 juin 1987*. Arcueil: INRETS.

Beccaria, C. ([1764] 1991). *Des délits et des peines*. Paris: Flamarion.

Berlivet, L. (2000). *Une santé à risques : l'action publique de lutte contre l'alcoolisme et le tabagisme en France (1954-1999)*. (Doctorat), Rennes I, Rennes.

Biecheler-Fretel, M. B. (1985). *Alcool, conduite et insécurité routière* (65). Retrieved from Arcueil: INRETS.

Biecheler-Fretel, M. B., Fontaine, H., & Got, C. (1997). Alcool et circulation routière. In C. Got & J. Weill

(Eds.), *L'alcool à chiffres ouverts* (pp. 235-361). Paris: Seli Arslan.

Biecheler-Frétel, M. B., Rémond, M. C., & Berlioz, C. (1974). *Alcoolémie des conducteurs et accidents de la route*. Retrieved from Arcueil: ONSER.

Biecheler, M. B. (1977). *Etude de l'alcoolémie des conducteurs en 1977*. Retrieved from ARCUEIL: ONSER.

Biecheler, M. B., & Lassare, S. (1984). Alcool et conduite, la loi de juillet 1978: un effet nuancé. *RTS Recherche Transports Sécurité, 2*(Avril), 4-9.

Bien, T. H., Miller, W. R., & Tonigan, J. S. (1993). Brief interventions for alcohol problems: a review. *Addiction, 88*, 315-336.

Blais, E., & Beaudoin, I. (2007). *Vers une théorie générale de la peine : un modèle conceptuel appliqué à la prévention de la conduite avec facultés affaiblies*. Paper presented at the Le Pénal aujourd'hui : pérennité ou mutations, Montréal.

Blais, E., & Ouimet, M. (2005). L'effet des interventions légales sur les accidents mortels et associés à la conduite avec facultés affaiblies au Québec entre 1980 et 2001. *Canadian Journal of Criminology and Criminal Justice, 47*, 545-578.

Boiteux, M. (1994). *Transports: pour un meilleur choix des investissements*. Retrieved from Paris: La Documentation Française.

Boiteux, M. (2001). *Transports: Choix des Investissements et Coût des nuisances*. Retrieved from Paris: La Documentation Française.

Bombet, J. P. (1970). *Alcoolisme et coût du crime*. Retrieved from Paris: SEPC, Ministère de la Justice.

Bonnie, R. J. (1981). Discouraging the use of alcohol, tabacco and other drugs : the effect of legal control and restrictions. In N. Mello (Ed.), *Advances in Substances Abuse : Behavioral and Biological Research* (pp. 145-185). Greenwich: Jal Press.

Booth, A., Meyers, A., & Stockwell, T. (2008). *Independant review of the effects of alcohol pricing and promotion. Part A: Systemati reviews.* Retrieved from Sheffield: University of Sheffield.

Borkenstein, R. F. (1964). *The Role of the Drinking Driver in Traffic Accidents*. Bloomington: Indiana University.

Bouzitat, J. (1996). La théorie des jeux *Encyclopaedia Universalis* (Vol. 13, pp. 78-84). Paris: Encyclopaedia Universalis.

Brennan, A., Meng, Y., Holmes, J., Hill-McManus, D., & Meier, P. (2014). Potential benefits of minimum unit pricing for alcohol versus a ban on below cost selling in England 2014: modelling study. *BMJ*, 1-14.

Brennan, A., Purshouse, R. C., Rafia, R., Taylor, K. B., & Meier, P. (2008). *Independant review of the effects of alcohol pricing and promotion. Part B: Modelling the potential impact of pricing and promotion policies for alcohol in England: Results from the sheffield alcohol policy model*. Retrieved from Scheffield: University of Scheffield

Brody, L. (1959). *Accidents and Attitudes. Basic Aspects and Applications of the Psychology of Safety*. New York: New York University.

Bruun, K. (1971). *Implication of legislation relating to alcoholism and drug dependence: government policies.* Paper presented at the 29th International Congress on Alcoholism and Drug Dependence, Australia.

Bruun, K., Edwards, G., Lumio, M., Mäkelä, K., Pan, L., & Popham, R. E. (1975). *Alcohol Control Policies*

in Public Health Perspective (Vol. 25). Helsinki: The Finnish Foundation For Alcohol Studies.
Caballero, F., & Bisiou, Y. (2000). *Droit de la drogue*. Paris: Dalloz.
Campbell, B. J. (1958). A Comparison of the Driving Records of 1,100 Operators Involved in Fatal Accodents and 1,100 Operators Selected at Random. *Traffic Safety Research Review*(2), 2-7.
Campbell, D. T., & Ross, H. L. (1968). The Connecticut Crackdown on Speeding: Time-Series Data in Quasi-Experimental Analysis. *Law & Society Review, 3*(1), 33-54.
Campbell, D. T., & Stanley, J. C. (1963). *Experimental and Quasi-Experimental Design for Research*. Boston: Houghton Mifflin.
Campbell, D. T., & Stanley, J. C. (1966). *Experimental and quasi-experimental designs for research*. Chicago: Rand McNally Publishing Compagny.
Cashmore, J. (1985). *The Impact of Random Breath Testing in New South Wales*. Retrieved from Sidney: New South Wales Bureau of Crime Statistics and Research
Cerclé, A. (1994). Le concept et le groupe. *Alcoologie Plurielle, 24*(Octobre), 5-9.
Chabrol, C., & Radu, M. (2008). *Psychologie de la communication et de la persuasion*. Bruxelles: Edition de Boeck.
Chapman, R. A. (2007). The Origins of the Joint University Concil and the Background to Public Policy and Aministration: An Interpretation. *Public Policy and Administration, 22*(1), 7-29.
Cohen, A., Lindesmith, A., & Schuessler, K. (Eds.). (1956). *The Sutherland Papers*. Bloomington: Indiana University Press.

Cohen, J. (1984). The legal control of drunkun driving : A comment on the methodological concerns in assessing the deterrent effectiveness. *Journal of Criminal Justice, 12*, 149-154.

Cohen, J., & Hensel, M. (1956). *Risks and Gambling : The Study of Subjective Probability*. New York: Philosophical Library.

Colonel Lagache. (1977). L'alcool et la route. *Bulletin du Haut Comité d'Etudes et d'Information sur l'Alcoolisme, 130*(3), 39-45.

Comité des experts du Conseil National de la Sécurité Routière. (2013). *Proposition d'une stratégie pour diviser par deux le nombre des personnes tuées ou blessées gravement d'ici 2020* Retrieved from Paris: Ministère de l'Intérieur.

Commission de la sécurité routière. (1989). *Livre blanc sur la sécurité routière*. Retrieved from Paris: La Documentation Française.

Commission des lois Assemblée Nationale. (2009). *Juger et soigner : lutter contre les pathologies et addictions à l'origine de la récidive*. Retrieved from Paris: Assemblée Nationale.

Cook, P. J. (1981). The effect of liquor taxes on drinking, cirrhosis, and autoaccidents In M. H. Moore & D. R. Gerstein (Eds.), *Alcohol and Public Policy: Beyond the Shadow of Prohibition* (pp. 255-285). Washington: National Academy Press.

Cour des Comptes. (2016). *Les politiques de lutte contre les consommations nocives d'alcool*. Retrieved from Paris: Cour des Comptes.

Crane, D. (1972). *Invisible Colleges. Diffusion of knowledge in scientific communities*. Chicago: The University of Chocago Press.

Crespin, R. (2006). Drogues et sécurité routière : changement de politique ou nouvel usage des instruments? *Revue Française de Sciences Politiques, 56*(5), 813-836.

Crombie, A. C. (1994). *Styles of Scientific Thinking in the European Tradition*. London: Duckworth.

Crozet, Y., Bagard, V., & Chevasson, G. (2003). Valeur de la vie humaine et sécurité routière : de l'incubation à l'émergence de nouvelles préférences collectives. *Transports, 422*(Novembre-décembre), 259-267.

Cusson, M. (2010). *Dissuasion, justice et communication pénale*. Retrieved from Montréal: Institut pour la Justice.

Dargelos, B. (2008). *La lutte antialcoolique en France depuis le XIXème siècle*. Paris: Dalloz.

De Buhan, P., & Filou, C. (1979). *L'alcool sur la route en 1979 et son Evolution depuis 1977: Exposé des principaux résultats*. Retrieved from Arcueil: ONSER.

de Closets, F. (2008). *Le divorce français*. Paris: Fayard.

Debré, R. (1974). *L'honneur de vivre. Témoignage*. Paris: Herman et Stock.

Delhomme, P. (1993). La modification des comportements insécuritaires de conduite. Des attitudes, des comportements et leurs rapports. *Recherche Transports Sécurité, 41*, 25-36.

Diaz Gomez, C., & Milhet, M. (2005). *Repérage Précoce Intervention Brève. Stratégies de promotion du repérage précoce et de l'intervention brève en matière d'alcool auprès des médecins généralistes*. Retrieved from Paris: Observatoire Français des Drogues et des Toxicomanies.

Dinh-Zarr, T., Goss, C., Heitman, E., Roberts, I., & DiGuiseppi, C. (2004). Interventions for preventing injuries in problem drinkers. *The*

Cochrane Database of Systematic Reviews(3), 1-33.
Donelson, A. C., & Beirness, D. V. (1985). *Conduites avec facultés affaiblies, rapport n°2. Questions législatives relatives à la conduite sous l'influence de l'alcool* Retrieved from Ottawa: Ministère de la Justice.
Douglas, M., & Wildavsky, A. (1983). *Risk and Culture, an Essay on the Selection of Technical and Environmental Dangers*. Berkeley: Univ. of Calif. Press.
Drew, G. C., Coquhuon, W. P., & Long, H. A. (1959). *Effect of Small Doses of Alcohol on a Skill Resembling Driving* Retrieved from London: Univerity of London.
Duflot, P., & Hoffman, F. (1963). *Etudes d'accidents : conducteur et véhicule*. Retrieved from Arcueil: ONSER.
Duflot, P., & Hoffman, F. (1964). *Etudes d'accidents: les victimes*. Retrieved from Arcueil: ONSER
Durkheim, E. (1930). *Le suicide*. Paris: P.U.F.
Durkheim, E. ([1923] 1963). *L'éducation morale*. Paris: P.U.F.
Duval, H., Lassarre, S., & L'Hoste, J. (1982). *Expérience sur le renforcement des contrôles* (15-16). Retrieved from Arcueil : ONSER.
Edwards, G., & Griffith, G. (1995). *Alcohol Policy and the Public Good*. Oxford: Oxford University Press.
Elinson, J. (1967). Epidemiological studies and control programs in alcoholism: Discussion. *American Journal of Public Health, 57*, 991-996.
Elvik, R. (2009). *The power model of the relationship between speed and road safety: update and new analysis*. Retrieved from OSLO: Institute of Transport Economics TOI.

Expertise collective. (2001). *Alcool. Effets sur la santé.* Retrieved from Paris: INSERM.

Expertise collective. (2003). *Alcool - Dommages sociaux, abus et dépendances.* Retrieved from Paris: INSERM.

Faverge, J. M. (1967). *Psychosociologie des accidents du travail.* Paris: PUF.

Fayon, A., & Tarrière, C. (1974). *Essai de définition de la tolérance de la tête des jeunes enfants aux chocs.* Paper presented at the IRCOBI, Lyon.

Fayon, A., Tarrière, C., Sacreste, J., Got, C., & Patel, A. (1978). *Methods for backing-up the conclusions of accidents reconstructions carried out with instrumented cadavers* Paper presented at the IRCOBI, Lyon.

Fayon, A., Tarrière, C., Walfisch, G., Got, C., & Patel, A. (1975). *Synthèse des résultats et conclusions d'une série d'essais de ceinture de sécurité retenant des cadavres.* Paper presented at the IRCOBI, Birmingham.

Fell, J. C. (1976). A motor vehicle accident causal system. *Human Factors*(18), 85-94.

Ferrandez, F. (Ed.) (1995). *L'étude détaillée d'accident orientée vers la sécurité primaire : méthodologie de recueil et d'analyse.* Paris: Presses de l'Ecole nationale des Ponts et Chaussées.

Ferrandez, F., & Fleury, D., Malaterre, G. (1986). L'étude détaillée des accidents une nouvelle orientation de la recherche en sécurité routière. *Recherche Transports Sécurité, 9-10*, 17-20.

Festinger, L. (1957). *A theory of cognitive dissonance.* Stanford: Stanford University Press.

Folkman, J. (1996). Fighting cancer by attacking its blood supply. *Scientific American, 275*, 150-154.

Fondation Canadienne des Toxicomanies. (1983). *Deterrance of Drinking Driving : a Position Paper*. Retrieved from Edmonton: Fondation Canadienne des Toxicomanies.

Fuller, R. (1984). A conceptualisation of driving behaviour as threat avoidance. *Ergonomics, 27*(11), 1139-1155.

Gibbs, J. P. (1975). *Crime, Pinishment and Detrrence*. New York: Elsevier.

Gilbert, C. (2009). Définir et occulter. Lorsque la sécurité routière éclipse la santé publique. In C. Gilbert & E. Henry (Eds.), *Comment se construisent les problèmes de santé publique* (pp. 113-130). Paris: La Découverte.

Girandola, F., & Joule, R. V. (2012). La communication engageante : aspects théoriques, résultats et perspectives. *L'Année Psychologique, 112*, 117-144.

Girandola, F., & Michelik, F. (2008). Engagement et persuasion par la peur : vers une communication engageante dans le domaine de la santé. *Revue Canadienne des Sciences du Comportement, 40*, 69-79.

Goldberg, S., Plantevin, C., & Duflot, P. (1962). *Etudes d'accidents de la route*. Retrieved from Arcueil: ONSER.

Gordon, J. (1964). The Epidemiology of Accidents. In W. Haddon, E. A. Suchman, & D. Klein (Eds.), *Accident Research: Methods and Approaches* (pp. 15-30). New York: Harper and Row.

Gordon, J. E. (1949). The Epidemiology of Accidents. *American Journal of Public Health, 39*.

Gordon, J. E., & Aycock, L. W. (1949). Home Accidents as a Community Health Problem. *American Journal of Medical Sciences*(March), 325-344.

Got, C. (1977a). Alcool et accidents. 1er semestre 1977. *Bulletin du Haut Comité d'Etudes et d'Information sur l'Alcoolisme, 131*(4ème trimestre), 39-47.

Got, C. (1977b, 14 décembre). Alcoolisme et fréquence des accidents. *Le Monde*.

Got, C. (1978). Les moyens modernes de détermination de l'alcoolémie. In C. Le Gunehec (Ed.), *La valeur éducative d'une loi pénale (loi du 9 juillet 1970)*. Paris: Ministère de la Justice.

Got, C. (1982). Alcool et accidents. 2ème semestre 1977 et 1978. *Bulletin du Haut Comité d'Etudes et d'Information sur l'Alcoolisme, 149-150*, 27-44.

Got, C. (2005). *Comment tuer l'État. Précis de malfaçons et de malfaisances*. Paris: Bayard.

Got, C. (2008). *La violence routière. Des mensonges qui tuent*. Paris: Lavoisier.

Got, C., & Thomas, C. (1976). *Alcoolémie des accidents*. Paris: IRO.

Got, C., Walfisch, G., Fayon, A., & Faverjon, G. (1975). *Les caractéristiques morphologiques, chimiques et physiques des côtes et leurs relations avec la déflexion provoquée du thorax* Paper presented at the IRCOBI, Birmingham.

Greenberg, D. F., & Kessler, R. C. (1982). The effect of arrest on crime : A multivariate panel analysis *Social Forces, 60*, 771-790.

Greenwald, P., & Cullen, J. W. (1984). The scientific approach to cancer control. CA-A. *Cancer Journal for Clinicians, 34*, 328-332.

Guerra, J. (2013). *Revue et analyse de la littérature relative à l'impact chiffré des politiques de réduction de consommation d'alcool*. Retrieved from LOOS: Public Health Expertise.

Guilbot, M. (1992). *Le contrôle pénal de la circulation routière. Le traitement pénal des contraventions de*

cinquième classe et des délits routiers. Retrieved from Arcueil: INRETS.
Gusfield, J. R. (1981). *The Culture of Public Problems - Drinking and Driving and the Symbolic Order*. Chicago: University of Chicago Press.
Hacking, I. (2002). "Vrai", les valeurs et les sciences. *Actes de la recherche en sciences sociales, 2*(141), 13-20.
Haddon, W. (1973). Energy damage and the 10 contermeasure strategies. *Journal of Trauma, 13*, 321-331.
Haddon, W., & Backer, S. P. (1981). Injury Control. In D. Clark & B. MacMahon (Eds.), *Preventive and Community Medicine* (pp. 109-140). Little: Brown and Company.
Haddon, W. J. (1970). *The Problem Drinker and Driving: Question of Strategy in Countermesure Choise and Development*. Paper presented at the Comunity Response to Alcoholism and Highway Crashes, Highway Safety Res. Institute.
Haddon, W. J. (1972). *Approaching the reduction of road losses-Replacing guesswork with logic, specificity and scientifically determined fact*. Paper presented at the National Road Safety Symposium Camberra Australia.
Haddon, W. J., Suchman, E. A., & Klein, D. (1964). *Accident Research. Methods and Approches*. New-York: Harper and Row.
Hamelin, F. (2011). *Sciences et politiques de sécurité routière. Comparaisons européennes*. Retrieved from ARCUEIL: IFSTTAR.
Hamelin, F., Kostas, C., Kletzlen, A., Lannoy, P., Moguen-Toursel, M., Petica, S., . . . Ramos, M. (2011). *Sciences et politiques de sécurité routière.*

Comparaisons européennes. Retrieved from Marne-La-Vallée: IFSTTAR
Hamelin, F., & Spenlehauer, V. (2008). L'action publique de sécurité routière : entre rêve et réalité. *Réseaux, 26*(147), 49-86.
Hart, H. L. A. (1976). *Le concept de droit (1961).* Bruxelles: FUSL.
Haut Comité de la Santé Publique. (1994). *La santé en France.* Retrieved from Paris: La Documentation Française.
HCEIA. (1985). *Alcool et Accidents. Etude de 4 796 cas d'accidents admis dans 21 hôpitaux français.* Paris: La Documentation Française.
Hilton, M. E. (1984). The impact of recent changes in California drinking-driving laws on fatal accident levels during the first postintervention year: An interrupted time series analysis *Law and Society Review, 18*, 605-627.
Hingson. (1984). *Effect's of Maine's 1981 and Massassuchett' 1982 Driving Under the Influence Legislation* Retrieved from Edinburg: Alcohol Epidemiology Section.
Hingson, R., Heeren, T., Kovenock, D., Mangione, T., Meyers, A., Morelock, S., . . . Scotch, N. (1987). Effects of Maine's 1981 and Massachusetts' 1982 driving under the influence legislation. *American Journal of Public Health, 77*, 593-597.
Holmes, J., Meng, Y., Brennan, A., Angus, C., Campbell-Burton, A., Guo, Y., . . . Purshouse, R. C. (2014). Effects of minimum unit pricing for alcohol on different income and socioeconomic groups: a modelling study. *The Lancet.com*, 1-10.
Homel, R. (1988). *Policing and punishing the drinking driver : a study of general and specific deterrence.* New York: Springer-Verlag.

Instance d'évaluation présidée par Michel Ternier. (2003). *La Politique de Sécurité Routière. Les systèmes locaux de contrôle-sanction*. Retrieved from Paris:

Jayet, M. C. (1994). *Prévention du risque "alcool au volant" dans un pays producteur de vin 1960-1990*. Retrieved from Arcueil: INRETS.

Jellinek, E. M. (1952). Phases of alcohol addiction. *Quaterly Journal of Studies on Alcohol, 13*, 673-684.

Joksch, H. C. (1993). Velocity change and fatality risk in a crash- A rule of thumb. *Accident Analysis and Prevention, 25*(1), 103-104.

Joule, R. V., & Beauvois, J. L. (1987). *Petit traité de manipulation à l'usage des honnêtes gens*. Grenoble: Presses Universitaires de Grenoble.

Joule, R. V., & Beauvois, J. L. (1998). *La soumission librement consentie*. Paris: PUF.

Katcher, B. S. (1993). The post-repeal eclipse in knowledge about harmful effects of alcohol. *Addiction, 88*, 729-744.

Kelsen, H. (1962). *Théorie pure du droit*. Paris: Dalloz.

Kiesler, C. A. (1971). *The psychology of commitment: experiments linking behavior to belief* New York: Academic Press.

Killias, M. (1985). La ceinture de sécurité : une étude sur l'effet des lois et des sanctions. *Déviance et Société, IX-1*, 31-46.

Killias, M. (1991). *Précis de criminologie*. Berne: Staempfli.

Killias, M. (2001). *Précis de Criminologie*. Berne: Staemplfi.

Kjell, B., & Goldberg, L. (1950). Effect of Alcohol Ingestion on Driving Ability. *Quarterly Journal of Studies on Alcohol, 11*(1).

Kletzlen, A. (1993). *Le code de la route : pourquoi ?* (Thèse de doctorat en Droit.), Université de Paris-Sud, Sceau.

Kletzlen, A. (1995). L'incrimination de la conduite en état d'ivresse. D'un problème de santé publique à une question de circulation routière. *Genèses, 19*, 27-47.

Kletzlen, A. (2000). *L'automobile et la loi. Comment est né le code de la route.* Paris: L'Harmattan.

Kletzlen, A. (2006). *De l'alcool à l'alcool au volant. La transformation d'un problème public.* Paris: L'Harmattan.

Kletzlen, A., Huré, M. S., & Pérez-Diaz, C. (2005). *Recherche, expertise et politiques de contrôle de l'alcool au volant.* Retrieved from Paris: CESAMES.

Kletzlen, A., & Pérez-Diaz, C. (2011). *La lutte contre l'alcool au volant in Recherche ROSARINE-Sciences et politiques de sécurité routière.* CERMES3-IFSTTAR. Paris

Kletzlen, A., & Spenlehauer, V. (2010). *La RCB appliquée à la sécurité routière : une science de gouvernement efficace?* Paper presented at the IGPDE, Paris.

L'Hoste, J. (1969). *Etude clinique d'accidents de la circulation routière.* Retrieved from Paris:

L'Hoste, J. (1970). *Etude clinique d'accidents de la circulation routière. Rapport final.* Retrieved from Arcueil: ONSER.

L'Hoste, J. (1985). Recherches consacrées au rôle de l'alcool dans les accidents de la circulation routière. Historique et comparaisons internationales. *Recherche Transports Sécurité, 5*, 27-34.

Lassare, S., & Tan, S. H. (1982). *Gestion d'indicateurs de sécurité (efficacité a posteriori des mesures).* Retrieved from Arcueil: ONSER.

Le Gallou, J. Y., & Colin, J. (2012). *Rapport sur l'écart entre le nombre d'infractions constatées et le nombre d'infractions générant un retrait de points de permis de conduire.* Retrieved from Paris: Ministère de l'Intérieur.

Le Gunehec, C. (Ed.) (1978). *La valeur éducative d'une loi pénale (loi du 9 juillet 1970).* Paris: Ministère de la Justice.

Le Net, M. (1978). *Le prix de la vie humaine. Le coût des maux sociaux.* Retrieved from Paris: La Documentation Française.

Lebeuf, M. E. (1991). Origines et transformations des infractions et des peines du code criminel canadien concernant l'ivresse au volant (1921-1985). *Revue de droit de l'université de Sherbrook, 21*(1), 101-119.

Lebreton, J. (1978). Imprégnation alcoolique, les garanties actuelles dans les opérations de contrôle. *Liaisons, 72*(Février), 12-16.

Ledermann, S. (1953). L'alcoolisation excessive et la mortalité des français. *Le Concours Médical*(Avril-mai), 27-37.

Ledermann, S. (1956). *Alcool, alcoolisme, alcoolisation.* Retrieved from Paris: INED.

Lemert, E. (1962). Alcohol, values and social control. In D. Pittman & C. Snyder (Eds.), *Society, Culture and Drinking Patterns* (pp. 553-571). New York: John Wiley.

Létinier, G. (1946). Eléments d'un bilan national de l'alcoolisme. *Population, 2*(Avril-juin), 317-328.

Lindblom, C. (1959). The science of mudding through. *Public Administration Review, 19*(2), 79-88.

Lucas, B. (2004). Reducing Discursive Complexity : The Case of Alcohol Poilicies in Europe (1850-2000). In R. Müller & H. Klingemann (Eds.), *From Science to Action? 100 years later - Alcohol Policies Revisited.* New York: Kluwer Academic Publishers.

Luce, D. R., & Raiffa, H. (1957). *Games and Decisions.* New York: John Wiley.

MacCleary, R., & Hay, R. (1980). *Applied Time Series Analysis for the Social Sciences.* Beverly Hills: Sage Publications.

Mäkelä, K., Room, R., Single, E., Sulkunen, P., & Walsh, B. (1981). *Alcohol, Society and the State: A Comparative Study of Alcohol Control.* Toronto: Addiction Research Fondation.

Malignac, G. (1952). Rapport sur le coût annuel et la prévention de l'alcoolisme. *Population, 7*(4), 733-736.

Maurice, P., Lavoie, M., & Rainville, M. (2001). Prévention des traumatismes: une approche pour améliorer la sécurité des populations. *La Santé de l'Homme*(354), 18-20.

May, E. (1954). *Problème de l'alcoolisme en France.* Retrieved from Paris: Conseil Economique.

Mazeaud, P. (1970). *Projet de loi instaurant un seuil d'alcoolémie.* Retrieved from Paris: Assemblée Nationale.

Mead, G. H. (1934). *Mind, self and society.* Chicago: The University of Chicago Press.

Mény, Y. (1993). *Les politiques du mimétisme institutionnel : la greffe et le rejet.* Paris: L'Harmattan.

Miller, W., & Wilbourne, P. (2002). Mesa Grande : a methodological analysis of clinical trials of treatments for alcohol use disorders. *Addiction, 97*, 265-277.

Miller, W. R. (1985). Motivation for treatment: a review with special emphasis on alcoholism *Psychological Bulletin, 98*, 84-107.

Moguen-Toursel, M. (2009). Naissance et développement d'outils d'évaluation de la sécurité des véhicules. In M. Flonneau & V. Guigueno (Eds.), *De l'histoire des transports à l'histoire de la mobilité ?* (pp. 171-187). Rennes: Presses Universitaires de Rennes.

Moseley, A. (1962). *Research on Fatal Highway Collision*. Retrieved from Harvard: Harvard Medical School.

Munier, B. (1996). Décision *Encyclopaedia Universalis* (Vol. 7, pp. 74-80). Paris: Encyclopaedia Universalis.

Näätänen, R., & Summala, H. (1976). A model for the role of motivational factors in drivers' decision-making. *Accident Analysis and Prevention, 6*, 243-261.

Nadeau, L., & Poupart, A. (2000). Conviction et coercition : Modèle d'intervention pour réduire la conduite en état d'ébriété. In P. Brisson (Ed.), *L'usage des drogues et la toxicomanie* (Vol. 3, pp. 273-283). Chicoutimi: Gaëtan Morin.

NHS. (2010). *Alcohol-use disorders: preventing the development of hazardous and harmful drinking* Retrieved from London: NHS.

Nilsson, G. (2004). Traffic safety dimensions and the Power Model to describe the effect of speed on safety. *Lund Bulletin, 221*.

OCDE. (1974). *Recherches sur l'application de la réglementation en matière de circulation*. Retrieved from Paris: OCDE.

OCDE. (1978). *Nouvelles recherches sur le rôle de l'alcool et des médicaments dans les accidents de la route*. Retrieved from Paris: OCDE.

Ocqueteau, F., & Pérez-Diaz, C. (1989). *Justice pénale, délinquances, déviances : évolution des représentations dans la société française*. Retrieved from Paris: CESDIP.

ONSER. (1969a). *Etudes Clinique d'Accidents de la Circulation Routière*. Retrieved from Arcueil: ONSER.

ONSER. (1969b). *L'alcool et la conduite*. Retrieved from Arcueil: ONSER.

ONSER. (1970). Alcool et conduite. Les français face au taux légal. *Actualités, 31*, 4.

ONSER. (1972). 9% des conducteurs impliqués dans un accident corporel dépassent le taux légal d'alcoolémie *Actualités, 37*, 4.

Pelletier, M. (1978). *Rapport sur les problèmes de drogue*. Retrieved from Paris: La Documentation Française.

Peretti-Watel, P. (2000). *Sociologie du risque*. Paris: Armand Colin.

Peretti-Wattel, P. (2007). *Cannabis, ecstasy : du stigmate au déni. Les deux morales des usages récréatifs de drogues illicites*. Paris: L'Harmattan.

Pérez-Diaz, C. (1994). L'indulgence, pratique discrétionnaire et arrangement administratif. *Déviance et Société, 4*, 397-430.

Pérez-Diaz, C. (1997a). Comparaison des formes de contrôle de la route en Europe. In G. Kellens & C. Pérez-Diaz (Eds.), *Le contrôle de la circulation routière dans les pays de la C.E.E.* Paris: L'Harmattan.

Pérez-Diaz, C. (1997b). Quelques aspects des évolutions du contrôle de la circulation en France. In G.

Kellens & C. Pérez-Diaz (Eds.), *Le contrôle de la circulation routière en Europe* (pp. 137-184). Paris: L'Harmattan.

Pérez-Diaz, C. (1998). *Jeux avec des règles pénales, le cas des contraventions routières*. Paris: L'Harmattan.

Pérez-Diaz, C. (2000). Comportements des conducteurs et modèles du risque. *Déviance et Société, 24*(2), 187-208.

Pérez-Diaz, C. (2003a). Postface. In Instance d'évaluation présidée par Michel Ternier (Ed.), *La politique de sécurité routière. Les systèmes locaux de contrôle-sanction* (pp. 197-201). Paris: La Documentation Française.

Pérez-Diaz, C. (2003b). Théorie de la décision et risques routiers. *Cahiers Internationaux de Sociologie, CXIV*, 145-163.

Pérez-Diaz, C. (2009). Le rôle de la science dans des interventions institutionnelles : le cas des risques d'infections nosocomiales et d'accidents de la route. *Sciences Sociales et Santé, 27*(4), 73-90.

Pérez-Diaz, C., & Huré, M. S. (2006). *Violences physiques et sexuelles, alcool et santé mentale : populations et traitements judiciaires* Retrieved from Paris: CESAMES.

Pérez-Diaz, C., & Huré, M. S. (2015). *Violences conjugales. Missions et finalités concrètes de l'intervention pénale*. Paris: L'Harmattan.

Pérez-Diaz, C., & Lombard, F. (1992). *Les contraventions routières de la constatation à l'exécution des sanctions*. Retrieved from Paris: CESDIP.

Peyrefitte, A. (1981). *Les chevaux du Lac Ladoga*. Paris: Plon.

Poncela, P., & Lascoumes, P. (1998). *Réformer le Code pénal. Où est passé l'architecte?* Paris: PUF.

Prochaska, J. O., Di Clemente, C. C., & Norcross, J. (1992). In search of how people change. *American Psychologist, 47*, 1102-1114.

Prochaska, J. O., Redding, C. A., & Evers, K. E. (1997). The Transtheorical Model and Stages of Change. In K. Glanz, F. M. Lewis, & B. K. Rimer (Eds.), *Health Behavior and Health Education: Theory, Research, and Practice*. San Francisco: Jossey-Bass.

Propeck, E., & Saint-Gérand, T. (2014). *Risque Routier, un système complexe territorial.*

Purshouse, R. C., Meier, P. S., Brennan, A., Taylor, K. B., & Rafia, R. (2010). Estimated effect of alcohol pricing policies on health and health economic outcomes in England : An epidemiological model *The Lancet, 375*(9723), 1355-1364.

Reinarman, C. (1988). The Social Construction of an Alcohol Problem : The Case of Mothers against Drunk Drivers and Social Control in the 1980s. *Theory and Society, 17*(1), 91-120.

Rice, D. P. (1967). Estimating the Cost of Illness. *American Journal of Public Health, 57*, 424-440.

Robert, P., & Godefroy, T. (1973). Alcoolisme et coût du crime. *Journal de médecine légale.*

Room, R. (1984). Alcohol Control and Public Health. *Annual Review of Public Health, 5*, 293-397.

Room, R. (1986). Kettil Bruun, 1924-1985: An appreciation. *Drinking and Drug Practices Surveyor, 21*, 42-49.

Room, R. (1990). Recent Reasearch on the Effects of Alcohol Policy Changes. *Journal of Primary Prevention, 11*, 83-94.

Ross, H. L. (1960). Traffic Law Violation: A Folk Crime. *Social Problems*(4), 231-241.

Ross, H. L. (1973). Law, science and accidents: The British Road Safety Act of 1967. *The Journal of Legal Studies, 2*(1), 1-78.
Ross, H. L. (1975). The Scandinavian myth: The effectiveness of drinking and driving legislation in Sweden and Norway. *Journal of Legal Studies, 2*, 285-310.
Ross, H. L. (1977). Deterrence regained: the Cheshire Constabulary's 'breathalyser blitz' *Journal of Legal Studies, 6*, 241-249.
Ross, H. L. (1982). *Deterring the Drinking Driver*. Lexiton (Mass.): Lexiton Books.
Ross, H. L. (1987). Britain's Christmas crusade against drinking drivers. *Journal of studies on alcohol, 48*, 476-482.
Ross, H. L. (1988). British Drink-Driving Policy *British Journal of Addiction, 83*, 863-865.
Ross, H. L. (1992). *Confronting Drunk Driving. Social Policy for Saving Lives*. New Haven: Yale University Press.
Ross, H. L., McCleary, R., & Epperlein, T. (1981-1982). Deterrance of Drinking and Driving in France: An Evaluation of the Law of July 12, 1978. *Law & Society Review, 16*(3), 345-374.
Saad, F. (1988). Prise de risque ou non perception du danger. *Recherche Transports Sécurité, 18-19*, 55-62.
Schrefler, L. (2010). The usage of scientific knowledge by independant regulatory agencies. *Governance, 23*(2), 309-330.
Science and Technology Select Commitee. (2011). *Behaviour Change*. Retrieved from London: House of Lords.

Seeley, J. R. (1960). Death by liver cirrhosis and the price of beverage alcohol. *Canada Medicine Assn. Journal, 83*(24), 1361-1366.

Shadish, W. R., Cook, T. D., & Campbell, D. T. (2002). *Experimental and quasi-experimental designs for generalized causal inference.* Boston: Houghton Mifflin Company.

Shenker, D., Sorensen, N., & Davis, C. (2009). *The Price is Right - protecting communities through action on alcohol sales.* Retrieved from London: Alcohol Concern.

Skog, O. J. (1977). On the distribution of alcohol consumption. In D. D. Reid (Ed.), *The Ledermann curve.* London: Alcohol Ed. Center.

Smart, R. G. (1982). *The impact of prevention legislation:An examination of research findings.* Paper presented at the Legislative Approaches to Prevention of Alcohol-Related Problems: An Inter-American Workshop, Washington.

Smith, D. I. (1983). Effectiveness of restriction on availability as a means of reducing the use and abuse of alcohol. *Austalian Alcohol/Drug Review, 2*(2), 84-90.

Stafford, M. C., & Warr, M. (1993). Reconceptualization of general and specific deterrence. *Journal of Research in Crime and Delinquency, 30*, 123-127.

Suchman, E. A. (1960). A Conceptual Analysis of The Accident Phenomenon. *Social Problems*(4), 241-253.

Suchman, E. A., & Scherzer, A. L. (1960). *Current Research in Childhood Accidents.* New York: Association for the Aid of Crippled Children.

Sutherland, E. H. (1959). *White Collar Crime.* New York: Dryden.

Tara, S. (1960). La détermination instantanée du degré d'imprégnation alcoolique par le dosage de l'alcool dans l'air expiré. *Revue de l'Alcoolisme, 6*(1), 1-6.

Tarrière, C. (1994). *Car safety and rating : comparative study of facts and practices - Proposals.* Paper presented at the IRCOBI, Lyon.

Terris, M. (1967). Epidemiology of cirrhosis of the liver: National mortality data. *American Journal of Public Health, 57*, 2076-2088.

Thiry-Bour, C. (1996). *Genèse d'une institution. Le Centre d'Hygiène Alimentaire et d'Alcoologie. Evolution de la politique de lutte anti-alcoolique*. Strasbourg: Presses Universitaires de Strasbourg.

Thomas, C., Foret-Bruno, J. Y., Faverjon, G., Henry, C., Tarrière, C., Got, C., & Patel, A. (1977). *Safety of mopeds. Accident survey and riders injuries* Paper presented at the IRCOBI, Birmingham.

Treat, J. R., Tumbas, N. S., Mc Donald, S. T., Shinar, D., Hume, R. D., Mayer, R. E., . . . Castellan, N. J. (1979). *Tri-Level Study of Traffic Accidents*. Retrieved from Indiana University: Indiana University.

Treich, N. (2005). *L'analyse coût-bénéfice de la prévention des risques*. LERNA-INRA, Université de Toulouse.

Trudel, J., & Larouche, V. (1989). *Les accidents du travail. Classification des modèles et théories : valeur et utilité*. Retrieved from Montréal: Université de Montréal.

Van der Molen, H. H., & Bötticher, A. M. T. (1986). *A hierarchical risk model for traffic participants.* Paper presented at the 11th International Congress of Cybernetics, Namur, Belgium.

Van Elslande, P. (1992). Les erreurs d'interprétation en conduite automobile : mauvaise catégorisation ou

activation erronée de schémas? . *Intellectica*(15), 125-149.
Van Elslande, P. (2003). Erreurs de conduite et besoins d'aide : une approche accidentologique en ergonomie. *Le Travail Humain, 66*(3), 197-224.
Van Elslande, P., Alberton, L., Nachtergaele, C., & Blanchet, G. (1997). *Scenarios-types de production de "l'erreur humaine" dans l'accident de la route.* Retrieved from Arcueil:
Villey, M. (1984). *La philosophie du droit* (Vol.). Paris: Dalloz.
Walker, N., & Argyle, M. (1964). Does the law affect moral judgments? *British Journal of Criminology, 4*, 570-580.
Weill, J. (1993). *Pour une lecture critique de la loi de Ledermann*. Paris: IREB.
Weisbrod, B. A. (1971). Costs and Benefits of Medical Research : A Case Study of Poliomyelitis". *Journal of Political Economy, 79*(527-544).
Weiss, C. H. (1979). The many meanings of research utilization. *Public Administration Review, 39*, 426-431.
Wilde, G. (1976). Social interactions patterns in driver behaviour : an introductory review. *Human Factors, 18*(5), 477-492.
Wilde, G. (1982). Critical issues in risk homeostasis theory. *Risk Analysis, 2*(4), 249-258.
Wittezaele, J. J., & Garcia, T. (2006). *A la recherche de l'école de Palo Alto*. Paris: Editions du Seuil.
Wong, J. T., & Chung, Y. S. (2007). Rough set approach for accident chains exploration. *Accident Analysis and Prevention, 39*, 629-637.
Yordamian, S. (1979). *Alcoolisme et circulation. Première phase de recherche*. Retrieved from Paris: SEPC.

LISTE DES SIGLES

ACB	Analyse Coût-Bénéfice
ACE	Analyse Coût-Efficacité
AN	Assemblée Nationale
APHA	*American Public Health Association*
ARIMA	*Auto-Regressive, Integrated, Moving-Average*
BAAC	Bulletin d'Analyse d'Accidents Corporels de la Circulation
BMJ	*British Medical Journal*
CAC	Centre des Archives Contemporaines
CEE	Communauté Economique Européenne
CEESAR	Centre Européen d'études de sécurité et d'analyse des risques
CERMES3	Centre de recherche médecine, sciences, santé, santé mentale, société
CESAMES	Centre de recherches psychotropes, santé mentale, société
CESDIP	Centre de Recherche sur le Droit et les Institutions Pénales
CFA	Conduite avec les Facultés Affaiblies par l'alcool et les drogues
CHAA	Consultations d'Hygiène Alimentaire et d'Alcoologie
CISR	Conseil Interministériel de Sécurité Routière
CNDCA	Comité National de Défense Contre l'Alcoolisme
CNRS	Centre National de la Recherche Scientifique
CNSR	Conseil National de la Sécurité Routière
CSA	Contrôle-sanction automatisé
DBIS	Department of Business, Innovation and Skills
DERA	Département évaluation et recherche en accidentologie
DGS	Direction Générale de la Santé

DISR	Délégué/Délégation Interministériel/le à la Sécurité Routière
DSCR	Direction de la Sécurité et de la Circulation Routière
EAD	Ethylotest anti-démarrage
ECA	Etude clinique d'accident
EDA	Etude détaillée d'accidents
FRAMES	*Feedback, Responsability, Advice, Menu, Empathy, self-efficacy*
GARIG	Groupe d'Analyse du Risque Routier et de sa Gouvernance
GCSA	*Government's Chief Scientific Advisor*
GPSA	*Government's Principles of Scientific Advice*
GOS	*Government Office for Science*
HCEIA	Haut Comité d'Etudes et d'Information sur l'Alcoolisme
HCSP	Haut Comité de la Santé Publique (devenu Haut Conseil de la Santé)
IFOP	Institut Français d'Opinion Publique
IFSTTAR	Institut Français des Sciences et Technologies des Transports, de l'Aménagement et des Réseaux
IGPDE	Institut de la Gestion Publique et du Développement Economique
INCa	Institut National du Cancer
INED	Institut National d'Etudes Démographiques
INRA	Institut National de la Recherche Agronomique
INRETS	Institut National de Recherche sur les Transports et leur Sécurité
INSERM	Institut National de la Santé et de la Recherche Médicale
INSERR	Institut National de Sécurité Routière et de Recherches
IRCOBI	*International Research Concil of Biomechanics of Injury*
IREB	Institut de Recherche et d'Etude sur les Boissons
IRO	Institut de Recherches Orthopédiques
IRT	Institut de Recherche sur les Transports
ISUP	Institut de Statistique de l'Université de Paris

LAB	Laboratoire d'accidentologie, de biomécanique et d'étude du comportement humain
LCPC	Laboratoire Central des Ponts-et-Chaussées
LERNA	Laboratoire d'Economie des Ressources NAturelles
LOLF	Loi Organique relative aux Lois de Finances
LPC	Laboratoire de Psychologie de la Conduite
MA	Département Mécanismes d'Accidents
MI	Ministère de l'Intérieur
MILDT	Mission Interministérielle de Lutte contre la Drogue et la Toxicomanie
MS	Ministère de la Santé
NHS	*National Health Service*
NIAAA	*National Institute on Alcohol Abuse and Acoholism*
OCDE	Organisation de Coopération et de Développement Économiques
OMS	Organisation Mondiale de la Santé
ONG	Organisation non-gouvernementale
ONSER	Organisme National de Sécurité Routière
ONU	Organisation des Nations Unies
PREDIT	Programme de Recherche et d'Innovation dans les transports terrestres
QALY	*Quality-Adjusted-Life-Years*
RCB	Rationalisation des coûts budgétaires
ROSARINE	*Road Safety Research in Eoropean Governance*
RTS	Recherche Transports Sécurité
SEPC	Service d'Etudes Pénales et Criminologiques
SGG	Secrétariat Général du Gouvernement
SOFRES	Société Française d'Études et de Sondages
SS	Sécurité Sociale
UE	Union Européenne

TABLE DES MATIÈRES

Pages

Questions juridiques
aux éditions L'Harmattan

Dernières parutions

LES OBJECTIFS DE LA RÉGULATION ÉCONOMIQUE ET FINANCIÈRE
Sous la direction de Gabriel Eckert et Jean-Philippe Kovar
Les buts de la régulation économique et financière impriment profondément le droit de la régulation mais semblent avoir considérablement évolué depuis une trentaine d'années. Ainsi l'objectif traditionnel de la construction de marchés concurrentiels, dans des secteurs anciennement sous monopole ou très fortement réglementés, est complété par de nouveaux objectifs extraconcurrentiels. La diversité des buts assignés aux régulateurs oblige les autorités de régulation à opérer une conciliation des objectifs au risque de dénaturer leur office.
(Coll. Logiques Juridiques, 28.50 euros, 276 p.)
ISBN : 978-2-343-11504-7, ISBN EBOOK : 978-2-14-003398-8

LA RESPONSABILITÉ CIVILE DES ENSEIGNANTS EN CAS D'ACCIDENT SCOLAIRE
Brusorio Aillaud Marjorie
Le régime de responsabilité civile des enseignants en cas d'accident scolaire fut envisagé dans le Code civil dès 1804 puis modifié en 1899 et 1937. La loi est actuellement inadaptée et critiquée à la fois par les victimes et les enseignants, mais les tentatives de la jurisprudence pour la réformer se révèlent insuffisantes. Il faut rechercher un autre fondement pour engager la responsabilité civile de l'enseignant ou un autre débiteur que ce dernier, afin que les victimes d'accidents scolaires obtiennent facilement réparation.
(Coll. Logiques Juridiques, 55.00 euros, 750 p.)
ISBN : 978-2-343-11346-3, ISBN EBOOK : 978-2-14-003367-4

SPORT ET DROIT EUROPÉEN
Miège Colin
Le droit européen a eu une influence déterminante sur le sport, à mesure que celui-ci devenait une activité économique à part entière. Lorsque le sport a été intégré dans les compétences de l'Union par le traité de Lisbonne en 2007, les organisations sportives avaient déjà subi de plein fouet l'impact du droit européen avec notamment l'arrêt Bosman de 1995. Voici un panorama complet

des règlements ou décisions de justice qui ont eu un impact sur le sport depuis les débuts de la construction européenne.
(Coll. Le Droit aujourd'hui, 34.00 euros, 328 p.)
ISBN : 978-2-343-11822-2, ISBN EBOOK : 978-2-14-003468-8

LES INNOVATIONS CRIMINOLOGIQUES
Sous la direction de Erwan Dieu
Ce livre s'attelle à circonscrire la théorie et la pratique des modèles d'évaluation et d'accompagnement des auteurs et victimes d'infractions via des présentations d'outils d'exercices et de programmes. Les populations visées sont variées : problèmes d'addiction, de violence, d'infraction sexuelle ou conjugale, etc. Au sein des différents chapitres, des présentations de méthodes concrètes explicitent les modèles qui aujourd'hui démontrent des effets pertinents.
(Coll. Logiques des pénalités contemporaines, 39 euros, 406 p.)
ISBN : 978-2-343-11337-1, ISBN EBOOK : 978-2-14-003517-3

70 ANS DE JUSTICE PÉNALE DES MINEURS
Entre spécialisation et despécialisation
Beddiar Nadia
L'année 2015 marque la célébration des 70 ans de l'ordonnance du 2 février 1945 relative à l'enfance délinquante. Par ce texte, la France a institué, après bien d'autres pays, une justice et un traitement pénal des mineurs véritablement spécifiques. Cet anniversaire offre l'occasion de revenir sur le passé, d'aborder le présent et de se projeter dans l'avenir de cette justice qui se veut singulière. Cet ouvrage permettra au lecteur d'apprécier la richesse des débats et les enjeux fondamentaux de ce sujet pour notre société.
(Coll. Colloques et rencontres, 20.50 euros, 196 p.)
ISBN : 978-2-343-11815-4, ISBN EBOOK : 978-2-14-003530-2

LA JURISPRUDENCE ET LA DOCTRINE
Barraud Boris
La jurisprudence est l'un des phénomènes juridiques les plus problématiques, comme source du droit réel mais non officielle. Ce livre retrace son parcours dans l'histoire de la pensée juridique, longtemps dominée par le légicentrisme. Il s'intéresse également à la difficile identification doctrinale des jugements, arrêts et décisions à portée jurisprudentielle. Il s'attache enfin à la jurisprudentialisation du droit, qui constitue l'une des données les plus remarquables du droit contemporain, ainsi qu'aux critiques que la doctrine adresse à un droit trop abandonné au « gouvernement des juges ».
(Coll. Le Droit aujourd'hui, 29.00 euros, 290 p.)
ISBN : 978-2-343-11552-8, ISBN EBOOK : 978-2-14-003187-8

MESURER LE PLURALISME JURIDIQUE
Une expérience
Barraud Boris
Cet ouvrage propose une approche et une analyse scientifiques et statistiques du pluralisme juridique. Défini en tant que coexistence de sources étatiques et non étatiques de règles de droit, le pluralisme juridique appelle à la fois une réponse

théorique et empirique. Ce livre procède à une enquête de terrain et pose les jalons de ce travail scientifique visant à évaluer l'effectivité du pluralisme juridique en n'ayant d'égards que pour les seuls faits normatifs.
(Coll. Le Droit aujourd'hui, 32.00 euros, 308 p.)
ISBN : 978-2-343-11264-0, ISBN EBOOK : 978-2-14-003156-4

L'EXPERTISE SOUS LE REGARD DE LA PSYCHANALYSE
« Faux-Pas » ou la question des mères
Villa-Portenseigne Arlette
C'est toujours un enrichissement personnel et professionnel pour un-e psychologue que d'être nommé-e par la justice pour éclaircir les zones d'ombre qui obscurcissent la vérité. De pratique hospitalière en expertises judiciaires, la psychanalyse a fait voyager l'auteure de cet ouvrage dans tout ce qu'il y a d'intime dans l'être humain. Au-delà des crimes dont la chronique se fait régulièrement l'écho, ce livre émerge d'une réflexion sur la pratique. Croisant les démarches des juges, des soignants et des travailleurs sociaux, il témoigne des ressources de la clinique face aux itinéraires complexes des individus confrontés à la loi.
(Coll. Psycho-Logiques, 17.50 euros, 164 p.)
ISBN : 978-2-343-11083-7, ISBN EBOOK : 978-2-14-003119-9

LE DROIT DU BIEN-ÊTRE ANIMAL DANS LE MONDE
Évolution et universalisation
Brels Sabine
En ce début de XXIe siècle, les consciences s'éveillent de plus en plus à la protection des animaux. La société reconnaît aujourd'hui la sensibilité de ces êtres vivants et le droit à la protection de leur bien-être contre les souffrances évitables qui leur sont infligées. Un tournant s'opère et modifie profondément notre rapport aux animaux dans la société comme dans le droit. Cet ouvrage fait état de la protection juridique du bien-être animal à l'échelle mondiale et de la possibilité d'établir une protection universelle à l'ONU.
(Coll. Le Droit aujourd'hui, 42.00 euros, 500 p.)
ISBN : 978-2-343-10666-3, ISBN EBOOK : 978-2-14-003201-1

ANNALES DE LA FACULTÉ DE DROIT ET SCIENCE POLITIQUE DE NICE
Année 2016
Strickler Yves
Comme les éditions précédentes, ces annales de l'année 2016 parcourent des domaines très variés passant par l'histoire (affaire Calas), l'actualité (laïcité, statut du Ministère public, relations amoureuses au travail, lanceur d'alertes etc.) sans négliger les questions de principe (la liberté académique).
(Coll. Droit privé et sciences criminelles, 36.00 euros, 354 p.)
ISBN : 978-2-343-11519-1, ISBN EBOOK : 978-2-14-003271-4

MÉLANGES EN L'HONNEUR DU DOYEN ROGER BERNARDINI
Parcours pénal
Les « mélanges » sont un recueil d'articles rédigés par ses amis en hommage à un maître. Le doyen Roger Bernardini a été un grand serviteur de l'Université

et fait partie de ces professeurs qui marquent les esprits. Ses amis ont choisi, pour intitulé de ses mélanges « Parcours pénal », champ qu'il n'a jamais cessé d'arpenter, d'explorer, d'approfondir et de rénover.
(Coll. Droit privé et sciences criminelles, 32.50 euros, 315 p.)
ISBN : 978-2-343-10962-6, ISBN EBOOK : 978-2-14-002983-7

OHADA
Traité de fiscalité des entreprises (Première édition)
Amboulou Hygin Didace
La politique fiscale est souvent reconnue comme le domaine par excellence où chaque État exerce sa souveraineté économique en fonction de ses réalités, ses objectifs et ses potentialités. Mais pour réussir l'intégration économique de l'espace OHADA, encourager les investissements, assainir l'environnement des affaires et atténuer la pression fiscale sur les entreprises, les États doivent harmoniser, unifier ou coordonner leurs politiques fiscales. C'est l'objet de ce traité.
(Coll. Études africaines, 29.00 euros, 278 p.)
ISBN : 978-2-343-10523-9, ISBN EBOOK : 978-2-14-003211-0

OHADA
Code des investissements et des activités économiques (première édition)
Amboulou Hygin Didace
Pour mieux accompagner les opérateurs économiques de toutes origines et promouvoir ainsi les investissements, les États membres de l'OHADA disposent chacun d'une législation et d'une réglementation qui régissent l'ensemble des activités économiques, celles des petites et moyennes entreprises et celles des petites et moyennes industries. En attendant l'harmonisation de ces différentes législations, les voici présentées pour chaque État concerné.
(Coll. Études africaines, 42.00 euros, 464 p.)
ISBN : 978-2-343-10520-8, ISBN EBOOK : 978-2-14-003208-0

OHADA
Traité de droit des transports de marchandises par route et des opérations de dédouanement (première édition)
Amboulou Hygin Didace
Pour mieux comprendre la place qu'occupe le droit des transports dans la politique d'intégration économique des États membres de l'OHADA, ce livre analyse en profondeur les dispositions de l'Acte uniforme du 22 mars 2003 et celles de la Convention de Genève dite «CMR» du 19 mai 1956 encore applicable, ces deux législations étant complémentaires et relatives au contrat de transport de marchandises par route. Grâce à une actualité juridique récente et sélectionnée, ce livre s'impose comme un outil de travail de référence, avec un apport remarquable sur la procédure de dédouanement.
(Coll. Études africaines, 31.00 euros, 306 p.)
ISBN : 978-2-343-10524-6, ISBN EBOOK : 978-2-14-003213-4

L'HARMATTAN ITALIA
Via Degli Artisti 15; 10124 Torino
harmattan.italia@gmail.com

L'HARMATTAN HONGRIE
Könyvesbolt ; Kossuth L. u. 14-16
1053 Budapest

L'HARMATTAN KINSHASA
185, avenue Nyangwe
Commune de Lingwala
Kinshasa, R.D. Congo
(00243) 998697603 ou (00243) 999229662

L'HARMATTAN CONGO
67, av. E. P. Lumumba
Bât. – Congo Pharmacie (Bib. Nat.)
BP2874 Brazzaville
harmattan.congo@yahoo.fr

L'HARMATTAN GUINÉE
Almamya Rue KA 028, en face
du restaurant Le Cèdre
OKB agency BP 3470 Conakry
(00224) 657 20 85 08 / 664 28 91 96
harmattanguinee@yahoo.fr

L'HARMATTAN MALI
Rue 73, Porte 536, Niamakoro,
Cité Unicef, Bamako
Tél. 00 (223) 20205724 / +(223) 76378082
poudiougopaul@yahoo.fr
pp.harmattan@gmail.com

L'HARMATTAN CAMEROUN
TSINGA/FECAFOOT
BP 11486 Yaoundé
699198028/675441949
harmattancam@yahoo.com

L'HARMATTAN CÔTE D'IVOIRE
Résidence Karl / cité des arts
Abidjan-Cocody 03 BP 1588 Abidjan 03
(00225) 05 77 87 31
etien_nda@yahoo.fr

L'HARMATTAN BURKINA
Penou Achille Some
Ouagadougou
(+226) 70 26 88 27

L'HARMATTAN SÉNÉGAL
10 VDN en face Mermoz, après le pont de Fann
BP 45034 Dakar Fann
33 825 98 58 / 33 860 9858
senharmattan@gmail.com / senlibraire@gmail.com
www.harmattansenegal.com

www.ingramcontent.com/pod-product-compliance
Lightning Source LLC
LaVergne TN
LVHW011008061026
849535LV00006B/1773
9782343123660